그리고 해달별

인간관계

남승규 남윤주 김정희 공저

YANGSEOWON
양서원

머리말

'그리고 해달별 인간관계'의 집필은 '솔직해질 수 있는 용기란 그로 인해 생겨나는 여러 가지 손해를 감수하고서라도 끝끝내 지켜야 할 인생 덕목'이라는 오랜 생각에 따라, 인간관계를 진솔하게 다시 반추해보고자 하는 마음과 과정에서 시작되었다. 그리고 심리학적 지식을 이해하면 우리가 조금은 나은 인간관계를 만들 수 있다는 희망과 신뢰에서 출발하였다. 차갑고 거칠며 필요에 의한 인간관계가 아니라, 따뜻하고 부드러우며 영원할 인간관계를 만들 수 있으면 좋겠다는 마음을 가진 세 사람이 만나서 인간관계의 본질과 실체를 파악해보고, 더 나은 관계와 삶을 만들기 위하여 고려할 것을 함께 고민하였다. 그래서 각자 따뜻한 해님, 부드러운 달님, 그리고 영원한 별님이 되어서 인간관계를 살펴보기로 했다. 누구나 꼭 시간을 내서 이 책을 읽어보고 시간 낭비가 아니었다고 느낄 수 있기를 바라는 마음으로 내용을 담았다. 불편하고 원만하지 않은 인간관계 때문에 힘들었는데, 덕분에 조금은 편해지고 좋아졌다는 후일담을 들을 수 있기를 바라는 작은 소망을 곁들여 구성하였다.

'그리고 해달별 인간관계'의 구성은 3부 14장으로 구성하였다. 제1부는 '삶과 인간관계'로 1장 삶과 관계와 2장 인간관계로 이루어져 있다. 제2부는 '인간관계의 다양성'으로 인간관계의 정육면체 주사위를 구성하는 측면들을 다루었다. 3장은 가족, 4장은 친구, 5장은 연인, 6장은 직장으로 가장 일반적인 인간관계의 측면들에 관한 내용이고, 7장은 고객, 8장은 우주로 인간관계의 지평을 확장하기 위한 두 가지 측면에 관한 내용이다. 제3부는 '인간관계의 본질'로 인간관계도 잘하는 육각형 인간hexagonal human이 되기 위하여 반드시 이해하고 숙지하며 실천해야 할 심리학적 핵심 요인들을 다루었다. 9장은 공감, 10장은 신뢰, 11장은 소통, 12장은 배려, 13장은 감사, 그리고 14장은 행복에 관한 내용이다. 각 장을 따뜻하고 부드러우며 영원한 인간관계를 꿈꾸면서, '해와 달과

별'이 함께 하는 인간관계를 그려보려고 작업하였다.

신이여, 제 아들을 이렇게 만들어 주소서.
정직한 패배에 부끄러워하지 않고 꿋꿋하며
승리에 겸손하고 온유하게 하소서.
Build me a son, O Lord.
one who will be proud and unbending in honest defeat,
and humble and gentle in victory.

기도하오니 그를 평탄하고 안이한 길이 아니라
고난과 도전의 긴장과 자극 속으로 인도해주옵소서.
그래서 폭풍우 속에서 분연히 일어설 줄 알고
넘어지는 사람들에 대한 연민을 배우게 하소서.
Let him, I pray, not in the path of ease and comfort,
but under the stress and spur of difficulties and challenge,
Here, let him learn to stand up in the storm,
here, let him ream compassion for those who fall.

마음이 맑으며 높은 목표를 갖고
남을 다스리려 하기 전에 먼저 자신을 다스리고,
소리 내어 웃을 줄 알되 울 줄도 알고
미래로 나아가되 결코 과거를 잊지 않는 아들로 만들어주소서.
Build me a son whose heart will be clear, whose goals will be high,
a son who will master himself before he seeks to master other men,

머리말

one who will learn to laugh, yet never forget how to weep,
one who will reach into the future, yet never forget the past.

미국 웨스트포인트 사관학교를 수석으로 졸업했고, 유엔군 최고사령관으로 인천상륙작전을 지휘했으며, 공화당 대통령 후보로 지명되기도 했던 더글라스 맥아더(Douglas MacArthur, 1880-1964)가 쓴 자녀를 위한 기도Build Me a Son이다. 늘 그의 꿈이 완성되었다면 어땠을까 하는 개인적인 아쉬움이 남는 전쟁영웅이 쓴, 누구라도 되새겨봐도 좋을 만한 사랑하는 마음이 가득한 기도문이다. 따뜻하고, 부드럽고, 영원한 인간관계를 만들고 유지해 갈 때 상대에게 이런 마음을 나눌 수 있으면 좋겠다.

아침까지 기다려 준
달이 고맙고
달을 받아준 해가
꽃처럼 예쁘다

달이 있는 밤과
해가 있는 낮은
멀찌감치 반대편에 서서
새벽 지난 아침을
하루 종일 그리워했다

달은 아침에 지지 않았고
해는 달을 일찍 좇아

둘은 같은 하늘에
마주 보며 떠 있다

매일 아침마다
해는 달에게
달은 해에게
기다려줘서 빨리 와줘서
고맙다고 웃느라
하늘이 참 해맑다

문형두 시인의 시 '해와 달이 함께 있는 아침'은 인간관계의 아름다움을 참 잘 표현해주는 것 같다. 누구에게나 하늘을 바라보며 마음을 열 수 있는 창이 있다. 구름이 있어 더욱 아름다운 노을이 만들어지듯, 어둠이 있어 별이 더 반짝이듯, 우리 마음에도 더 깊은 아름다움을 깨닫게 하는 창이 활짝 열리길 기원한다. 촛불 하나가 다른 많은 초에 불을 붙인다 해도 그 빛이 약해지지 않는 것처럼, 좋은 생각과 따뜻한 마음을 많은 이들과 나누며 더 좋은 인연들을 만들기를 기원한다. 앙드레 지드(Andre Gide)는 말했다. "가장 큰 행복은 사랑하는 것이며, 그 사랑을 고백하는 것이다." 어쩌면 사랑을 고백할 수 있는 날이 오늘뿐일 수 있다. 누군가를 사랑한다면 그 마음을 미루지 말고 꼭 전하며, 후회 없는 하루하루를 살아가기를 바란다. 고맙다는 말과 함께.

2025년 9월에

저자 일동

차례

Part 01

삶과 인간관계

• life and human relationship •

Chapter 01　삶과 관계

Chapter 02　인간관계

Chapter 01

삶과 관계

• *Life and Relations* •

Chapter 01

삶과 관계

영원히 살 것처럼 꿈꾸고, 오늘 죽을 것처럼 살아라.

Dream as if you'll live forever, Live as if you'll die today.

– 청춘의 아이콘, 제임스 딘(James Byron Dean, 1931–1955) –

삶life이란 각 개인이 스스로 재미를 느끼고 의미를 부여하며 살아가는 과정이다. 삶은 단순히 존재하는 것이 아니라 살아가는 이유를 찾고 재미와 의미를 만들어 가는 과정이면서 결과이기도 하다. 삶에서 무엇보다도 중요한 것은 자신만의 기준이나 답을 가지고 살아가는 것이다. 삶의 재미와 의미는 사람마다 다르기 때문에 자기결정권을 가지고 자신만의 방식으로 살아가는 것이 중요하다. 내 삶과 가치관은 내가 지키지 않으면 아무도 지켜주지 않는다. 내 삶의 중심은 언제나 나 자신이다.

그런데 우리의 삶이 건강해지고 행복해지는 핵심에는 관계relations가 있다. 관계는 삶을 풍요롭게 만들고, 우리가 배우고 성장하는 데 필수적인 조건 중 하나이다. 특히, 관계 중에서도 인간관계는 우리를 성장시키고 단련시키는 역할을 한다. 관계 맺음은 나 자신을 먼저 이해하고 독립적으로 설 수 있을 때 진정한 의미를 가진다. 그리고 건강하고 행복한 관계는 자유롭고 동등하며 서로를 존중하는 데서 시작된다.

1. 삶

삶은 각 개인이 스스로의 인생을 가치 있게 살아가면서 완성된다. 인생의 가치는 재미와 의미 속에서 찾을 수 있다. 무엇보다도 사는 재미가 있어야 한다. 사는 것이 즐겁고 신나야 한다. 필요한 것과 원하는 것을 모두 다 가질 수는 없어도, 오늘을 충분히 즐기고, 더 재미난 내일을 기대하며 사는 과정을 통해 우리는 가치를 만들어 간다.

많은 사람들에게 가장 중요한 삶의 목표는 큰돈을 버는 것이다. 무엇이든 될 수 있는 전도유망한 젊은이들이 오로지 돈벌이를 목표로 전공을 선택하고, 모든 관심을 접어두고 취업 준비에 매달리며 임금과 보너스의 유혹에 굴복해 직장을 선택한다.

그러나 돈보다는 진심으로 즐거운 시간을 보낼 수 있는 직업을 선택하는 것이 훨씬 낫다. 그렇다고 누구나 배고픈 예술가가 되어야 한다고 주장하는 것은 결코 아니다. 다만 물질적 보상 때문에 직업을 선택한 사람들은 언젠가 삶을 되돌아보며 '내가 뭘 하고 살았지?' 하고 회한 어린 자문을 하게 된다.

누구나 먹고 살려면 돈을 벌어야 한다. 하지만 주말이나 휴가만 목을 빼고 기다리는 삶보다는 돈을 조금 덜 받아도 좋으니 즐길 수 있는 일을 하는 것이 훨씬 더 바람직하다. 좋아하는 일을 하려면 조금 부족하게 사는 것은 감수해야 하며, 이는 지극히 당연한 것이다. 돈 때문이 아니라 좋아서 해야 한다. 사랑하는 일, 잘할 수 있는 일, 행복한 일을 찾아야 한다. 돈 때문에 직업을 선택해서는 안 된다. 가장 중요한 것은 무조건 사랑하는 일, 매일 하고 싶은 설레는 일을 직업으로 삼아야 한다는 것이다.

의미가 없다면 가치도 없다. 우리가 살아가는 의미를 찾는 것은 우리의 삶을 가치 있게 만든다. 의미치료를 제안한 실존주의자 프랭클(Frankl)은 인간의 기본 욕구를 자기탐구라기보다는 의미탐구라고 보면서, 개인을 자기 자신을 뛰어넘어 타인과 세계에서 의미를 찾을 수 있는 존재로 보았다. 또한, 매슬로(Maslow)와 로저스(Rogers) 같은 대표적인 인본주의적 심리학자에 의하면, 인간은 좀 더 가치 있는 존재로 성장하기 위해서 자신의 모든 잠재력을 발현시켜 유능한 존재가 되려는 타고난 성향을 지니는 데, 이를 자기실현Self-actualization이라 한다. 사람들이 자신과 타인을 있는 그대로 수용하면서 타인과 인간적인 유대를 형성하되 자율성과 독립성을 추구하고, 자신의 일에 애정을 지니고 몰입하며 창의적인 활동을 통해 자기실현을 이루는 것을 성숙하고 행복한 삶이라고 보았다.

공자(孔子)는 인(仁)을 최고의 덕목으로 삼았으며 수신(修身) · 제가(齊家) · 치국(治國) · 평천하(平天下)의 실현을 삶의 목표로 하였다. 『논어(論語)』의 핵심 사상인 인(仁)은 '사람을 사랑하는 것'으로, 최선의 삶은 긍정적이고 조화로운 인간관계 속에서 평화로운 사회와 국가를 위해 공헌하는 것이다. 맹자(孟子)는 인간이 지켜야 할 다섯 가지 기본적 덕목인 오상(五常), 즉 인(仁) · 의(義) · 예(禮) · 지(智) · 신(信)을 강조하였다. 노자(老子)의 『도덕경(道德經)』은 도(道)를 따르는 것이 최선의 삶이라고 주장한다. 즉, 음(陰)과 양(陽)의 균형과 조화를 반영하고 자연의 도리에 순응하며 살아가는 무위자연(無爲自然)의 삶을 지향하면서, 상선약수(上善若水), 즉 물이 흘러가는 것처럼 자연스럽게 살아가는 것이 최선의 삶이라고 주장하였다.

1.1. 인류의 핵심가치

심리학에서는 사람들이 소중하게 생각하는 것을 가치value라고 한다. 시대적 흐름에 따라 인류가 가장 소중하게 생각하는 핵심가치core value는 달랐다. 대부분의 사람들이 18세기의 핵심가치는 자유였고, 19세기는 평등이었으며, 20세기는 평화라는 것에 동의할 것이다. 그렇다면 21세기의 핵심가치는 무엇일까? 조금씩 생각이 다를 수 있겠지만, 21세기의 핵심가치는 행복이다. 왜냐하면, 행복이란 말이 가장 많이 회자되고, 가장 많이 연구되기 때문이다. 우리는 한 마음으로 자유로운 삶을 추구했고, 평등한 세상을 이루려고 노력했으며, 평화로운 세계를 만들어 왔다. 그리고 21세기를 맞아서 누구나 행복한 삶을 지향한다.

그래서 우리가 해야 할 것은 행복과 행복한 삶을 선택하는 것이다. 우리는 누구나 자신의 행복의 양과 질을 선택할 수 있다. 아직 행복과 행복한 삶을 선택하지 않았다면, 지금 당장 행복과 행복한 삶을 선택하자. 우리는 행복하기로 마음먹은 만큼 행복해질 수 있다. 마음만 먹으면 된다. 결코 어렵지 않다. 행복한 삶을 선택하면서 하나 더 고려할 것이 있다면, 행복은 혼자만 행복한 것으로 완성되지 않는다는 것이다. 함께 행복해야 한다. 적어도 가까이 있는 사람들, 소중한 사람들과 함께 행복해야 한다. 우리가 가장 먼저 해야 할 것은 행복을 선택하는 것이다. 가까이 있는 사람들과 소중한 사람들이 행복하기를 진정으로 바란다면, 나부터 먼저 행복과 행복한 삶을 선택하면 된다. 그리고 혼자만 행복한 것이 아니라, 다른 사람들과 더불어 함께 행복하게 살아가는 삶을 만들어가야 한다.

그런데 행복은 그냥 달려들어 먹을 수 있는 잘 차려진 밥상이 아니다. 행복은 아무런 노력이나 수고 없이 저절로 얻을 수 있는 것이 아니다. 사람들은 저마다 행복과 행복한 삶 그리고 행복을 이루는 과정도 다르기 때문에, 맛난 밥상을 차리듯이 각자 노력과 수고가 뒤따라야 한다.

하지만 작은 노력과 수고만으로도 누구나 행복해질 수 있다. 행복의 본질에 대한 논의는 수없이 많지만, 행복은 누구와 무엇을 어떤 마음으로 하는가에 달려 있다(남승규, 2014). 지금까지 행복에 관한 연구들을 살펴보면, 누구와 함께 하는가, 무엇을 하는가, 그리고 어떤 마음으로 하는가, 이 세 가지에 의해 행복의 양과 질이 결정된다. 특히, 행복한 삶을 살기 위해서는 어떤 마음인가가 가장 중요하기 때문에 마음의 힘 power of heart and mind을 최상의 상태로 가꾸고 키워야 한다.

우리는 두 가지 마음을 가지고 있다. 좌반구의 영향을 받는 합리적인 이성적 마음과 우반구의 영향을 받는 비합리적인 감성적 마음이 그것이다. 우리의 마음은 모두 두뇌brain의 영향을 받지만, 이성적인 마음은 우리가 흔히 머릿속에 있는 마음이라고 생각하는 것으로 'Mind'라는 용어를, 감성적인 마음은 가슴속에 있는 마음이라고 생각하는 것으로 'Heart'라는 용어를 사용한다. 우리의 행복은 이성적인 마음mind과 감성적인 마음heart이 균형과 조화를 이룰 때 최대가 된다. 그래서 마음의 힘을 가꾸고 키우려면 두 가지 마음을 함께 고려해야 한다.

1.2. 행복한 삶

행복한 삶이란 행복이라는 심리적 구성 개념을 우리의 삶과 연결하여 현실 속에서 구현하는 것이다. 누구나 행복한 삶을 원하지만, 행복에 대한 정의가 무엇인가에 따라서 행복한 삶의 실체가 달라질 수 있다. 단순히 밥 먹고 사는 것을 행복이라고 정의한다면, 밥만 먹을 수 있다면 그것이 행복한 삶이 될 것이다. 행복을 자신의 꿈을 실현하는 것이라고 정의한다면, 자신의 꿈을 이루는 과정과 꿈을 이룰 때 행복한 삶이 될 것이다. 아무런 걱정 없이 사는 것을 행복으로 정의한다면, 무탈한 하루하루가 행복한 삶이 될 수 있다.

21세기로 접어들면서 과학적인 연구방법론을 적용하여 행복에 대해 집중적으로 연구하기 시작했다. 그 결과로 태동된 것이 긍정심리학Positive Psychology이다. 인간의 부정적인 측면이 아니라 긍정적인 측면을 과학적으로 탐구하는 심리학의 새로운 분야이다. 하지만 긍정심리학이라고 해서 당신에게 억지로 웃음을 지으라고 강요하는 것은 절대 아니다. 골치 아픈 문제들을 일부러 외면하고, 문제가 아예 존재하지 않는 것처럼 거짓 마음을 먹으라고 말하지도 않는다. 그저 모든 일이 잘될 것이라는 막연한 희망을 주는 것도 아니다. 우리 모두가 깨달은 진리가 하나 있다면, 행복한 척 가식적인 표정을 짓는다고 해서 절대 행복해지지 않는다는 사실이다. 가식적인 장밋빛 비전과는 출발점부터 다르다.

긍정심리학은 잠재력을 끌어올리고 싶다면 더 현실적이어야 한다고 말한다. 행복은 더 이상 변화가 힘들다는 인식이 아니라, 스스로 얼마든지 현실을 바꾸어 나갈 수 있다는 믿음에서 비롯된다. 긍정심리학은 인간의 긍정적인 심리적 측면을 과학적으로 연구하고 인간의 행복과 성장을 지원하는 학문이다. 불행의 법칙으로는 행복을 설명할 수 없으며, 정신장애를 설명하는 이론으로는 성숙한 인격을 설명할 수 없다. 또한 불행을 감소시키는 방법으로는 행복을 증진하기 어려우며, 정신장애를 치료하는 방법으로는 인격적 성장을 함양하기 어렵다. 이러한 문제의식 속에서 행복의 법칙과 행복 증진의 방법을 과학적으로 탐구하는 학문이 긍정심리학이다.

"행복은 건강과 좋지 못한 기억력에 달려 있다."라는 영화배우 잉그리드 버그먼(Ingrid Bergman)의 말처럼, 행복하려면 건강해야 하고, 잊을 것은 잊어야 한다. 순간의 행복도 중요하지만, 행복의 지속가능성을 염두에 두어야 한다. 항상 행복할 필요는 없지만, 적어도 전반적으로 행복하다고 느끼고 자신이 행복한 삶을 살아가고 있다고 동의할 수 있어야 한다. 그리고 지속가능한 행복을 위해서는 좋지 못한 기억들은 떨쳐버려야 한다. 좋은 기억만 갖고 있기에도 우리의 삶은 너무나 소중하기 때문이다.

우리가 진정 행복해지기 위해서는 긍정성positivity의 세 가지 요소가 필요한데, 긍정사고와 긍정정서 그리고 긍정경험이 그것이다. 우리가 행복하게 살려면, 모든 것의 긍정적인 측면을 바라보고 생각하는 '긍정의 힘'이 중요하다. 이러한 긍정사고positive thinking는 이성적인 마음을 가꾸고 키우는 데 필요하다. 또한, 우리가 지속적으로 행복한 삶을 영위하기 위해서는 긍정적으로 생각하는 긍정사고도 중요할 뿐만 아니라, 기쁨과 자부심 같은 긍정정서positive emotion를 다양하게 자주 느껴야 한다. 긍정정서는 감성적인 마음을 키우는 데 절대적이다. 그리고 행복이 완성되기 위해서는 성취경험이나 절정경험 그리고 여가와 같은 다양한 긍정경험positive experience을 몸과 마음으로 겪어야 한다. 다시 말해서, 행복은 자신의 삶에 대한 개인의 주관적이고 전반적인 긍정 평가이기 때문에, 행복한 삶을 누리기 위해서는 누구나 긍정사고와 긍정정서 그리고 긍정경험이 필요하다.

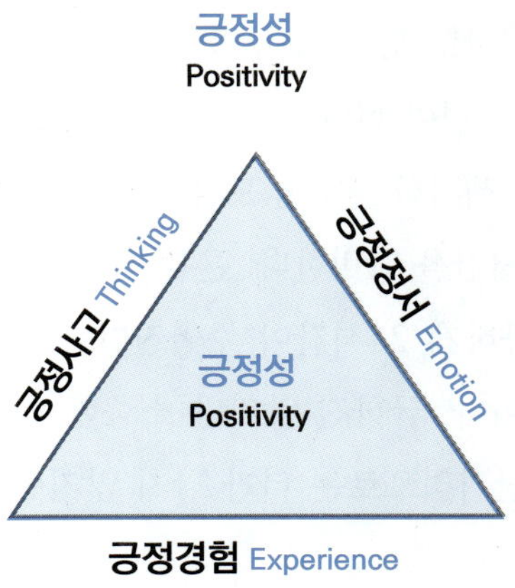

2. 관계

돌을 쌓아 집을 짓듯이, 우리의 삶은 관계를 쌓아 완성된다. 돌무더기가 집이 아니듯이, 관계를 쌓는 것만으로 우리의 삶이 건강하고 행복해지는 것은 아니다. 관계(關係)는 잠그고 이어서 틈을 메우는 일이다. 우리의 삶을 완성하기 위해서는 우리의 삶을 구성하는 관계가 만들어 놓은 틈 사이를 메워야 하는데, 적어도 세 가지가 필요하다. 바로 시간과 공간 그리고 인간이다.

2.1. 시간

우리가 맺는 관계 중 첫 번째 요소는 시간(時間)이다. 우리는 하나의 생명으로 태어나는 순간부터 시간과 관계를 맺고 삶의 마지막인 죽음을 맞이한다. 시간은 기억이고 힘이다. 시간 속에 모든 기억이 담기고, 시간은 우리에게 힘을 만들어 준다. 살다보면 어느 순간 변화가 생긴다. 언제부터인가 살아야 할 시간보다 되돌아볼 시간이 길어지기 시작한다. 그러면 세상과 삶을 전과는 조금 다른 눈으로 바라보게 된다. 인생에는 완벽한 성공도, 절망뿐인 실패도 없다. 경험이 쌓이면 하나하나의 사건들을 더 넓은 맥락 속에서 파악하는 분별력 즉, 폭넓은 시각으로 사리분별을 하는 능력이 생기게 된다. 그러다 보면 점차 타인에게 관대해지고 좀 더 느긋하게 살고 싶은 욕망이 생기며 현재의 삶에서 소소한 즐거움을 발견하게 된다. 더 나은 삶의 방법을 찾을 수 있는 열쇠를 손에 넣게 되는 것일지도 모른다. 삶의 답을 찾는 현대인이라면 무엇보다도 먼저 시간의 소중함을 생각해 보아야 한다. 풍요의 시대에 살면서도 늘 더 많은 것을 원한다. 시간이 충분하지 않다고 생각하면서 별 도움이 되지도 않는 일을 하고, 불필요한 것을 살 돈을 버느라 귀중한 시간을 낭비한다. 온갖 걱정거리로 골머리를 썩는다.

시간은 누구에게나 동등하게 24시간이 주어진다. 시간이 없다는 말은 평소 해야 할 일을 하지 않는다는 것이다. 급하진 않지만 소중한 일(운동, 독서, 수면, 인간관계)을 게을리하고 있다는 것이다. 단기적으로는 티가 나지 않지만 장기적으로는 문제가 생긴다. 공부하지 않으면서 열심히 산다는 것은 빈속으로 열심히 뛰는 것과 비슷하고, 무뎌진 도끼로 열심히 나무를 베겠다는 것과 같다. 책 한 권을 다 읽을 만큼 한가한 때를 기다린 뒤에 책을 편다면, 평생 가도 책을 읽을 만한 날은 없다. 15초의 광고가 소비자를 변화시키는 것처럼, 15분의 노력, 900초의 노력이 우리의 삶을 변화시킬 수 있다. 보다 나은 삶을 살려면, 성공하려면, 변해야 한다. 변하려면 '어떻게 내가'라는 단어를 버려야 한다. 실행 가능한 목표를 설정해야 한다. 그리고 준비해야 한다. 준비한 자에게는 반드시 기회가 온다. 생각을 행동으로 옮기는 사람만이 성공한다. 멋진 미래를 상상하라. 약속시간을 반드시 지키는 사람이 되어야 한다.

미화 100달러 모델인 미 건국의 아버지로 칭송받는 벤저민 프랭클린(Benjamin Franklin)은 "오늘 할 일을 내일로 미루지 말라."라고 하였다. 당신은 인생을 사랑하는가? 그렇다면 시간을 낭비하지 말아야 한다. 왜냐하면, 인생을 이루는 실질적인 재료가 바로 시간이기 때문이다. 똑같은 출발선상에서 시작을 했는데도, 시간이 지나면 어떤 사람은 성공하고 어떤 사람은 여전히 뒤처져 있다. 시간이 지날수록 두 사람의 거리가 좁혀지지 않는 것은 하루하루 주어진 시간을 어떻게 사용했느냐에 달렸다.

우리는 누구나 인생주기life cycle의 변화를 경험한다. 학생에서 직장인이 되기도 하고, 결혼을 하거나 자녀를 갖기도 하며, 은퇴와 사별을 하기도 한다. 그러면 자연히 삶의 가치가 이전과는 달라지게 된다. 20대에 많은 사람들을 만나 즐거움이 가득한 삶을 사는 것을 지향하던 사람이 30대에 자녀를 출산한 후에는 가족과 가정생활의 안정을 지향하게 된다. 그러면 자연스럽게 다른 사람들에게 내어줄 수 있는 나만의 시간이 달라지게 되고, 관계도 달라진다. 그러므로 한번 설정한 관계에 집착할 필요가 없다. 지금의 내 상황에 더 맞게 나의 시간을 적용하고 더 좋은 방향으로 나아가도록 유연한 시간관리를 해야 한다.

인간관계가 불편한 이유는 여러 가지가 있을 수 있겠지만, 대부분의 경우는 상대방이 원하는 시간에, 상대방이 원할 때 시간을 함께하지 못했기 때문이다. 시간을 선물해주는 것은 상대방에 대한 관심, 배려, 공감, 소통, 사랑 및 행복을 키워준다. 가족

벤저민 프랭클린의 성공비결

미 건국의 아버지, Benjamin Franklin(1706-1790)

남다른 절제와 검소한 생활
그리고 무엇보다 철저한 시간관리 덕분이다.
"오늘 할 수 있는 일을 내일로 미루지 마라."
Never leave that till tomorrow which you can do today.

뿐만 아니라 타인과의 관계에서도 시간은 서로의 관계를 긍정적으로 만들어줄 수 있는 가장 소중한 선물이다. 그 어떤 선물보다도 시간이라는 선물만큼 소중한 것은 없다. 왜냐하면 물질적인 선물은 언제든 여건이 허락되면 다시 할 수 있지만 시간은 결코 되돌릴 수 없기 때문이다. 건강하고 행복한 인간관계를 원한다면, 다음으로 미루지 말고 지금 당장 시간을 함께하라.

2.2. 공간

우리가 맺는 관계 중 두 번째 요소는 공간(空間)이다. 우리는 물리적이든 심리적이든 나만의 공간이 필요하다. 종묘처럼 물리적인 멈춤의 공간이 필요하기도 하고, 신체적으로 여유로운 공간과 마음의 공간이 필요하다. 경계선이라고 직역되는 바운더리boundary는 나를 뒤흔드는 세상의 자극들로부터 나를 보호할 수 있는 안전지대를 말한다. 사회 속 바운더리는 대체로 사회가 정하는 대로 형성된다. 국경선처럼 모든 경계를 사회나 국가가 정하고, 우리는 그 경계를 그대로 따르기만 하면 된다. 하지만, 개인의 삶에서는 개인이 자신의 소신과 신념에 맞게 바운더리를 스스로 정하며 살아야 한다. 가장 나답고 풍요로운 삶을 살기 위해 스스로 정하는 마음의 공간이 바운더리인 것이다.

인간관계에서 '선 넘는다'는 표현을 쓸 때가 있다. 이때 흔히 다른 사람이 사생활을 과하게 관여하거나 원치 않았던 조언을 할 때 사람과 떨어져 편안하게 느끼는 물리적이거나 심리적인 공간적 여유를 의미하는 안전지대comfort zone가 필요하다. 관계 전문가인 네드라 글로버 타압(Nedra Glover Tawwab)은 신체적 공간, 감정적 공간, 지적 공간, 물질적 공간, 시간적 공간, 성적 공간의 여섯 가지 공간을 확보해야 건강한 관계를 지속할 수 있다고 제안하였다. 여기서 신체적 공간은 불편한 접촉을 예방할 수 있는 공간이고, 감정적 공간은 심리적 부담으로부터 거리를 둘 수 있는 공간이다. 지적 공간은 생각과 의견을 존중받는 공간이고, 물질적 공간은 내 물건과 돈을 지킬 수 있는 공간이다. 시간적 공간은 과도한 일정으로 이어지지 않는 공간이고, 성적 공간은 성적 매력과 정체성을 존중받는 공간을 말한다. 건강하고 행복한 나만의 공간을 갖는 것은 개인 자신의 가치를 지키는 노력이고, 우리 자신을 성장시키는 긍정적인 영향을 미친다.

오늘날 우리가 누리는 공간은 현실 세계에서만 존재하는 것이 아니다. 우리는 인터넷에서도 자신만의 공간을 갖는다. 이제 사이버공간은 우리에게 낯선 공간이 아니다. 우리의 공간은 지구촌이라는 세계를 넘어서, 유니버스라는 이름으로 우주로 확장되었다. 우리가 공간 속에서 만들어 가는 관계는 무한하다. 우리는 현실 공간뿐만 아

멈춤의 공간, 종묘

니라, 인터넷과 사이버상에서 수많은 관계를 만들고 얽혀 있다.

2.3. 인간

우리가 맺는 관계 중 가장 중요한 요소는 세 번째 관계인 인간(人間)이다. 우리는 하나의 생명으로 태어나는 순간부터 사람들과 관계를 맺는다. 우리가 관계를 맺는 사람들인 인간도 관계를 구성하는 다른 요소인 시간과 공간 못지않게 끝없이 변화한다. 세상에는 좋은 사람도 많고, 의외로 나쁜 사람도 많다. 나에게 잘 맞는 사람도 있고 그렇지 않은 사람도 있다. 셰익스피어(Shakespear)가 말하길, "힘들 때 우는 것은 삼류이고, 힘들 때 참는 것은 이류이고, 힘들 때 웃는 것은 일류"라고 했다. 힘들 때 웃을 줄 아는 '괜찮은' 사람을 만나는 것은 행운이고 행복이다.

우리가 관계에 연연하지 않기 위해서는 몇 가지를 실천해야 한다(김현, 2024).

첫째, 관계는 자연스럽게 변한다는 사실을 받아들여야 한다. 관계의 형성과 끝맺음의 과정을 계절이 흘러가듯 지나가는 하나의 에피소드처럼 받아들여야 한다. 관계란 그 양상이나 관계에 열중하는 정도가 자연스럽게 변하기도 하고 그 안에서 느끼는 감정도 달라지기 때문이다. 초등학교 때 좋아했던 친구들을 지금도 만나고 있는가 생각해보면 알 것이다. 관계에 소홀하라는 것이 절대 아니다. 단, 관계도 유효기간이 있다는 것이다. 건강하고 행복한 관계라면 그 유효기간이 길 수 있고 영원할 수도 있다.

둘째, 모든 관계가 좋은 관계일 필요는 없다는 사실도 받아들여야 한다. 우리가 만나는 사람들은 각자 다양한 배경과 경험을 가지고 있기 때문에 어떤 사람은 더 가깝게 느끼고 어떤 사람과는 마찰이 생기는 것은 당연한 일이다. 그래서 좋은 관계를 유지한다고 어쩔 수 없이 어긋나는 부분까지 다른 사람에게 맞추려고 애쓰는 것은 오히려 관계를 틀어지게 만들 수 있다. 더 이상 의미 있는 연결을 만들어주지 못하는 관계라면, 나 자신을 위하여 그리고 상대방을 위하여 이제 놓아주어야 한다.

셋째, 내 마음이 편안해야 건강한 관계이다. 다른 사람들을 만족시키기 못하면 관계가 무너지고 사람들이 자신을 떠날 것이라는 불안 때문에 불편함을 감수해서라도 다른 사람이 원하는 대로 행동하는 '착한아이증후군'이 있다면 그 관계에서 벗어나야 한다. 나 자신에게 도움이 되는 관계는 내 가치관을 풍부하게 하고 나를 사회적으로 단단하게 연결해주는 관계이다.

3. 인간관계의 다양성과 본질

삶은 우리가 살아가면서 자의든 타의든 여러 형태의 인간관계를 맺게 만든다. 물론 혼자만의 삶을 사는 사람들도 있다. 그러나 대부분의 사람들은 여러 관계에 노출된다. 육면체 주사위처럼, 인간관계도 여섯 가지의 인간관계 유형과 건강하고 행복한 인간관계를 만드는 여섯 가지의 핵심요인이 존재한다. 인간관계를 개선할 수 있는 핵심 6요인을 구성하는 인간관계 주사위Human Relationship Dice, HRD에는 공감, 신뢰, 소통, 배려, 감사 및 행복이 담겨 있다.

3.1. 인간관계의 다양성

우리는 살아가면서 적어도 여섯 가지 다양한 인간관계를 경험한다. 우리는 태어나면서 가족family이라는 첫 번째 인간관계를 맞이한다. 개인 자신의 주체적인 선택으로 만들어진 인간관계가 아니라, 부모라는 분들에 의하여 만들어진 혈연관계이다. 두 번째 인간관계는 친구friend라는 관계이다. 처음으로 자신의 주체적인 선택으로 펼쳐지는 관계로, 우정이라는 특별한 경험을 만든다. 세 번째 인간관계는 연인lover이라는 관계이다. 물론 이성에 대한 관심이 없거나 관심이 있어도 모태솔로인 사람들도 있지만, 대부분의 사람들은 연인을 만나고 사랑이라는 특별한 심리적 체험을 하게 되고, 이것은 새로운 가족을 만드는 초석이 된다. 네 번째 인간관계는 직장work이라는 관계이다. 학창시절을 마치고 사회생활을 시작하면서, 일로 만나는 사람들과 동료관계를 구축한다. 다섯 번째 관계는 고객customer이라는 관계이다. 고객은 현대사회에서 각 개인의 자생력과 경쟁력을 확보하게 만들어주는 아주 특별한 관계이다. 고객이 없으면 생존과 성장이 불가능하다. 기업뿐만 아니라, 국가에는 국민, 병원에는 환자, 가게에는 손님, 학교에는 학생이라는 고객이 있어야만 생존과 성장이 가능하다. 마지막 여섯 번째 관계는 우주universe이다. 우리의 삶은 유니버스라는 새로운 삶과 연결되어 있다. 지구촌에 있는 모든 사람들과 더불어 인터넷과 가상공간이라는 새로운 우주 속에서 새로운 관계가 만들어지고 있다.

3.2. 인간관계 주사위

인간관계는 건강과 함께 행복을 결정하는 양대 산맥이다. 우리가 맺는 인간관계를 풍요롭게 만드는 요인들은 여러 가지가 있을 수 있지만, 심리학 분야에서는 다음과 같은 여섯 가지를 특히 중요하게 생각한다.

첫 번째 요인은 공감empathy이다. 공감은 건강하고 성공적인 인간관계를 위한 '마음의 문 열기'를 한다. 인간관계는 관심에서 시작되는데, 관심은 공감능력이 있을 때 훨씬 더 강력해진다. 상대방의 생각과 감정을 함께 느끼는 것은 인간관계를 돈독하게 만든다. 두 번째 요인은 신뢰trust이다. 신뢰는 건강하고 행복한 인간관계를 위한 '보이지 않는 자본 만들기'이다. 인간관계의 지속가능성은 신뢰에 달려 있다는 사실에 누구도 이의를 달지 않을 것이다. 인간관계에서 신뢰를 구축하는 것은 매우 많은 시간과 노력이 필요하지만, 신뢰를 잃는 것은 한순간이다. 세 번째 요인은 소통communication이다. 소통은 건강하고 행복한 인간관계를 위한 '마음의 길 만들기'를 한다. 인간관계에서 소통이 원활하면 아무런 문제가 없다. 그러나 소통이 제대로 되지 않으면 갈등이 생기고, 불통이 되면 파국을 맞이한다. 네 번째 요인은 배려consideration이다. 배려는 건강하고 행복한 인간관계를 위한 '서로 챙겨주기'이다. 오랫동안 유지되는 인간관계는 배려의 산물이다. 친절한 마음속에 이루어지는 작은 배려는 인간관계의 접착력을 강화한다. 다섯 번째 요인은 감사gratitude이다. 감사는 건강하고 행복한 인간관계를 위한 '소중하게 기억하기'이다. 인간관계는 서로가 도움을 주고받는다. 감사는 관계 속에서 상대방을 소중하게 생각하는 마음에서 생겨난다. 마지막 여섯 번째 요인은 행복happiness이다. 행복은 건강하고 행복한 인간관계를 위한 '출발점이자 종착점'이다. 인간관계는 우리에게 행복을 준다. 어떤 관계가 행복하지 않다면, 우선적으로 관계 개선을 위하여 더 많은 노력을 기울일 필요가 있고, 그럼에도 불행하다면 그 관계의 유지를 다시 한번 생각해보아야 한다.

인간관계에는 매일의 연습이 필요하다. 단숨에 해결되는 공식이나 완벽한 방법은 없지만, 하루하루 내 마음을 다듬어가는 것이 인간관계를 건강하게 지켜주는 길이 된다. 그 연습을 돕기 위해 우리는 '인간관계 주사위'를 실행해볼 수 있다. 이 주사위에는 여섯 개의 면이 있다. 공감, 신뢰, 소통, 배려, 감사, 행복으로 구성된 여섯 가지 가치는 인간관계를 이루는 핵심 정서이자, 우리 모두가 마음속에 갖고 있는 잠재적 힘이다. 예를 들어, 매일 아침 세 개의 주사위를 던져서 1, 2, 5면이 나온다면, 공감, 신뢰, 감사에 중점을 둔 하루를 보내는 시간을 가질 필요가 있다. 만약 같은 숫자가 나온다면 그날은 그것에 더 많은 관심을 갖고 실천해야 한다.

이런 루틴을 반복하면 인간관계를 훨씬 더 풍요롭고 원만하게 만들 수 있을 것이다. 작은 실천이지만 이런 경험이 쌓이면 우리의 삶 전체를 더 따뜻하고 평화롭게 만든다. 인간관계가 건강해질수록, 우리의 삶도 더 행복해질 수 있다.

자기 진단

내게 가장 소중한 시간은 언제인가요? 그리고 그 이유는 무엇인가요?

내게 가장 소중한 공간은 어디인가요? 그리고 그 이유는 무엇인가요?

내게 가장 소중한 인간은 누구인가요? 그리고 그 이유는 무엇인가요?

Chapter 02

인간관계

• *Human Relations* •

Chapter 02

인간관계

인간은 관계 속에서만 자신을 온전히 이해할 수 있다.

A person can only truly understand themselves through relationships with others.

– 에리히 프롬(Erich Fromm, 1900–1980) –

우리는 누구나 건강하고 행복한 삶을 원하며 삶의 질을 높이고자 한다. 균형 잡힌 식사, 규칙적인 운동, 여유로운 휴식처럼 삶의 질을 높이는 요소들은 많이 있지만, 그중에서 가장 중요한 것은 바로 인간관계human relations이다. 아무리 맛있는 음식을 먹고, 예쁜 옷을 입고, 멋진 곳을 여행한다고 해도, 내 마음을 함께 나눌 사람이 없다면 진정한 행복을 느끼기 힘들 것이다. 반대로 아주 평범한 하루라도 좋은 사람과 함께 따뜻한 대화를 나누고, 마음을 주고받는다면 그 하루는 훨씬 더 풍요롭고 행복을 느끼게 될 것이다.

인간관계는 우리의 삶 속의 모든 과정에 걸쳐 끊임없이 변화한다. 우리가 건강하고 행복한 인간관계를 형성하고 유지하기 위해서는 많은 걸 고려해야 하고 조화로운 균형도 필요하다. 첫째, 인간관계는 시간의 흐름에 따라서 달라진다. 10대의 인간관계와 60대의 인간관계는 같을 수 없다. 인간관계도 식료품처럼 유통기한이 있고, 특허처럼 유효기간이 있다. 둘째, 인간관계는 함께하는 공간에 따라서 달라진다. 가족끼리만 있는 공간과 직장 동료와 함께하는 공간은 다른 인간관계와 역할을 요구한다.

상황에 맞게 처신하는 것은 인간관계에서 필수적이다. 셋째, 인간관계는 필연적으로 오해와 갈등이 생겨날 수 있다. 서로의 삶과 경험이 다르기에 소통에 문제가 생기면 인간관계는 의도하지 않은 오해와 갈등이 생겨날 수 있다. 끝으로, 인간관계를 빛나게 만들 수 있는 심리적 요인들이 있다. 공감이나 신뢰 그리고 감사와 같은 심리적 요인들은 인간관계를 공고히 하는 데 도움이 된다.

1. 인간관계의 본질

인간관계는 태어나는 순간부터 죽을 때까지 끊임없이 변화하고 발전하는 존재의 핵심이다. 관계는 단순한 사회적 연결이 아니라 신뢰, 감정, 상호작용, 그리고 삶의 의미를 구성하는 기본 구조이다. 각 생애 시기마다 인간관계의 모습은 달라지지만, 그 중요성은 변하지 않는다. 시간이 흐를수록 우리는 관계 안에서 성장하고, 그 관계는 우리를 지지해주는 기반이 된다. 삶의 어느 시기를 지나고 있든, '좋은 관계'는 늘 우리에게 따뜻한 지지와 에너지를 제공한다. 우리가 그런 관계 속에서 성장해왔듯, 이제는 우리 또한 누군가에게 믿음과 지지가 되는 존재로 살아가야 할 때이다. 건강하고 행복한 인간관계는 나와 타인의 삶을 동시에 풍요롭게 만드는 삶의 본질이다.

인간관계는 단순히 시간을 함께 보내는 것을 넘어, 서로에 대한 인지와 감정, 행동이 맞물려 이루어지는 복합적인 심리적 경험이다. 관계는 첫인상의 판단에서 시작해, 호감, 자기노출, 상호성 그리고 신뢰에 이르기까지 점진적으로 발전하며, 각 단계마다 서로에 대한 이해와 감정의 깊이가 축적된다. 이를 통해 우리는 누군가와 연결되고, 그 연결은 우리의 정체성, 삶의 만족감, 심리적 안정에 큰 영향을 미친다. 관계는 노력과 시간, 그리고 진심을 통해 자라나는 살아 있는 유기체와 같다. 우리가 관계 속에서 성장하듯, 그 관계 역시 우리의 손길과 마음을 통해 더욱 깊어지고 단단해진다.

1.1. 첫인상

인간관계는 첫 만남에서 시작되며, 이 순간부터 관계의 방향과 깊이가 서서히 형성되기 시작한다. 우리가 처음 마주한 사람에 대해 느끼는 인상은 짧은 시간 안에 매우 빠르게 형성되는데, 이를 심리학에서는 첫인상 효과First Impression Effect라고 부른다. 사람은 처음 몇 초 안에 상대방의 외모, 표정, 목소리 톤, 태도 등 시각적·청각적 단서를 바탕으로 빠르게 판단을 내린다. 이때 무의식적인 인지 편향cognitive bias이 작용하여, 긍정적인 첫인상을 받은 상대에 대해서는 이후의 정보도 긍정적으로 해석하는 경향이 있다.

미국의 심리사회학자 솔로몬 애쉬(Solomon E. Asch)의 연구에 따르면, 첫인상은 인간관계의 초기 동기 형성에 매우 큰 영향을 미친다고 한다. 즉, 첫인상은 단순한 인상을 넘어 이후의 판단과 상호작용 전체에 장기적인 영향을 미치는 심리적 기제로 작용한다. 이처럼 첫인상은 불과 몇 초 사이에 외적인 단서에 의해 형성되며, 한번 형성된 인상은 이후에 새로운 정보가 주어지더라도 쉽게 바뀌지 않는 특징이 있다. 특히 성별, 인종, 나이, 말투 등과 같은 무의식적인 편견에 영향을 받기 쉬워, 고정관념에 따른 왜곡된 판단으로 이어질 수 있다. 이러한 판단은 상대방을 정확히 이해하는 데 방해가 되고, 편견과 차별로 연결될 수 있다. 이 과정에서 자주 나타나는 현상이 바로 후광 효과Halo Effect와 악마 효과Horn Effect이다. 후광 효과는 한 가지 긍정적인 특성이 상대방의 전반적인 평가를 긍정적으로 만드는 반면, 악마 효과는 부정적인 인상이 전체 평가를 부정적으로 만드는 현상이다. 이 두 심리적 현상은 상대를 있는 그대로 바라보는 것을 어렵게 만들며, 오해와 왜곡된 관계를 심화시킬 수 있다.

또한, 첫인상은 자기충족적 예언Self-Fulfilling Prophecy으로도 발전할 수 있다. 상대를 차가운 사람이라 생각하고 조심스럽게 대하면, 상대도 방어적인 태도를 보이며 실제로 차갑게 느껴지는 행동을 하게 되고, 결국 초기의 인상이 강화되는 악순환이 발생하게 된다. 첫인상은 제한된 정보와 외적 단서에 의존하기 때문에, 상대방의 내면적 가치, 성격, 진정성과 같은 본질적인 요소들은 간과되기 쉽다. 이로 인해 판단은 피상적인 수준에 머물게 되고, 관계의 깊이를 방해하게 된다. 이는 인간이 인지적 에너지를 절약하기 위해 빠르고 간단한 판단을 선호하는 경향과도 관련이 있다. 첫인상은 사람을 빠르게 분류하는 하나의 인지적 지름길cognitive shortcut로 작용하지만, 그 과정에서 정확성이 희생될 수 있다.

1.2. 호감

호감liking은 단순한 감정의 스침이 아니라, 개인의 심리 구조와 사회적 맥락이 결합되어 나타나는 복합적인 심리 현상이다. 누군가를 처음 만났을 때 긍정적인 인상을 받으면 우리는 자연스럽게 그 사람에게 관심을 가지게 되며, 이러한 정서적 반응은 인간관계의 시작점이 된다. 호감은 단순히 정보를 탐색하는 수준을 넘어, 감정적 반응과 관계 형성에 대한 욕구를 동반한다. 호감을 강화하는 데에는 여러 심리적 요인이 작용한다. 가치관이나 취향이 유사한 사람에게 더 쉽게 끌리며, 상대방이 나에게 호감을 보일 경우 감정은 더욱 증폭된다. 또한, 접근성과 익숙함, 함께한 긍정적인 경험, 따뜻한 말투, 배려심, 자신감 등은 모두 호감을 강화하는 정서적 요소로 작용한다. 이처럼 호감은 심리적 유사성과 정서적 교류를 기반으로 점차 깊은 관계로 발전할 수 있는 기초를 형성한다. 단순한 호의가 아닌, 공감과 상호작용이 조화롭게 이루어질 때, 그 감정은 더 강하고 지속적인 애정으로 성장하게 된다.

1.3. 자기노출

관계가 깊어질수록 우리는 서로에게 점점 더 많은 것을 자기노출하게 된다. 자기노출이란 자신의 개인적인 정보나 감정, 생각을 상대에게 드러내는 행위로, 심리학자 시드니 주라드(Sidney Jourard)는 이를 친밀감의 핵심 요소라고 보았다. 즉, 자신을 있는 그대로 보여주는 과정이야말로 진정한 관계를 형성하는 출발점이라는 것이다. 처음 관계를 맺을 때는 주로 취미나 일상 같은 표면적인 이야기를 공유하지만, 시간이 흐르고 신뢰가 쌓이면 감정, 가치관, 과거의 경험 등 더 깊은 내면의 이야기를 나누게 된다. 이처럼 점진적인 감정의 개방과 공유는 정서적 친밀감을 형성하고, 상대방의 존재를 보다 깊이 이해하게 만든다. 자기노출은 단순한 정보의 전달이 아니라, 상대에게 마음의 문을 여는 심리적 초대이다. 자신에게 중요한 것을 솔직하게 털어놓는 순간, 우리는 상대에게 "당신과 가까워지고 싶다"는 신호를 보내는 것이며, 이를 통해 관계는 더욱 단단해진다. 이러한 감정의 공유는 관계 속에서 갈등이 생겼을 때에도 회복과 지속의 힘이 된다. 모든 인간관계에는 크고 작은 갈등이 발생하지만, 서로에 대한 이해와 정서적 유대가 깊을수록 갈등 해결은 보다 원만하게 이루어진다. 나아가 관계의 깊이와 지속성은 자기 개방의 진정성과 타인의 이야기를 경청하고 수용하는 태도에 의해 좌우된다.

1.4. 상호성

상호성 규범Norm of Reciprocity은 타인의 친절이나 관심에 자연스럽게 보답하려는 사회적 · 심리적 경향을 의미하며, 이는 관계 유지에 있어 매우 중요한 역할을 한다. 호감이 지속가능하고 안정적인 관계로 발전하기 위해서는 상호성reciprocity이 반드시 뒷받침되어야 한다. 상호성은 인간관계의 기본 원리 중 하나로, '주는 만큼 받는다'는 기대 속에서 감정과 행동이 교환되는 과정을 말한다. 사회적 교환이론Social Exchange Theory에서는 인간이 관계 속에서 정서적 · 심리적 반응을 기대하며 행동한다고 본다. 우리가 누군가에게 관심이나 도움을 줄 때, 자연스럽게 비슷한 수준의 반응을 기대하게 되며, 이러한 주고받음의 균형이 이루어질 때 관계는 신뢰와 안정감 속에 유지된다. 반대로 일방적인 관계는 감정적 불균형을 초래하고, 심리적 거리감을 키우게 된다. 이러한 상호성은 애착 이론과도 관련된다. 안정된 애착을 형성한 사람은 타인의 감정과 반응을 민감하게 받아들이며, 적절히 대응함으로써 깊은 유대를 형성한다. 상호성은 단순한 감정의 반응을 넘어, 관계 속에서 신뢰, 존중, 소속감을 형성하고 유지하게 만드는 핵심 심리 기제이다. 건강한 인간관계는 일방적인 호감이 아니라, 심리적 균형과 감정의 교류가 조화를 이루는 과정 속에서 비로소 깊어지고 지속된다.

1.5. 신뢰

인간관계 속에서 신뢰는 거창하거나 완벽한 확신에서만 비롯되는 것이 아니다. 때로는 상대가 한 말을 지킬 것이라는 작고 조심스러운 기대, 행동의 일관성에 대한 관찰, 그리고 위기 상황에서도 곁에 있어 줄 것이라는 믿음에서 천천히 자라난다. 처음의 호감이나 주고받는 작은 배려처럼, 아주 작은 신뢰 한 조각만으로도 인간관계는 부드럽게 이어지고 성장할 수 있다. 상대방이 내 마음을 존중해 줄 것이라는 신호, 불확실한 순간에 함께해 줄 수 있다는 느낌만으로도 우리는 마음을 열게 되고, 관계는 조금씩 깊어지기 시작한다. 신뢰는 마음의 문을 여는 열쇠이자, 관계를 지속시키는 심리적 기반이다. 완벽하지 않더라도, 서로에 대한 최소한의 믿음이 있을 때 관계는 단절되지 않고 이어지며, 그 안에서 유대와 존중, 안정감이 자라난다.

2. 시간 속의 인간관계

인간은 본질적으로 사회적 존재이며, 누구도 혼자서는 살아갈 수 없다. 우리는 태어날 때부터 관계 속에서 존재하며, 이러한 관계는 생애 전반에 걸쳐 다양한 모습으로 변화하고 개인의 심리, 정서, 행동에 깊은 영향을 미친다. 인간관계는 단순히 다른 사람과 함께 있는 것을 넘어, 삶의 의미를 찾고 정체성을 형성하며, 정서적 안정과 소속감을 경험하는 통로가 된다.

2.1. 유아기

유아기는 인간관계의 기초가 형성되는 매우 중요한 시기이다. 이 시기의 중심은 부모나 주 양육자와의 애착attachment 관계이다. 존 볼비(John Bowlby)의 애착 이론에 따르면, 영아는 생존을 위해 본능적으로 양육자와 정서적 유대를 형성하려 하며, 유대가 안정적일수록 아이는 세상을 안전한 곳으로 인식하게 된다. 메리 에인스워스(Mary Ainsworth)는 이를 실험적으로 확증하며, 안정 애착을 형성한 아이는 낯선 상황에서도 양육자에 대한 신뢰trust를 바탕으로 환경을 탐색하고, 타인과의 관계 형성에서도 긍정적인 기반을 갖게 된다고 보았다. 유아기에는 일관된 돌봄, 따뜻한 접촉, 예측 가능한 반응이 관계의 기본 신뢰를 형성하는 핵심 요소가 된다.

2.2. 아동기

아동기에 들어서면 관계의 중심이 점차 부모로부터 또래로 확장된다. 이 시기의 어린이는 친구와 함께 어울리는 과정을 통해 사회적 규칙, 감정 조절, 협력과 경쟁을 배우며, 타인의 관점을 이해하는 능력을 키운다. 장 피아제(Jean Piaget)는 인지발달 이론에서 아동이 이 시기에 자기중심적 사고에서 벗어나 타인의 입장을 고려할 수 있게 된다고 설명하였고, 이는 또래 관계의 발달과 밀접한 관련이 있다. 또한 에릭 에릭슨(Erik Erikson)은 아동기의 핵심 과업을 '근면성 대 열등감'이라 설명하며, 또래와의 관계 속에서 자신이 유능하다고 느낄 때 정체성과 자존감이 강화된다고 보았다. 아동기 또래관계는 단순한 놀이 이상의 의미를 지니며, 사회성sociality의 뿌리를 다지는 기회가 된다.

2.3. 청소년기

청소년기는 자기정체성Self-Identity 형성과 독립성의 확장을 중심으로 하는 시기이다. 이 시기의 인간관계는 친구나 동료와의 정서적 유대가 중심이 되며, 부모보다 또래의 영향력이 커진다. 에릭슨은 청소년기를 '정체성 대 역할혼란'의 단계로 보았으며, 다양한 관계 속에서 '나는 누구인가'를 탐색하는 시기로 보았다. 친구와의 관계는 지지, 공감, 공유라는 심리적 요소를 통해 더욱 깊은 정서적 유대를 형성하고, 사회 속에서 자신이 맡을 수 있는 역할을 실험하는 시기이다. 이 시기에는 갈등이 자주 발생하지만, 이 과정을 통해 갈등 조정, 감정 표현, 자기주장의 기술을 배우며 관계의 복잡성을 이해하게 된다.

2.4. 성인기

성인기에는 직장, 가정, 친구 등 다양한 사회적 역할과 책임이 인간관계의 중심에 들어선다. 이 시기의 관계는 단순한 감정적 유대나 놀이 중심의 관계를 넘어, 협력, 책임, 신뢰에 기반한 성숙한 상호작용으로 확장된다. 성인으로서 맡게 되는 역할은 단지 외적인 기능 수행에 그치지 않고, 타인과의 정서적 교류와 상호 지지를 통해 삶의 질을 결정짓는 핵심 요소로 작용한다. 에릭슨은 성인기의 주요 과업을 '친밀감 대 고립감'으로 보았는데, 이는 타인과의 깊은 관계를 형성하고, 상호 헌신하는 유대 속에서 정서적 안정과 성취를 얻는 것을 의미한다. 성인기에는 삶의 목표나 가치관이 분명해지고, 이에 맞는 사람들과의 관계가 더욱 중요하게 여겨진다. 사회적 책임social responsibility이 늘어나고 역할role이 복잡해질수록, 단순한 만남보다는 깊이 있는 관계가 필요하게 된다. 즉, 신뢰와 이해를 바탕으로 한 지속적인 관계가 개인의 내면적 성장뿐만 아니라 사회적 기능 수행에도 필수적인 요소가 되는 것이다. 동료, 배우자, 친구와의 관계는 개인의 삶에 안정감을 주고, 정체성을 유지하며 스트레스를 조절하는 주요한 심리적 자원이 된다. 이처럼 성인기의 인간관계는 삶의 기반이자 정서적 안전지대가 되어주며, 성숙한 사회 구성원으로서 살아가기 위한 근간이 된다.

2.5. 노년기

노년기에 접어들면 관계의 폭은 다소 좁아질 수 있지만, 그 깊이는 더욱 깊어진다. 시간이 흐르며 형성된 오랜 관계는 삶의 만족도와 직결되며, 이 시기에는 관계의 숫자보다 질이 훨씬 더 중요해진다. 노년기에는 배우자, 자녀, 오랜 친구 등 가까운 사람들과의 정서적 연결이 삶의 의미를 되새기게 하며, 외로움과 상실감을 완충하는 역할을 한다. 특히 오랜 시간 축적된 삶의 경험과 지혜wisdom는 단지 개인의 자산에 머무르지 않고, 주변 사람들에게 전해지며 의미 있는 나눔sharing으로 확장된다. 이러한 지혜의 나눔은 세대 간의 교류를 가능하게 하고, 삶의 흔적을 타인과 공유함으로써 존재의 가치를 확인하게 한다. 노년기의 삶에서 관계는 회상, 감사, 나눔이라는 정서적 주제와 연결되며, 이는 단순한 감정의 표현을 넘어, 후대에 전해줄 삶의 이야기와 교훈으로 이어진다. 이러한 관계는 삶의 마지막 시기에서 '잘 살아왔다'는 깊은 만족감을 형성하는 데 있어 결정적인 요소가 된다.

3. 공간 속의 인간관계

우리는 살아가며 수많은 공간을 지나고 머문다. 공간마다 새로운 사람을 만나 관계를 맺는데, 그 관계는 때로는 우리를 성장하게 하고, 때로는 상처를 남기기도 한다. 어떤 공간은 마음을 열 수 있는 따뜻한 분위기 속에서 관계가 자연스럽게 이어지지만, 어떤 공간은 불안과 두려움 속에 마음을 닫게 하고, 자신을 숨기게 만든다.

좋은 공간은 안정적이고 의미 있는 관계가 형성되는 곳이다. 그 안에서는 사람들 사이에 신뢰와 배려가 자연스럽게 오가며, 관계 자체가 서로를 성장시키는 힘이 된다. 반면, 좋지 않은 공간에서는 관계 속에 긴장과 위축이 반복되고, 감정은 억눌리며 마음의 문이 서서히 닫히게 된다. 하지만 여기서 말하는 공간은 단순히 물리적 장소를 의미하지는 않는다. 공간은 심리적 장(場)으로, 그 안에서 사람과 사람이 연결되고, 관계를 맺으며, 때로는 타인을 통해 자신을 발견하게 되는 정서적 무대이다.

우리가 누구를 만나고, 어떤 감정을 느끼며, 어떤 분위기 속에서 살아가느냐는 결국 우리의 내면을 형성하고, 삶의 방향을 결정짓는다. 좋은 공간은 마음을 열고 관계를 확장시키지만, 나쁜 공간은 마음을 닫고 관계를 소진시킨다. 공간의 분위기와 그 안에서 맺어지는 관계의 질은 인간 내면 깊은 곳에 영향을 미치며, 삶의 만족도와도 밀접하게 연결되어 있다.

이러한 관점은 쿠르트 레빈(Kurt Lewin)이 제시한 장 이론Field Theory에서도 잘 드러난다. 그는 'B = f(P,E)'라는 공식으로 인간의 행동behavior이 개인의 특성personal characteristics과 더불어 그를 둘러싼 심리적 환경environment과의 상호작용 속에서 나타난다고 보았다. 즉, 인간은 고정된 존재가 아니라 관계와 분위기, 심리적 공간 속에서 끊임없이 반응하고 변화하는 존재라는 것이다. 이처럼 우리가 어떤 사람과 관계를 맺고, 어떤 공간에 머무느냐는 삶의 질과 방향에 직접적인 영향을 미친다. 결국 공간을 채우는 것은 사물이나 구조물이 아니라 사람이며, 그 사람과의 관계가 그 공간이 우리에게 어떤 의미로 남을지를 결정짓는다.

3.1. 좋은 공간 : 관계를 살리는 장(場)

우리는 살아가면서 다양한 공간을 지나며 수많은 사람들과 관계를 맺는다. 그중에서도 '좋은 공간'은 인간관계를 건강하게 형성하고 유지하는 데 중요한 기반이 된다. 좋은 공간은 단순히 시설이 깨끗하거나 분위기가 좋은 것을 의미하지 않는다. 그보다 더 중요한 것은 그 공간 안에서 사람들이 어떻게 소통하고, 서로를 어떻게 대하는가이다. 좋은 공간에서는 심리적 안정감이 보장된다. 개인적인 배경이나 성별, 성적 지향에 상관없이 누구나 존중받고, 자유롭게 자신의 생각을 표현할 수 있다. 교실에서 학생들이 질문을 자유롭게 하고, 토론을 통해 서로의 의견을 나눌 수 있다면, 그 공간은 학습과 관계 모두에서 건강하게 작용한다. 가족 간의 대화가 자연스럽게 이루어지는 거실, 동료들이 자유롭게 소통하는 회의실 역시 사람과 사람 사이의 신뢰를 키워주는 역할을 한다. 또한, 좋은 공간은 감시보다 신뢰를 기반으로 한다. 개인의 자유와 존엄성이 존중되며, 과도한 통제 없이 자율적인 관계가 형성된다. 상담실이나 멘토링 공간처럼 사적인 이야기가 안전하게 다루어지는 장소는 사람들 사이의 관계를 더욱 깊게 만든다. 이와 함께, 위기 상황에 처한 사람들을 보호하고 돌볼 수 있는 공간 역시 중요하다. 성폭력이나 가정폭력 피해자를 위한 쉼터처럼, 회복과 치유가 가능한 공간은 타인과의 관계를 다시 시작할 수 있는 힘을 준다. 무엇보다, 좋은 공간에서는 사람이 외모나 지위가 아닌 존재 자체로 존중받는다. 평등한 관계 속에서 각자의 역할이 인정되고, 누구도 위계 구조에 의해 억눌리지 않는다. 시민단체나 동아리 활동처럼 공동의 목표를 위해 협력하는 공간은 상호 존중과 연대의 감각을 키워준다. 이러한 공간들은 단순히 머무는 장소를 넘어, 사람과 사람이 함께 관계를 성장하는 장(場)이 된다.

3.2. 나쁜 공간 : 관계를 해치는 장(場)

'나쁜 공간'은 인간관계를 불편하게 만들고 때로는 파괴하기도 한다. 이런 공간에서는 사람들이 긴장하거나 위축되고, 감정의 소통보다는 불안과 단절이 우선된다. 나쁜 공간의 공통점은 차별, 억압, 침묵, 방임이 공존한다는 점이다. 성차별적인 구조가 고착된 공간은 특정 성별이 배제되거나 소외되는 분위기를 형성한다. 남성 중심의 회식 문화, 여성 화장실이 턱없이 부족한 건물 환경은 일상 속에서 차별을 고착화하며, 구성원 간의 관계를 왜곡시킨다. 또한, 성적 농담이나 불쾌한 시선이 용인되는 공간은 신체적 불편함뿐 아니라 심리적 위협을 느끼게 만든다. 문제를 제기해도 무시당하거나 가해자가 보호받는 분위기는 관계의 신뢰를 무너뜨리고, 피해자를 침묵하게 만든다. 가정폭력이나 아동학대가 은폐되는 폐쇄적인 공간도 관계의 파괴가 지속되는 대표적인 사례이다. 이런 공간에서는 피해자가 외부에 도움을 요청하기 어렵고, 폭력은 구조적으로 반복된다. 또한, 성착취가 묵인되거나 상업화되는 공간에서는 인간이 수단화되고, 돈이나 권력에 의해 관계가 왜곡된다. 일부 유흥업소나 불법 온라인 채팅방은 인간관계의 품위를 잃게 만드는 대표적인 공간이다. 마찬가지로, 어두운 골목길이나 좁고 폐쇄된 엘리베이터와 같이 신체적 · 심리적 경계를 무시하는 환경은 불안을 유발하고 심각한 문제로 이어질 수 있다. 이러한 공간에서는 기본적인 안정감이 결여되어, 관계를 맺기보다는 스스로를 방어하고 회피하는 심리가 앞선다. 이로 인해 인간관계는 단절되고 감정적 교류는 차단되며, 사람들은 점점 더 혼자만의 세계에 갇히게 된다. 나쁜 공간은 인간관계의 질을 무너뜨리고, 사람의 자존감과 심리적 안정까지 위협한다. 폭력과 차별, 무관심이 반복되는 환경에서는 건강한 인간관계가 뿌리내릴 수 없다.

4. 인간관계의 다양성

인간관계는 우리가 살아가면서 맺는 다양한 유형의 관계들로 구성된다. 각각의 관계는 그 특성과 목적이 다르며, 우리는 이들 속에서 서로 다른 방식으로 소통하고 영향을 받는다. 이러한 관계의 유형을 잘 이해하는 것은 우리가 각 관계에서 어떻게 행동하고, 또 그 관계가 우리에게 어떤 의미를 가지는지 깨닫는 데 도움이 된다. 인간관계는 그 특성과 목적에 따라 다른 양상으로 형성된다. 가족, 친구, 연인, 직장, 고객, 우주 등 우리가 맺는 다양한 관계는 서로 다른 방식으로 우리의 삶에 영향을 미친다. 이들 관계는 우리의 정서적 · 사회적 필요를 충족시켜주고, 각기 다른 방식으로 우리의 성장과 행복을 지원한다. 따라서 각 관계에서 우리가 원하는 바를 이해하고, 어떻게 소통할지 고민하는 것이 중요하다.

4.1. 가족

가족에는 나의 선택과는 상관없이 출생birth으로 만들어지는 가족이 있고, 나의 선택에 의한 결혼marriage으로 만들어지는 가족이 있다. 가족은 인간관계의 시작점이며, 성장 과정에서 부모에게 받은 사랑과 신뢰는 신뢰와 감정 표현, 관계 형성에 큰 영향을 준다. 안정적인 가족 환경은 건강한 대인관계를 형성하는 데 도움이 되지만, 억눌린 감정은 인간관계 형성에 어려움을 줄 수 있다. 형제자매 관계는 협력과 경쟁을 배우고 사회성을 키우는 데 중요한 역할을 한다. 그리고 시월드와 처월드라는 새로운 가족관계는 결혼을 통해 생기게 되는데, 소통과 존중이 부족하면 갈등이 커지고 이는 부부 관계에도 영향을 미치게 된다. 반대로 건강한 가족 간 관계는 정서적 안정과 결혼 만족도를 높인다.

4.2. 친구

친구는 자발적인 선택과 상호 존중으로 형성되는 인간관계이다. 가족처럼 주어지거나, 연인처럼 감정에 기대지 않고, 서로의 존재를 인정하고 선택할 때 우정이 시작된다. 우정은 바쁜 일상 속에서 종종 뒷순위로 밀리지만, 진정한 친구는 힘든 순간에도 곁을 지켜주는 존재다. 말 없이 응원해주고, 비교 없이 받아주는 친구 한 명만으로도 삶은 훨씬 따뜻해진다. 진정한 친구는 함께 웃을 수 있을 뿐 아니라, 함께 견딜 수 있는 사람이다. 그런 우정이 있는 삶은 외롭지 않으며, 인간관계의 깊이를 보여주는 소중한 자산이다.

4.3. 연인

사랑으로 꽃피우는 연인관계는 인간관계 중 가장 아름답고도 복잡한 여정이다. 진정한 사랑은 두 사람이 함께 만들어가며, 감정을 넘어서 서로의 존재 전체를 받아들이는 약속이다. 사랑은 큰 행복을 주기도 하지만, 때로는 깊은 상처를 남기기도 한다. 진정한 사랑을 위해서는 먼저 자신을 사랑할 줄 아는 것이 중요하다. 자기애가 부족하면 사랑은 집착이나 불안정으로 흐르기 쉽다. 건강한 관계는 서로에게 의존하기보다 온전한 개인들이 자율성과 존중 속에서 연결되는 데서 시작된다. 결혼과 사랑에 대한 생각은 다양하지만, 중요한 것은 관계의 형태보다 그 안의 경험과 질(質)이다. 진정한 행복은 사랑과 관계를 통해 서로를 성장시키고, 긍정적인 연결을 만들어가는 데서 비롯된다.

4.4. 직장

직장생활은 인간 관계의 중요한 공간이다. 직장에서의 성공은 단순히 개인의 뛰어난 능력만으로 이루어지지 않는다. 진정한 성공은 심리적으로 안정된 조직 적응, 조직 문화와 개인의 가치 일치, 그리고 조화로운 인간관계를 통해 완성된다. 능력은 업무 수행의 기반이 되지만, 조직의 가치와 조화를 이루며 일에 몰입할 수 있을 때 만족감이 높아지고 지속적인 성장이 가능하다. 또한 긍정적인 인간관계는 협업과 소통을 원활하게 하며, 직무 스트레스를 줄이고 조직 전체에 활력을 불어넣는다. 오늘날의 조직은 개인 능력 그 자체보다도 공감과 협력을 바탕으로 시너지를 만들어낼 수 있는 사람을 더 중요하게 여긴다.

4.5. 고객

인간관계는 고객 관계customer relationship와 같다. 고객은 단순히 거래 상대가 아니라, 우리가 일상에서 마주하며 상호작용하는 모든 사람이 될 수 있다. 직장에서는 민원인이나 동료가, 학교에서는 학생이나 학부모가, 일상에서는 이웃이나 친구가 각자의 '고객'이 된다. 고객을 어떻게 대하는가는 곧 사람을 어떻게 대하는지를 보여주는 기준이 된다. 고객에게 보이는 경청, 공감, 존중은 인간관계를 이루는 핵심 요소이기도 하다. 고객의 입장에서 생각하고, 감정을 이해하며, 신뢰를 쌓아가는 과정은 관계의 본질과 같다. 고객과의 관계는 서비스가 아니라 사람을 향한 태도와 인격의 표현이며, 관계의 질은 태도에서 드러난다. 신뢰, 일관성, 진심이 담긴 응대는 인간관계를 깊이 있게 만들고, 이는 모든 관계에서 통용되는 기본이 된다. 고객을 대하는 방식은 곧 내가 세상을 대하는 방식이고, 더 나은 관계를 만들어가는 출발점이 된다.

4.6. 우주

인간관계의 우주, 유니버스universe는 별과 행성으로 구성된 물리적 공간처럼, 우리가 살아가며 관계를 맺는 거대한 연결의 장이다. 온라인과 가상공간, 지구촌이라는 공간 속에서 우리는 이 우주의 일부로서 보이지 않는 방식으로 서로에게 영향을 주고받으며 살아간다. 인간관계의 우주는 무한하다. 나의 말, 태도, 감정은 타인의 삶에 파장을 일으키고, 다시 나에게로 돌아온다. 사회라는 공간 속에서 각자는 고유한 자리에서 빛을 내는 존재이다. 우주적 시선으로 보면, 관계는 단순한 교류를 넘어 서로의 존재를 인정하고 조화를 이루려는 노력이다. 좋은 관계란 타인의 세계를 이해하고 존중하며, 나의 세계와 연결하는 과정에서 만들어진다. 그렇게 우리는 각자의 우주를 열고, 함께 살아가는 우주를 확장해간다.

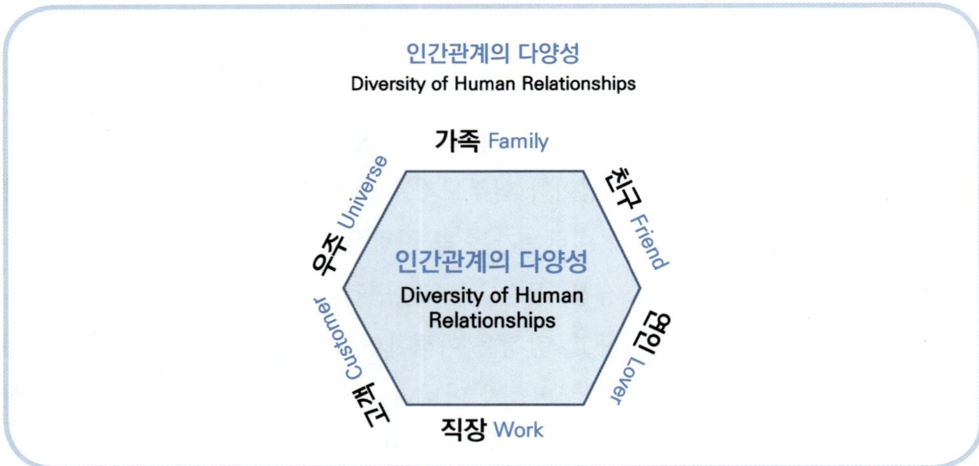

5. 인간관계 주사위

우리는 누군가와 연결되어 있다고 느낄 때 마음의 안정을 얻고, 서로를 이해할 때 더욱 살아 있음을 느낀다. 그러나 관계는 그만큼 다루기 어려운 과제이기도 하다. 관계의 균형은 작은 오해나 갈등으로 쉽게 무너질 수 있으며, 그 과정에서 마음에 상처를 입는 경우가 많다. 따라서 인간관계는 매일 꾸준히 연습해야 한다. 단번에 해결할 수 있는 완벽한 공식은 없지만, 매일 조금씩 마음을 다듬는 것이 관계를 건강하게 유지하는 길이다. 이러한 실천을 돕기 위해 '인간관계 주사위'를 활용할 수 있다. 이 주사위의 여섯 면에는 공감, 신뢰, 소통, 배려, 감사, 행복이라는 심리적 요인이 있다. 이 여섯 가지는 인간관계와 삶의 만족도를 좌우하는 핵심 요인이며, 동시에 우리 마음속에 잠재되어 있는 정신적 자원이다.

5.1. 공감

공감empathy은 건강하고 행복한 인간관계를 만드는 '마음의 문 열기'이다. 공감은 인간이 타인의 감정과 필요를 이해하고 반응할 수 있게 해주는 기본 능력이다. 이는 아주 어린 시기부터 발달하며, 모든 문화에서 인간관계의 핵심으로 작용해왔다. 우리는 아기의 울음, 노부모의 돌봄, 친구와 동료의 어려움에 자연스럽게 공감한다. 공감은 관계를 부드럽게 만들고, 갈등을 줄이며, 소통과 이해를 촉진한다. 직장에서는 팀워크를 높이고, 사회에서는 정의감과 연대의식을 키운다. 그러나 바쁜 일상과 경쟁 속에서는 공감이 쉽게 무뎌질 수 있다. 중요한 것은 공감을 단순한 감정이 아니라 삶과 관계의 질을 높이는 실천적 태도로 키워가는 일이다.

5.2. 신뢰

신뢰trust는 건강하고 행복한 인간관계를 만드는 '보이지 않는 자본 만들기'이다. 우리는 혼자가 아닌, 수많은 관계 속에서 살아간다. 심리학자 스탠리 밀그램(Stanley Milgram)의 '스몰 월드small world' 이론처럼, 우리는 직·간접적으로 모두 연결되어 있으며, 작은 세상 속에서 신뢰는 인간관계의 핵심이 된다. 신뢰는 건강하고 행복한 관계를 형성하는 데 필수적이며, 실제로 세계에서 가장 행복한 나라로 선정된 핀란드도 사회 전반에 뿌리내린 신뢰가 그 기반이었다. 신뢰는 상대에 대한 기대와 믿음에서 시작되며, 신뢰가 있을 때 관계는 깊어지고 삶은 안정된다. 반대로 신뢰가 부족하면 의심이 커지고, 관계는 불안정해진다. 신뢰는 인간관계를 지탱하는 가장 강력한 힘이다.

5.3. 소통

소통communication은 건강하고 행복한 인간관계를 위한 '마음의 길 만들기'이다. 현대인은 다양한 관계 속에 살지만, 마음을 나누는 진정한 소통은 점점 줄어들고 있다. 외로움이 일상이 되고, 타인의 시선을 불편해하는 사회적 불안도 증가하고 있다. 그러나 인간은 본질적으로 관계를 통해 살아가는 존재이며, 매슬로가 말한 '소속감'은 감정적 연결을 향한 본능적 욕구이다. 이를 위해 필요한 것은 공감과 경청을 바탕으로 한 소통이다. 깊은 관계는 하루아침에 만들어지지 않으며, 진심 어린 관심과 신뢰가 쌓일 때 비로소 형성된다. 관계는 소통에서 시작되고, 공감으로 깊어지며, 신뢰로 이어진다. 지금 우리에게 필요한 것은 단순하다. 진심으로 말하고, 듣고, 표현하는 것, 그것이 관계를 살리고 함께 살아가는 길이다.

5.4. 배려

배려consideration는 건강하고 행복한 인간관계를 위한 '서로 챙겨주기'이다. 인간관계를 살찌우는 것은 배려이다. 좋은 인간관계는 타인에 대한 배려뿐 아니라, 자기 자신을 돌보는 것에서부터 시작된다. 자기돌봄은 자신의 감정과 에너지를 인식하고 조절함으로써, 관계에서 지치지 않고 균형 있는 소통을 가능하게 한다. 양보는 갈등 상황에서 상대를 이해하고 한 걸음 물러날 수 있는 태도로, 관계를 부드럽고 지속가능하게 만든다. 친절은 작지만 지속적인 실천을 통해 관계에 신뢰와 따뜻함을 더한다. 이 세 가지는 서로 긴밀히 연결되어 있으며, 함께 실천될 때 인간관계를 더욱 깊고 안정적으로 만들어준다. 자기돌봄은 여유를, 양보는 존중을, 친절은 연결을 만들어주는 태도다. 배려는 건강한 인간관계를 위해 반드시 갖추어야 할 핵심 역량이다.

5.5. 감사

감사gratitude는 건강하고 행복한 인간관계를 만드는 '소중하게 기억하기'이다. 우리는 매일 다양한 관계 속에서 살아가며, 그 관계를 더욱 따뜻하게 만드는 힘은 감사에 있다. 감사는 삶의 가치를 느끼고, 자신의 존재를 긍정하는 마음에서 비롯된다. 타인에게 감사하는 것은 그 존재와 행동을 존중하는 표현이며, 이는 관계에 신뢰와 안정감을 더해준다. 감사는 모든 것을 당연하게 여기지 않는 데서 시작된다. 사람뿐 아니라 꽃, 바람, 햇살 같은 자연과 일상의 작은 친절에도 감사할 수 있다. 지금 이 순간, 나를 살아가게 해주는 모든 것에 감사할 때, 삶은 더욱 풍요로워진다.

5.6. 행복

행복happiness은 건강하고 행복한 인간관계를 만드는 '출발점이자 종착점'이다. 행복은 단순한 감정을 넘어 삶의 방향과 의미, 일상에서 느끼는 만족감의 총체라 할 수 있다. 그리고 그 중심에는 '사람과의 관계'가 자리한다. 인간은 사회적 존재로서 타인과 연결되고 이해받을 때 깊은 행복을 느낀다. 이러한 행복은 관계 속에서 자라난다. 타인의 감정을 진심으로 이해하는 공감은 마음의 문을 열게 하고, 그 위에 신뢰가 쌓인다. 신뢰가 바탕이 되어야 솔직하고 깊이 있는 소통이 가능하며, 소통은 상대를 배려하는 행동으로 이어진다. 이 배려는 다시 감사의 마음을 불러일으켜 관계를 더욱 따뜻하고 건강하게 만든다. 공감에서 시작해 감사로 이어지는 이 연결고리는 행복한 인간관계의 토대가 된다.

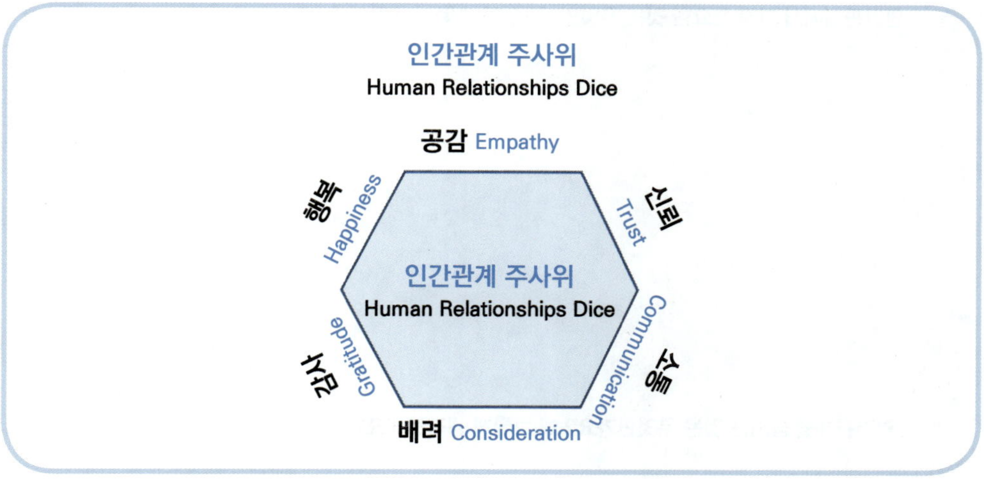

자기 진단

좋은 인상을 심어줄 수 있는 나만의 매력은 무엇인가요?

인간관계에서 가장 중요한 것은 무엇인가요? 왜 그렇게 생각하세요?

인간관계를 망치는 것은 무엇인가요? 왜 그렇게 생각하세요?

Part 02

인간관계의 다양성

• *diversity of human relationships* •

Chapter 03 가족

Chapter 04 친구

Chapter 05 연인

Chapter 06 직장

Chapter 07 고객

Chapter 08 우주

Chapter 03

가족

• *Family* •

Chapter 03

가족

세상에 평화를 이루기 위해 당신이 할 수 있는 일은? 집에 가서 가족을 사랑하라.

What can you do to promote world peace? Go home and love your family.

– 마더 테레사(Mother Teresa, 1910–1997) –

나의 선택과는 상관없이 출생birth으로 만들어지는 가족이 있고, 결혼marriage처럼 나의 선택에 의해 형성되는 가족이 있다. 먼저, 우리가 세상에 태어나면서 처음으로 맺는 인간관계는 가족이고, 가족은 이후 모든 인간관계의 기초가 된다. 어린 시절 부모로부터 받은 사랑과 반응은 우리가 타인을 신뢰하고 관계를 형성하는 방식에 깊은 영향을 미친다. 가족 안에서 자신의 감정을 자연스럽게 표현할 수 있었던 사람은 친구나 연인과의 관계에서도 마음을 편안하게 표현할 수 있다. 반면, 감정을 억눌러야 했던 사람은 자신의 마음을 숨기고 드러내는 데 어려움을 겪는다. 특히, 형제자매와의 관계는 협력과 경쟁을 동시에 배우는 경험의 장으로, 서로 다른 성격과 관점을 이해하여 사회성을 키우는 데 중요한 역할을 한다.

결혼을 하면 두 사람은 부부가 되는 동시에, 각자의 부모와 형제자매가 포함된 '시월드(남편의 가족)'와 '처월드(아내의 가족)'라는 새로운 가족관계도 함께 생긴다. 이 관계는 단순히 가족이 늘어나는 것이 아니라, 서로 다른 환경에서 자란 두 가족 문화가 만나 새로운 관계를 만들어가는 복잡한 과정이다. 서로에 대한 존중과 소통이 부족하면 갈등이 쉽게 생기고, 이는 부부 사이의 정서적 안정과 결혼 만족도에도 큰 영향을 준다. 반대로, 건강한 시월드-처월드 관계는 부부뿐 아니라 자녀와 부모 세대 간의 정서적 연결을 강화하고, 가족 전체의 기능과 조화에도 긍정적인 영향을 준다.

1. 가족

1.1. 가족의 의미

가족은 인간이 경험하는 가장 밀접하고 지속적인 관계로, 삶 전반에 걸쳐 정서적 안정과 사회적 관계 형성의 기본 틀을 제공하는 심리적 기반이다. 우리는 가족 안에서 처음으로 소속감, 사랑, 보호, 자아 발견을 경험하며, 이는 이후의 대인관계에 결정적인 영향을 미친다. 가족은 단순한 혈연 공동체를 넘어 정서적 교류와 상호 책임이 결합된 심리적 운명 공동체로 작용한다. 가족관계는 다른 인간관계와 달리 쉽게 단절되기 어려운 밀접한 결속력을 지닌다. 친구나 사회적 관계는 환경과 상황에 따라 변화할 수 있으나, 가족은 일생에 걸쳐 개인의 정체성과 정서적 안정을 형성하고 지탱하는 중요한 기반이 된다. 이러한 특성 때문에 가족은 강력한 지지 기반이 될 수 있지만, 동시에 갈등이 발생했을 때 쉽게 풀리지 않는 복잡성을 내포하기도 한다.

대부분의 가족관계는 개인의 선택과 무관하게 주어지며, 갈등과 협력을 반복하는 '생활 공동체이자 운명 공동체'의 특성을 지닌다. 이러한 맥락에서 가족은 인간관계의 기초 훈련소이자 심리적 교실로 기능한다. 가족 안에서 이루어지는 대화, 공감, 갈등, 협력의 경험은 모든 대인관계의 바탕이 되며, 사회적 정체성과 책임감을 형성하는 데 중요한 역할을 한다. 현대 심리학에서는 가족을 전통적인 혈연 중심 개념에서 벗어나, 정서적 유대와 심리적 안정감을 중심으로 재정의하고 있다.

또한, 가족은 매슬로의 욕구 위계 이론Maslow's Hierarchy of Needs Theory에서 제시한 생리적 안정, 안전, 소속감, 사랑 등의 기본 욕구를 충족시키는 울타리로 작용하며, 개인에게 정서적 안정감을 제공하고 외부 환경에 적응할 수 있는 역량을 발달시킨다. 나아가 가족은 위기 상황에서의 정서적 지지망으로 기능하여, 개인이 사회적으로 고립되지 않도록 보호하고 회복 탄력성을 높이며, 무조건적인 수용과 돌봄을 통해 스트레스, 상실, 좌절을 극복하도록 돕고 이를 통해 정신건강을 유지하는 데 필수적인 심리적 자원을 제공한다.

가족은 인간이 건강하게 성장하고 삶의 의미를 발견하며, 타인과 관계를 맺고 어려움을 극복하는 데 필요한 심리적 기반이다. 삶의 시작부터 마지막 순간까지 정서적 안정을 제공하고 지지하는 중심적 역할을 하며, 이러한 기능은 인간 존재를 지탱하는 근본적인 기반이 된다.

1.2. 건강한 가족

건강한 가족은 단순히 함께 사는 사람들의 집합이 아니라, 정서적 안정, 상호 존중, 신뢰와 애정을 기반으로 관계를 유지하는 심리적 공동체이다. 이러한 가족은 구성원 모두가 다양한 감정과 삶의 경험을 나누며, 서로에게 심리적 지지가 되어준다. 그 안에서는 감정과 생각을 자유롭게 표현할 수 있고, 서로의 입장과 감정을 자연스럽게 존중하는 태도가 형성된다.

건강한 가족 간의 의사소통은 개방적이고 공감적인 방식으로 이루어지며, 애정이 담긴 대화를 통해 갈등을 사전에 예방하거나 효과적으로 해결할 수 있다. 구성원 간의 응집력과 유대감이 높고, 감정적 거리감 없이 서로에게 안정감을 제공한다. 위기 상황이 발생했을 때도 유연하게 대처하며, 협력적인 태도로 회복력을 보여준다. 건강한 가족은 서로의 성장과 삶을 지지하고 격려하며, 다양한 관점과 차이를 포용하고 존중하는 분위기를 지닌다. 이러한 기반 위에서 구성원들은 정서적 지지를 자주 경험하고, 이는 가족이라는 울타리를 더욱 견고하게 만든다. 완벽하지 않더라도, 공감과 존중을 기반으로 지속적으로 성장하는 관계가 건강한 가족의 핵심이다. 건강한 가족은 여섯 가지 특징이 있다.

첫째, 건강한 가족은 열린 의사소통을 통해 감정과 생각을 자유롭게 표현할 수 있는 심리적 환경을 조성한다. 이러한 의사소통은 단순한 정보 전달을 넘어 깊은 이해와 공감을 이끌어내며, 갈등을 예방하고 신뢰를 형성하는 토대가 된다. 또한 위기 상황에서도 서로를 지지할 수 있는 심리적 안정감을 제공하여 정서적 유대를 강화한다.

둘째, 건강한 가족은 강한 정서적 유대감을 형성한다. 이는 가족 구성원 간의 열린 대화를 통해 자연스럽게 형성되며, 심리적 지지 체계로 기능한다. 유대가 강할수록 서로를 깊이 이해하고 어려운 상황에서도 정서적으로 지탱해 주는 힘이 커진다.

셋째, 건강한 가족은 가족 내 역할이 유연하다. 특정 구성원이 고정된 역할에 얽매이기보다 상황에 따라 서로의 역할을 보완하고 나누는 태도를 가진다. 이러한 역할 유연성은 양육, 돌봄, 생계, 정서적 지원 등 다양한 가족 기능의 균형을 유지하게 하며, 일부 구성원에게 과도한 부담이 집중되는 것을 방지한다. 그 결과 모든 가족 구성원이 관계에 적극적으로 참여할 수 있다.

넷째, 건강한 가족은 각 구성원을 독립된 인격체로 존중한다. 구성원의 감정, 생각, 선택을 인정하고 존중하며, 개인의 자율성과 개성을 보장한다. 이러한 존중은 심리적 안정과 책임감을 형성하고, 가족 내 신뢰와 협력을 증진시키는 중요한 기반이 된다.

다섯째, 건강한 가족은 문제 해결 능력을 갖추고 있다. 갈등이나 위기 상황에서 서로를 비난하기보다 문제 자체를 바라보고 해결하려는 태도를 가진다. 이러한 태도는 구성원 간의 협력과 정서적 유대를 더욱 강화하며, 반복되는 문제 해결 경험을 통해 가족 전체의 회복탄력성을 키운다. 이는 앞으로 닥칠 다양한 어려움에 효과적으로 대처할 수 있는 심리적 자산이 된다.

여섯째, 건강한 가족은 긍정적인 시각을 유지한다. 문제를 단순히 부정적인 사건으로 보지 않고, 함께 배우고 성장할 수 있는 기회로 인식한다. 이러한 태도는 서로의 실수와 부족함을 따뜻하게 받아들이고, 이를 성장의 계기로 삼게 한다. 나아가 가족의 정서적 안정을 높이고, 자녀에게 긍정적인 심리적 모델을 제공하여 이후 대인관계와 정서 안정에 깊은 영향을 미친다.

따라서 건강한 가족은 개방적 의사소통, 정서적 유대, 역할의 유연성, 개인 존중, 문제 해결 능력, 긍정적인 관점 등 서로 연결된 심리적 요소들이 유기적으로 작용하면서 공감과 존중을 바탕으로 함께 성장하는 살아 있는 관계를 형성한다.

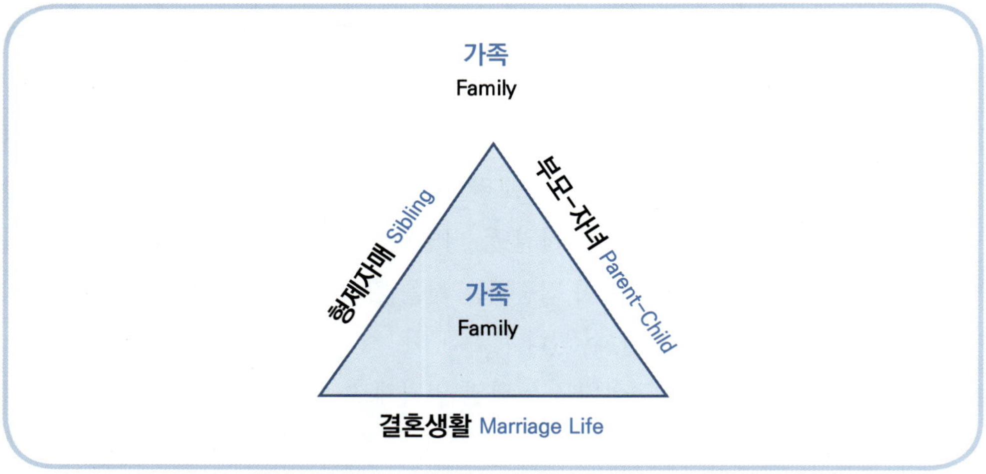

2. 부모-자녀

2.1. 애착

애착은 유아가 주 양육자와 형성하는 최초의 정서적 유대로, 자아 형성과 대인관계의 기초가 되는 핵심 심리 과정이다. 심리학자 존 볼비(John Bowlby)는 애착을 생존을 위한 본능적 행동 체계로 보았으며, 초기 애착 경험이 평생의 정서 안정과 사회적 관계에 영향을 미친다고 보았다. 안정적인 애착 관계를 형성한 아동은 정서적으로 안정되며, 타인과의 관계에서도 신뢰와 친밀감을 갖는다. 반대로 부모와의 정서적 단절이나 일관되지 않은 반응은 불안정 애착으로 이어져 불안, 회피, 의존 등의 정서적 어려움을 유발할 수 있다.

심리학자 메리 에인스워스(Mary Ainsworth)는 '낯선 상황 실험Strange Situation

Experiment'을 통해 애착을 네 가지 유형으로 분류하였다. 첫째, 안정 애착Secure Attachment은 부모가 일관되게 반응하고 정서적 지지를 제공할 때 형성된다. 아동은 부모를 안전기지로 인식하고 독립성과 탐색을 시도하며, 필요할 때 부모에게 돌아와 안정감을 얻는다. 둘째, 불안-회피 애착Insecure-Avoidant Attachment은 부모가 아이의 감정표현을 무시하거나 거부할 때 형성되며, 아동은 감정을 억제하고 부모와의 접촉을 회피하려는 경향을 보인다. 셋째, 불안-저항(양가) 애착Insecure-Resistant/Ambivalent Attachment은 부모의 반응이 예측 불가능할 때 형성된다. 아동은 부모에게 집착하면서도 동시에 분노나 거절을 표현하는 양가적인 태도를 보인다. 넷째, 혼란 애착Ambivalent Attachment은 부모가 공포의 대상이거나 트라우마를 유발할 때 나타나며, 아동은 접근과 회피행동을 동시에 보이며 혼란스러운 행동 패턴을 보인다.

애착 유형은 자기 조절 능력, 정서 표현 방식, 친밀감 형성에 중요한 영향을 미치며, 이러한 영향은 성인기의 인간관계에서도 지속된다. 안정적인 애착을 형성한 사람은 스트레스 상황에서도 감정을 효과적으로 조절할 수 있는 반면, 불안정한 애착을 형성한 사람은 과도한 감정 반응, 회피 행동, 타인에 대한 불신을 보일 가능성이 높다.

이러한 애착의 기초는 부모의 세심하고 일관된 반응을 통해 형성된다. 따뜻한 언어적 표현과 신체적 접촉, 정서적 지지 등은 아이에게 안전감을 제공하며, 이는 건강한 정서 발달과 사회적 기능의 기초가 된다.

애착은 단순히 유아기에 국한된 발달 이론이 아니라, 전 생애에 걸쳐 인간관계의 질을 결정하고 심리적 회복력을 높이며 긍정적인 사회 적응을 가능하게 하는 핵심 요소이다. 애착의 지속적인 영향력을 이해하는 것은 개인의 정서적 안녕과 관계 형성에 있어 매우 중요하다.

2.2. 양육방식

부모-자녀 관계는 인간이 세상과 맺는 최초의 사회적 관계로, 한 개인의 정서 발달, 자기 이해, 사회적 적응 능력에 결정적인 영향을 미친다. 이 관계는 단순히 자녀를 보호하고 양육하는 기능에 그치지 않고, 인격 형성의 기초를 이루며 타인과의 관계를 맺는 방식을 배우는 중요한 출발점이 된다. 유아기에는 기본적인 신뢰감과 애착이 형성되며, 이는 평생에 걸쳐 정서적 안정의 토대를 제공한다. 부모가 아기의 신호에 민감하게 반응하고 일관된 돌봄과 따뜻한 신체 접촉을 제공할 때, 아기는 세상에 대한 긍정적 인식과 타인에 대한 신뢰를 가지게 된다. 이 초기 경험은 안정된 애착 형성과 건강한 자아 발달로 이어진다.

아동기로 접어들면 자녀는 점차 자율성을 추구하며 외부 세계에 대한 탐색을 시작한다. 이 시기에는 자녀가 실수하거나 도전할 수 있는 적절한 자유를 제공함과 동시에, 일상 속에서의 생활규칙을 설정해주는 것이 중요하다. 자녀가 스스로 해내는 경험을 통해 자기조절 능력과 책임감을 학습할 수 있는 기회를 주는 것이 바람직하다.

청소년기는 자아 정체성이 빠르게 확립되는 시기로, 부모와의 갈등이 빈번히 발생할 수 있다. 그러나 이 시기일수록 부모의 공감적 태도와 정서적 지지가 중요하다. 자녀의 의견을 경청하고 진심으로 대화하는 태도는 관계의 유대감을 지켜주는 핵심 요소이며, 자녀가 스스로를 이해하고 표현하는 데 큰 힘이 된다.

성인기가 되면 자녀는 독립적인 사회 구성원으로 성장한다. 이 시기의 부모는 이전처럼 삶의 방향을 제시하는 존재라기보다는, 자녀의 선택을 존중하고 지지하는 동반자로서의 역할로 전환되어야 한다. 간섭보다는 정서적 지지와 신뢰를 중심으로 관계를 재구성하는 것이 필요하다. 이처럼 부모-자녀 관계의 질은 발달 단계에 따라 유연하게 조정되어야 하며, 그 중심에는 부모의 양육 태도가 자리한다.

심리학자 다이애나 바움린드(Diana Baumrind)는 부모의 애정과 통제 수준을 기준으로 네 가지 양육 태도를 제시하였다. 첫째, 민주적 부모Authoritative Parent는 애정과 통제를 균형 있게 유지하며, 자녀의 의견을 존중하고 규칙의 이유를 설명하는 태도를 지닌다. 정서적 교류가 활발하고 기대 수준이 명확하여, 자녀는 정서적으로 안정되며 자율성과 책임감을 발달시킬 수 있다. 이 유형은 자녀의 성장에 가장 긍정적인 영향을 준다. 둘째, 권위주의적 부모Authoritarian Parent는 통제를 우선시하며, 정서적 교류는 적은 편이다. 자녀의 의견을 수용하기보다는 규칙 위반에 대한 처벌이나 순종을 강조하고 지시적인 태도를 보인다. 이러한 환경에서는 자녀가 위축되거나 반항적인 성향을 보이기 쉽고, 자기 표현이나 감정조절에 어려움을 겪을 수 있다. 셋째, 허용적 부모Permissive Parent는 풍부한 애정을 제공하지만 통제가 부족하다. 자녀의 요구를 거의 모든 상황에서 수용하며, 명확한 한계를 설정하지 않기 때문에 자녀는 책임감과 자기조절력이 부족해질 수 있고, 사회적 규범과 타인의 요구를 수용하는 데 어려움을 겪을 수 있다. 넷째, 무관심한 부모Uninvolved Parent는 애정과 통제 모두 낮은 수준을 보이며, 자녀의 감정이나 행동에 거의 관심을 두지 않는다. 이러한 방임적 양육 환경은 자녀에게 정서적 결핍을 초래하고, 낮은 자존감과 불안정한 애착 형성, 대인관계의 어려움으로 이어질 수 있다. 부모의 양육 태도는 자녀의 정서적 안정, 자기조절력, 책임감, 대인관계 능력 등 삶의 여러 측면에 깊이 작용한다.

건강한 양육 태도는 따뜻한 애정과 적절한 통제를 바탕으로 하며, 일관성과 공감, 개방적인 의사소통을 바탕으로 한다. 부모는 단순한 양육자가 아닌, 자녀의 삶을 함께 경험하고 성장하는 정서적 동반자이다. 이러한 관계가 지속될 때, 자녀는 자신의 감정을 올바르게 이해하고 표현할 수 있으며, 사회 속에서도 따뜻하고 책임감 있는 성인으로 성장하게 된다. 이처럼 부모-자녀 관계는 한 개인의 전 생애에 걸쳐 심리적 기반이 되어주는 중요한 관계임을 잊지 말아야 한다.

2.3. 부모-자녀 간 갈등

부모와 자녀의 관계는 사랑을 바탕으로 하지만, 자녀가 성장하면서 가치관과 생활방식이 달라져 자연스럽게 갈등이 발생할 수 있다. 부모는 경험을 토대로 안정과 책임을 중시하지만, 자녀는 변화하는 사회 속에서 자율성을 추구하며 자신만의 길을 찾으려 하기 때문에 관점 차이가 충돌로 이어진다. 부모의 조언이 자녀에게는 간섭이나 신뢰 부족으로 느껴지기도 하고, 사랑을 표현하는 방식에서도 차이가 있어 오해가 쌓일 수 있다. 문제는 감정 자체보다는 감정을 전달하는 방식에서 자주 발생한다. 부모의 조언이 자녀에게는 잔소리로 들리거나, 자녀의 고민이나 불만이 부모에게는 무례하거나 공격적으로 들릴 수 있어, 서로의 진심이 왜곡된 채 상처만 남게 된다.

이러한 갈등을 효과적으로 해결하기 위해서는 상대의 말을 끝까지 들어주고 감정을 있는 그대로 받아들이는 '적극적 경청'과, 비난 없이 자신의 감정을 중심으로 상황을 설명하는 '나 전달법'이 유용하다. 이 두 가지 방법은 감정을 자극하지 않고도 입장을 전달하여 갈등을 완화하고 관계 회복을 가능하게 만든다. 부모-자녀 간의 갈등은 피해야 할 대상이 아니라 서로를 더 깊이 이해하고 신뢰를 쌓아가는 과정으로 보아야 한다. 부모는 자녀의 자율성을 존중하면서도 따뜻한 보호자가 되어야 하고, 자녀 또한 부모의 사랑을 표현하는 방식이 다를 뿐 진심이라는 점을 이해하려는 태도를 가질 때, 관계는 보다 성숙하고 깊이 있는 방향으로 발전할 수 있다.

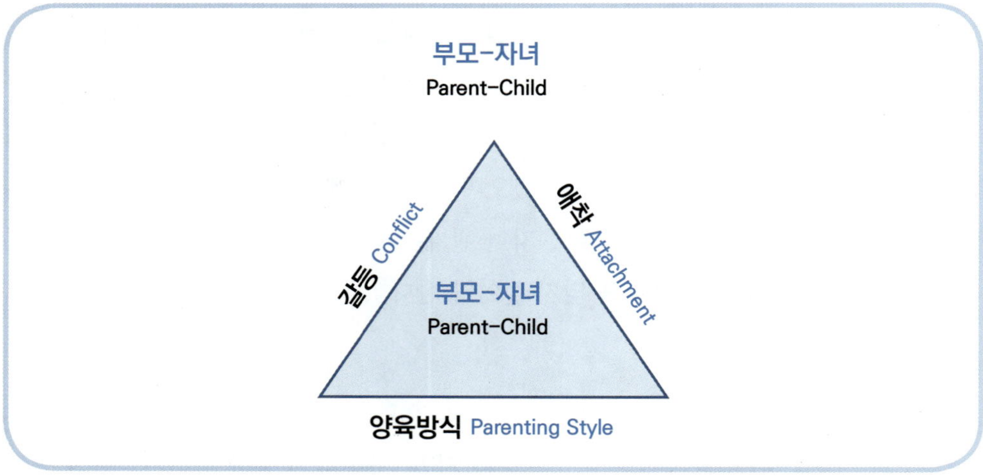

3. 형제자매

형제자매는 인간의 삶에서 가장 오랜 기간 지속되는 관계 중 하나이며, 유아기부터 사회적 기술과 정서 조절을 연습할 수 있는 심리적 장(場)이다. 형제자매 간의 갈등과 협력은 경쟁, 협동, 타협, 공감 능력의 발달에 중요한 기초를 제공하며, 이러한 상호작용은 또래 친구들과의 사회적 관계 형성에 핵심적인 역할을 한다. 형제자매 관계는 정서를 나누고 규칙을 배우는 중요한 통로이며, 관계의 질이 높을수록 스트레스 상황에서 정서적 지지를 경험하게 되고 삶의 안정감과 만족감도 함께 증대된다. 따라서 형제자매는 단순한 가족 구성원을 넘어 서로의 자아 발달에 영향을 미치는 심리적 동반자라 할 수 있다.

3.1. 형제자매의 의미

형제자매는 함께 태어나고 자라며 생애 전반을 공유하는 가장 가까운 가족관계 중 하나이다. 이들은 단순히 같은 부모 아래 자란 존재를 넘어, 유년기부터 성인기까지 오랜 시간에 걸쳐 정서와 경험을 함께 나누는 특별한 관계이다. 형제자매는 인생에서 처음 만나는 또래적 존재이자, 친구 이전에 맺게 되는 수평적 관계로서, 갈등과 화해, 경쟁과 협력의 과정을 자연스럽게 경험한다. 어린 시절 장난감을 두고 다투거나, 부모의 꾸중을 함께 들으며 웃고 울었던 경험은 형제자매 관계의 본질을 보여준다. 이러한 일상적인 상호작용 속에서 우리는 자연스럽게 말하는 법, 기다리는 법, 사과하는 법, 그리고 양보와 인내를 배우게 된다.

형제자매는 인간관계의 기초를 연습하는 첫 번째 심리적 훈련장이며, 갈등을 조정하고 정서를 조율하는 능력을 발달시키는 초기 환경이 된다. 또한 형제자매는 같은 가정환경 속에서 성장하기 때문에, 말하지 않아도 상황과 감정을 이해할 수 있는 공감 능력을 지닌 존재다. 특히 가족 내 위기 상황에서 형제자매는 서로에게 정서적 지지자가 되어주며, 친구나 배우자와는 다른 방식으로 유년기의 추억을 공유하는 정서적 기반이 된다. 성인이 되어 각자의 삶을 살아가더라도 형제자매는 가족의 뿌리를 공유하며, 오랜 시간이 흘러도 쉽게 사라지지 않는 정서적 유대감을 지닌다. 이러한 관계는 개인의 정체성을 형성하고 정서적 안정감을 제공하는 데 있어 중요한 의미를 갖는다.

성인이 되어 물리적으로 떨어져 살게 되더라도 형제자매는 여전히 정서적 울타리로 존재한다. 다툼이나 거리감이 생기더라도 다시 만났을 때 편안함과 친밀감을 느낄 수 있는 관계가 바로 형제자매이다. 함께 공유한 기억과 가족의 유산을 공유하는 이들은 시간이 흘러도 끊어지지 않는 정서적 연결을 이어가며, 특히 부모 사망 이후에도 가족의 정체성과 역사를 함께 지켜가는 존재로 남는다. 형제자매 관계는 때로는 갈등이 반복되기도 하지만, 서로 감정을 숨기지 않고 표현하며 누구보다도 이해받고 싶어 하는 존재이기에, 이 관계 속에서 우리는 용서와 공감, 책임과 애정을 배우게 된다. 결국 형제자매는 인간의 생애 전반을 함께하는 정서적 자원이자 심리적 거울이며, 인간관계를 연습하고 삶의 의미를 되새기게 하는 귀중한 선물이라 할 수 있다.

3.2. 출생 순위

형제자매는 우리 삶에서 가장 오랫동안 함께하며 갈등하는 관계이다. 이러한 갈등은 단순한 충돌을 넘어, 서로 다른 역할과 기대, 복잡한 감정이 얽힌 심리적 · 관계적 구조의 결과라고 볼 수 있다. 앨프레드 아들러(Alfred Adler)의 출생 순위 이론Birth Order Theory은 출생 순위가 개인의 성격과 대인관계에 큰 영향을 미친다고 설명한다. 가정 내에서 각 자녀는 자신만의 위치를 확보하려 노력하며, 이 과정에서 서로 다른 정서적 경험과 반응 방식을 보인다. 예를 들어, 첫째는 부모의 기대와 책임감을 지키기 위해 인내와 양보를 우선하며, 둘째는 첫째의 모범성과 막내의 귀여움 사이에서 비교되며 자신만의 자리를 찾기 위해 노력하다가 외로움을 느끼기도 한다. 막내는 사랑을 많이 받지만, 진지하게 받아들여지지 않거나 항상 '어린아이'로 취급받으며 감정 표현에 어려움을 겪는 경우가 많다. 외동 자녀는 성숙하고 책임감 있는 경향을 보일 수 있지만, 또래와의 갈등 조절이나 관계 기술 부족, 고립감 같은 심리적 도전을 경험할 수도 있다. 이러한 출생 순위에 따른 역할과 감정의 충돌이 형제자매 갈등의 주요 원인이 되는 것이다. 여기에 성별과 관계 유형이 더해지면 갈등 양상은 더욱 복잡해진다. 오빠와 여동생은 '보호와 간섭' 사이의 긴장을 겪고, 형과 남동생은 힘의 우위를 두고 경쟁한다. 누나와 남동생은 감정 표현 방식 차이로 오해가 생기기 쉽고, 언니와 여동생은 친밀감과 함께 비교 의식이 교차하는 감정 속에서 갈등을 겪는다.

4. 결혼생활

결혼을 통해 새롭게 형성되는 시월드와 처월드는 가족의 확장된 관계로, 부부의 정서적 안정과 결혼 만족도에 직접적인 영향을 미친다. 이 관계는 단순한 가족의 확장이 아니라, 서로 다른 두 가족 문화가 만나 새로운 가족 질서를 형성해 나가는 심리사회적 통합의 과정이다. 양가 가족은 각각 고유한 생활 방식과 정서적 표현, 관계 기대를 지니고 있으며, 상호 이해와 존중이 부족할 경우 갈등이 발생하기 쉽다.

부부는 양가 가족 사이에서 정서적 중립성과 조율 능력을 요구받는 위치에 놓이며, 양가의 관계가 협력적이고 지지적인 방향으로 나아가기 위해서는 부부의 균형 잡힌 태도와 가족 간의 명확한 경계 설정이 중요하다. 시월드-처월드의 건강한 상호작용은 부부와 자녀 세대의 정서적 안정, 가족 기능, 그리고 세대 간 관계문화에 긍정적인 영향을 미친다.

4.1. 부부관계

결혼 생활에서 가장 중요한 요소 중 하나는 바로 적응이다. 이 적응은 단순히 서로에게 맞춰주는 것을 넘어서, 차이, 변화, 역할이라는 세 가지 과제에 적응하는 것을 뜻한다. 먼저, 결혼을 하면 연애할 때는 보이지 않던 차이들이 하나씩 드러난다. 성격이 다르고, 표현 방식이 다르고, 살아온 환경도 다르다. 이때 중요한 것은 "왜 나랑 다르지?"라고 묻는 것이 아니라, '어떻게 다름을 이해하고 받아들일 수 있을까?'를 고민하는 일이다. 서로의 차이를 비난이 아닌 이해의 관점에서 바라보는 것이 부부 적응의 첫걸음이다.

다음은 변화에 대한 적응이다. 연애 시절에는 서로가 가장 소중한 '연인'이었지만, 결혼 후에는 배우자이자 부모, 그리고 공동의 생활 동반자로 변화하게 된다. 사랑의 표현도, 기대하는 역할도 달라진다. 아이를 낳고, 가족이 늘어나고, 시간이 흐를수록 두 사람 사이의 관계도 끊임없이 바뀐다. 이 변화는 낯설고 불편할 수 있지만, 부부는 끊임없이 새로운 모습에 적응하며 함께 성장해야 한다.

마지막으로 중요한 것은 역할에 대한 적응이다. 결혼은 단순히 함께 사는 것이 아니라, 각자가 맡은 역할을 책임감 있게 해 나가는 과정이다. 남편과 아내의 역할, 아빠와 엄마의 역할을 서로 이해하고, 그 책임을 함께 나눌 때 비로소 결혼생활에 균형이 생긴다. 내가 해야 할 일을 성실히 해내고, 상대방의 역할을 존중하며 이해할 때, 부부는 함께 성장할 수 있다.

그렇다면 어떻게 해야 결혼생활을 잘 할 수 있을까? 잘 산다는 것은 단순히 돈을 많이 벌거나 사회적으로 성공하는 것을 의미하지 않는다. 진정한 의미의 잘 사는 부부란 함께 웃는 날이 많고, 서로의 미소를 자주 볼 수 있는 부부이다. 이를 위해서는 자주 서로의 마음을 들여다보는 습관이 필요하다. 둘 중 한 사람이 지치고 힘들 때는 잠시 멈춰 서로에게 물어보자. “지금 뭐가 가장 힘들어?”, “지금 가장 필요한 게 뭐야?” 이렇게 서로의 마음을 나누는 작은 대화가 쌓일 때, 부부는 더 깊고 친밀한 관계를 맺게 된다. 또한 매일 배우자에게 고마움과 미안한 마음을 표현하는 것도 중요하다. 짧지만 진심이 담긴 “고마워요”, “미안해요”, “사랑해요”라는 말 한마디는 부부 사이를 더욱 단단히 이어주는 끈이 된다. 다른 부부와 비교하기보다는, 서로를 따뜻하고 세심하게 바라보는 태도가 필요하다. 실수를 해도 괜찮고, 조금 천천히 가도 된다고 서로에게 안심을 줄 때 부부는 편안함을 느낀다. 서로의 마음을 다독이며 함께 걸어갈 때, 부부의 삶은 더욱 풍요롭고 행복해진다. 결혼생활은 완벽해서 행복한 것이 아니라, 서로 적응하고 함께 변화해 나갈 때 더욱 깊어진다. 결국 적응은 사랑의 또 다른 이름이다. 잘 적응하는 부부가 잘 사는 부부가 된다.

4.2. 시월드-처월드

결혼은 단순히 두 사람만의 만남이 아니다. 서로 다른 두 가족 문화가 만나 새롭게 융합되는 과정이며, 이를 우리는 시월드와 처월드라고 부를 수 있다. 이 두 세계는 각각의 방식으로 부부의 삶에 영향을 미친다.

시월드는 남편 측 가족을 중심으로 한 관계를 의미하며, 전통과 부양, 그리고 가족 간의 책임이 중요한 가치로 자리 잡고 있다. 시월드 문화에서는 가족 행사에 자연스럽게 참여하는 것이 기대되며, 자녀 양육과 생활 방식에도 남편 집안의 관습이 반영되는 경우가 많다. 이러한 문화에는 가문의 결속과 사려 깊은 정서가 담겨 있으나, 이에 익숙하지 않은 사람에게는 부담이나 긴장으로 느껴질 수 있다.

반면, 처월드는 아내 측 가족을 중심으로 한 관계를 의미한다. 자녀가 결혼한 이후에도 꾸준히 연락하며, 어려움이 있을 때 가장 먼저 도움의 손길을 내미는 따뜻한 마음이 특징이다. 그러나 이러한 정서가 때로는 과도한 개입으로 받아들여져 부부만의 독립된 공간이 줄어든다는 인상을 줄 수 있다.

이처럼 시월드와 처월드는 서로 다른 방식과 기대를 가지고 있기에, 이 두 세계가 만날 때 부부는 새로운 갈등과 감정의 파도 위에 서게 된다. "명절엔 어디 먼저 갈까?", "아이 돌보는 건 누가 도와줄까?", "부모님께 어떻게 말해야 할까?" 같은 문제들은 단순히 선택의 문제가 아니라, 서로의 가족과 삶을 어떻게 존중하고 연결해나갈지에 대한 깊은 고민을 담고 있다. 부부는 이 두 세계를 연결하는 다리이자, 가족이 나아갈 방향을 제시하는 나침반이 되어야 한다.

4.3. 건강하고 행복한 시월드–처월드

시월드와 처월드 사이에서 부부가 행복하게 살아가기 위해서는, 서로의 가족 문화를 이해하고 감정을 조율하는 섬세한 노력이 필요하다. 결혼은 두 개인의 만남을 넘어, 각자의 가족과 문화가 함께 얽히는 관계의 확장이다. 따라서 가정 내 갈등은 단순한 개인의 차이를 넘어, 가족 간의 가치관과 기대, 감정이 충돌하는 데에서 비롯되는 경우가 많다. 건강하고 행복한 시월드-처월드 관계를 위해서는 다섯 가지가 필요하다.

첫째, 서로의 가족 문화를 이해하고자 하는 마음이 필요하다. 시월드의 기대는 낮

설게 느껴질 수 있고, 처월드의 감정 표현은 때로는 부담스럽게 다가올 수 있다. 그러나 그런 순간일수록 “왜 저래?”라고 판단하기보다, “무슨 의미였을까?”라고 물어보는 자세가 더 중요하다. 이러한 태도는 서로의 다름을 존중하고 받아들이는 첫걸음이 되며, 부부 간의 긴장을 부드럽게 풀어주는 시작점이 된다.

둘째, 시월드와 처월드의 관계에서는 건강한 가족 경계를 설정하는 것이 필요하다. 부부는 원가족과의 정서적 유대와 지지를 유지하되, 부부만의 독립적인 생활 영역을 존중받아야 한다. 이를 위해 외부의 기대보다 ‘우리’의 기준에 따라 부부가 함께 합의하고 조율하는 과정이 중요하다. 건강한 경계 설정은 불필요한 갈등을 예방하고, 부부관계의 안정성을 높이며, 시월드와 처월드 모두와의 관계를 장기적으로 원만하게 유지하는 데 도움이 된다.

셋째, ‘말하지 않아도 알겠지’라는 기대보다, 솔직한 표현과 대화를 선택해야 한다. 시월드나 처월드와 관련된 감정이나 상황을 숨기기보다, 짧더라도 진심 어린 대화를 나누는 것이 관계를 따뜻하고 건강하게 만든다. “고마워요”, “미안해요”, “요즘 조금 힘드네요”와 같은 짧은 말 한마디는 부부가 서로의 마음을 이해하는 중요한 다리가 된다.

넷째, 시월드와 처월드 관계에서 마음에 들지 않는 점을 모두 고치려 하기보다 웃어넘길 수 있는 지혜가 필요하다. 고집스러운 말투나 반복되는 행동도 “그럴 수도 있지” 하고 유연하게 받아들이는 태도는 관계의 피로를 줄인다. 이러한 심리적 유연성은 갈등 상황을 부드럽게 완화하고, 장기적으로 부부와 시월드-처월드 모두에게 편안한 관계를 형성하는 데 기여한다.

다섯째, 가족은 지켜야 할 규칙이 아니라 함께 자라나는 관계임을 기억해야 한다. 시월드와 처월드는 각자의 방식으로 부부의 삶에 영향을 주지만, 그 안에서 우리는 서로를 배우고, 때로는 갈등하며, 함께 성장해간다. 갈등은 여전히 함께 살아가고 있다는 증거이며, 소중한 무언가를 지키고자 했던 흔적이기도 하다. 가족은 변하지 않는 틀이 아니라, 함께한 시간 속에서 조금씩 자라나는 유기적인 관계이다.

"인생의 시작과 끝, 그 중심에는 언제나 가족이 있다. 세상이 변해도 사랑과 책임, 기억과 용서는 가족 안에서 되풀이되며 우리를 사람답게 만든다. 결국 우리는 가족으로 태어나, 가족을 통해 성장하고, 새로운 가족 안에서 새로운 가치와 의미를 만들어간다."

자기 진단

건강한 가족의 핵심적인 요소는 무엇이라고 생각하나요?

가족은 나의 삶에 어떤 영향을 미쳤나요?

결혼을 했거나 한다면, 어떤 가족을 만들고 싶으신가요?

Chapter 04

친구

• Friend •

Chapter 04

친구

빨리 가려면 혼자 가고, 멀리 가려면 함께 가라.

If you want to go fast, go alone. If you want to go far, go together.

– 아프리카 속담 중에서 –

사람은 누구나 누군가와 연결되어 살아간다. 우리는 태어나는 순간부터 관계의 그물망 속에서 살아가게 되는데, 다양한 관계 중에서도 친구는 특별한 위치를 차지한다. 가족관계가 혈연이라는 유전적 끈으로 맺어지고, 연인관계가 열정과 낭만으로 채색된다면, 친구관계는 자발적 선택과 상호 존중에 기반한 순수한 연결 형태이다. 친구를 지칭할 때 한국에서는 친구(親舊), 중국에서는 펑여우(朋友), 일본에서는 도모다찌(友達)라는 말을 쓴다. 이처럼 친구란 가깝고 오래된 사람들이고, 뭉쳐 다니며 손을 잡고 돕는 사람들이며, 속속들이 꿰뚫어 보는 사람을 말한다.

친구는 연인처럼 뜨겁지 않고, 가족처럼 당연하지 않기에, 우리는 친구를 종종 '있으면 좋고, 없어도 그만'인 것처럼 대하기도 한다. 그러나 인생의 고비마다 가족을 제외하고 진짜 곁에 남아주는 사람. 이해해달라고 하지 않아도, 설명하지 않아도 내 편이 되어주는 사람. 그 이름이 바로 친구다. 친구와 만들어가는 우정은 단순히 친함을 넘어, 서로의 존재를 존중하고 성장시키는 깊은 인간관계다. 아무 조건 없이 응원해주고, 비교하지 않으며, 말 없이도 마음이 닿는 그런 친구 한 사람만으로도 인생은 더 견고해지고, 더 따뜻해진다.

1. 시간 속의 친구

친구(親舊)라는 단어 중 '친할 친(親)'은 친할아버지라는 말처럼 '혈연관계와 같이' 가깝고, 친정부인사라는 말처럼 '도움과 지지를 해주는 사람'을 지칭하는 것이다. '옛 구(舊)'는 오래되고 낡았다는 뜻처럼 '오랜 시간 동안 관계를 맺어 온 사람'을 말한다. 그래서 초등학교 친구, 중학교 친구, 고등학교 친구, 조금 더 나가면 대학교 친구까지, 친구는 '배움의 시기'에 희로애락을 함께 한 사람들이다. 친구라는 말은 직장과 결혼이라는 사회생활 속에 잠시 삶의 무대에서 흐릿해졌다가 다시 중년의 나이에 들어서면 친구라는 말뜻 그대로 친구의 가치가 소중해지게 된다.

1.1. 아동기

아동기childhood는 가족 밖에서 맺는 최초의 수평적 관계로서 친구관계가 시작되는 시기이다. 인생에서 처음으로 타인과의 교류와 사회적 관계를 맺는 중요한 시기로, 대부분 놀이를 통해 자연스럽게 형성되며, 사회성과 인간관계의 기초를 다지는 시기이다. 아동기에 펼쳐지는 친구관계의 가장 큰 특징은 순수함과 무조건적인 신뢰이다. 이 시기에는 경쟁이나 질투보다는 함께 뛰어놀면서 즐거움을 나누고, 서로를 믿고 의지하는 것에 매우 자연스럽고 익숙하다.

아동기는 놀이 과정에서 규칙을 정하고, 갈등이 생겼을 때 해결책을 찾아가는 경험을 하게 되는데, 이것은 사회적 기술의 기초를 구축한다. 또한, 친구와의 관계에서 경험하는 공감, 배려, 나눔의 감정은 도덕성 발달의 토대가 된다. 이 시기의 친구관계는 주로 근접성과 공통의 관심사를 중심으로 형성된다. 같은 동네에 살거나 같은 학급에 속한 아이들끼리 자연스럽게 어울리며, 비슷한 놀이를 좋아하거나 생각이 맞는 경우 더 깊은 우정을 발전시킨다. 아동들은 친구와 함께 상상놀이를 하며 창의성을 기르고, 집단놀이를 통해 협동심과 경쟁심의 균형을 배운다. 이러한 경험들은 학교생활 적응과 사회적 기술 습득에 직접적인 도움을 준다.

1.2. 청소년기

청춘이란 말이 친숙한 청소년기adolescence는 친구가 세상 무엇보다도 소중한 존재이다. 청소년기는 아동기에서 성인기로 넘어가는 매우 중요한 시기로, 자기정체성Self Identity을 확립하는 동시에 독립성을 추구하는 시기이다. 사춘기를 맞은 청소년들은 부모로부터 심리적으로 분리되면서 또래집단에 대한 의존도가 급격히 높아진다. 이때 친구들은 단순한 놀이 상대를 넘어 정서적 지지와 이해의 원천이 되며, 때로는 가족보다도 더 중요한 존재로 여겨진다.

청소년기에 만들어지는 친구관계는 아동기의 표면적이고 활동 중심적인 관계와 달리, 친구와 개인적인 고민과 비밀을 나누며, 서로의 내면을 깊이 이해하려고 노력한다. 특히, 같은 성별의 친구와는 매우 강한 유대감을 형성하며, 자신의 감정을 표현하고 타인의 감정을 이해하는 능력을 기른다. 친구와의 소통을 통해 자신의 가치관을 정립하고, 미래에 대한 꿈과 고민을 공유하며 정체성을 확립해나가는 시기가 바로 청소년기다.

또한, 청소년기에는 친구관계가 소속감과 인정욕구를 충족시키는 중요한 역할을 한다. 또래집단에 속해 있다는 느낌은 청소년들에게 안정감을 주며, 집단 내에서 인정받고 싶은 욕구는 자기계발의 동기가 된다. 하지만 동시에 부정적 측면도 존재한다. 집단에 동조하려는 압박감으로 인해 때로는 바람직하지 않은 행동을 하게 되기도 하고, 친구관계에서의 갈등이나 배제는 깊은 상처와 스트레스를 야기할 수 있다. 이 시기의 친구관계 경험은 성인이 된 후의 대인관계 패턴에 지속적인 영향을 미친다.

1.3. 중년기

중년이라는 말과는 달리 저녁노을이나 석양이라는 단어가 어울리는 중년기middle age가 되면, 친구라는 존재가 새로운 의미로 다가온다. 중년기에 접어든 성인들에게 친구관계는 생의 전환점에서 마주하는 다양한 도전과 변화를 함께 헤쳐 나가는 동반자적 의미를 갖는다. 이 시기는 직장에서의 책임이 막중해지고, 자녀 양육과 부모 부양이라는 이중 부담을 지며, 동시에 자신의 노화에 대해 본격적으로 인식하기 시작하는 복잡한 단계이다. 이러한 상황에서 친구관계는 가족관계와는 다른 차원의 정서적 지지와 이해를 제공한다.

중년기의 친구는 어느 때보다도 중요해진다. 중년을 맞이한 사람들은 직장생활 스트레스, 자녀교육에 대한 고민, 건강에 대한 우려 등 공통된 경험을 갖고 있기 때문에 서로의 어려움을 깊이 이해할 수 있다. 이들은 서로에게 조언을 구하고 위로를 받는 관계이자, 때로는 현실적인 도움을 주고받는 실용적 관계이기도 하다. 특히, 배우자나 가족에게는 털어놓기 어려운 개인적 고민이나 부부관계의 문제 등을 친구와 나누며 심리적 안정을 찾는다.

이 시기에는 오랜 친구들과의 만남을 통해 젊은 시절의 자신을 돌아보고, 현재의 모습을 객관적으로 평가할 수 있는 기회를 얻는다. 새로운 취미나 관심사를 공유하는 친구들과의 관계는 중년의 단조로운 일상에 활력을 불어넣고, 새로운 도전에 대한 용기를 준다. 건강한 중년기 친구관계는 노년기로 이어지는 지속적인 사회적 네트워크의 기반이 되어, 고령화 사회에서 더욱 중요한 의미를 갖게 된다.

2. 우정

우리는 하루에도 수많은 사람을 만난다. 그저 스쳐 지나기도 하고, 일부는 새로운 관계를 맺기도 한다. 친구관계도 대부분 일상의 만남에서 시작된다. 같은 학교를 다니면서, 회사에서 함께 일하면서, 취미 모임에서 활동하면서 만나는 등 다양한 장소에서 새로운 인연이 시작된다. 그중 잦은 만남을 통해 서로를 잘 알게 되고 마음과 뜻이 통하게 되면 친구관계로 발전하게 된다.

어릴 때는 특히 친구를 사귀는 일이 비교적 쉬웠다. 같은 반, 같은 동네, 같은 놀이를 한다는 이유만으로도 우리는 자연스럽게 친해질 수 있었다. 같은 공간에 머무는 시간, 공통의 관심사, 비슷한 말투나 환경 등 '닮음'은 첫 호감을 이끄는 중요한 요소이다. 그러나 비슷하다는 사실만으로 관계가 성장하지는 않는다. 우정이 싹트려면 감정적 공명이 필요하다. 한 사람이 자신의 속마음을 조금씩 열기 시작할 때, 상대도 응답하며 정서적 교감이 생겨난다. 이러한 감정의 상호작용을 통해 친구라는 관계가 깊어지게 된다. 친구들 간 나누는 다양한 교감 속에 우정이 만들어진다. 우정은 어떤 특별한 사건보다는 일상의 소소한 순간 속에서 자연스럽게 피어난다.

2.1. 우정의 정의

우정friendship은 단순히 '친하게 지내는 사이'라는 표현만으로는 포착하기 어려운 훨씬 깊고 복합적인 인간관계다. 우리는 누구와도 쉽게 어울리고 웃으며 시간을 보낼 수 있지만, 그 모든 만남이 친구를 의미하는 것은 아니다. 친구란 내가 거칠게 털어놓은 고민을 흘려듣지 않고, 약점을 드러내도 안전하다고 느끼게 해주며, 관계를 위해 굳이 의무나 대가를 계산하지 않는 사람이다.

우정은 '친목'이나 '인맥'과도 구별된다. 친목은 공동의 활동이나 소속감에서 비롯된 가벼운 결속이고, 인맥은 정보나 기회를 주고받기 위한 목적 지향적 네트워크다. 활동이 사라지면 친목은 흐려지고, 상호 유용성이 사라지면 인맥 역시 해체된다. 그러나 우정은 그런 조건이 사라져도 계속된다. 친구와의 만남은 무엇을 '얻기 위해서'가 아니라 '함께 있고 싶어서'라는 동기를 기반으로 하기에, 관계의 지속 조건이 정서적 지지와 상호 책임감으로 옮겨간다.

아리스토텔레스는 『니코마코스 윤리학』에서 행복에 우정이 매우 중요한 요소로, 우정을 무엇을 주고 받느냐를 기준으로 쾌락pleasure을 위한 우정, 효용utility을 위한 우정, 미덕virtue을 주고받는 우정을 포함하여 세 가지로 나눴는데, 그 중 미덕을 주고받는 우정을 완전한 우정으로 보았다. 아리스토텔레스의 우정은 에로스처럼 어떤 광기나 외부에서 들어온 신적인 격정이나 감정이 아니라, 지극히 인간적인 차원에 뿌리를 두고 있다. 그것은 인간의 미덕과 관련된 것으로, 끊임없는 미덕의 실천을 통해 형성되는 것이다(장미성, 2022).

2.2. 우정의 성장

우정이 씨앗 단계에서 싹을 틔우려면 시간이 필수다. 함께 보낸 시간이 쌓이면, 상대의 말투, 반응 패턴, 가치관을 자연스럽게 학습하게 된다. 예측 가능한 행동은 신뢰의 토대다. '이 사람이라면 내 말을 가볍게 흘려듣지 않을 거야'라는 확신이 생기면, 우리는 더 깊은 고민과 감정을 꺼내 보이면서 자기노출을 한다. 이런 정서적 노출은 다시 상대의 공감과 지지를 이끌어내며 긍정적 피드백 고리를 만든다. 공유된 경험도 강력한 연결 고리다. 프로젝트 마감을 위해 밤을 새운 기억, 여행지에서 길을 잃고 함께 헤매던 에피소드 등은 일종의 '공동 서사'를 만들어준다. 이런 서사는 단순한 정보 교환을 넘어 정서적 기억으로 남아, 훗날 관계가 흔들릴 때도 '그때 우린 함께였지'라는 연대감을 불러낸다.

인간관계가 시간이 흐르면서 점차 깊어지듯이 우정은 친밀함의 단계를 거치면서 성장 발전한다. 매튜 켈리(Kelly, 2015)는 이런 친밀함의 수준과 깊이를 7단계로 나누어 설명하였다. 1단계는 먼저 편안한 대화와 만남에서 친구관계를 시작하는 단계이고, 2단계는 서로에 대한 사실과 배경을 알아가면서 교류하는 단계이다. 3단계는 가장 넘기 어려운 관문으로 서로의 공통점과 함께 '의견 차이'를 인정하고 갈등을 극복해가는 단계이다. 대부분 이 관문을 지나지 못하고 친밀함이 정체되거나 약해지면서 끝나게 된다. 3단계를 무사히 거치게 되면 친구관계는 비로소 우정으로 발전한다.

4단계는 솔직한 대화를 통해 갈등을 넘어가면서 그제서야 진정으로 마음을 나누고 어려움을 감내하면서 서로의 꿈과 희망을 함께 개척해갈 수 있게 된다. 여기서 나아가면, 기쁠 때나 슬플 때나 정서적 교감을 나누면서 서로를 마음으로 지지한다. 5단계는 여러 상황에서 각자의 느낌이 어떻게 다른지 살펴보고, 그 느낌을 친한 사람들과 나누는 것으로 경청의 중요성이 강조되는 단계이다. 6단계는 신뢰와 우정을 토대로 자신의 결점과 상처를 진솔하게 드러내고 서로를 위로하고 용서하면서 지켜준다. 가끔씩 만나도 서로에게 좋은 영향과 여운을 주게 된다. 마지막으로 7단계는 서로에게 진정으로 필요한 것이 무엇인지 알아차리고 이를 얻을 수 있도록 서로를 돕는 사이가 되는 것이다. 소위 말하는 '절친'이라 부를 수 있는 관계가 형성되는 단계이다.

3. 좋은 친구와 나쁜 친구

인간관계는 삶을 더 풍요롭게 만들어주기도 하고, 때로는 힘든 고통이나 상처를 남기기도 한다. 특히 친구는 우리 일상에서 중요한 관계로, 존재만으로도 희망과 용기를 주기도 하고 슬픔을 덜어주는 동반자 역할을 하기도 한다. 하지만 모든 친구가 우리의 삶에 긍정적 영향을 미치는 것은 아니며, 때로는 상처를 주는 부정적인 친구도 존재한다. 이처럼 인간관계에서 좋은 친구와 나쁜 친구의 구분은 반드시 필요하며, 우리는 이들을 명확히 구별함으로써 자신을 보호하고 건강하고 행복한 친구관계를 유지할 수 있다. 좋은 친구는 우리의 성장과 행복을 함께 고민하며, 진심으로 응원하고 이해하는 존재인 반면에, 나쁜 친구는 우리의 기쁨과 평화를 훼손하는 위험 요소가 될 수 있다. 우리가 기억해야 하는 건 모든 친구가 다 좋은 것은 아니라는 것이다.

좋은 친구관계를 유지하기 위해서는 먼저 자신부터 좋은 친구가 되려고 노력해야 한다. 동시에 자신에게 해로운 관계는 용기 있게 정리할 줄도 알아야 한다. 지속적으로 스트레스를 주고, 자존감을 깎아내리며, 부정적인 영향을 미치는 관계라면 거리를 두는 것이 필요하다. 어떤 관계든 감정의 균형이 있어야 한다. 친구관계는 특히 더 그렇다. '이 관계가 나를 지치게 만드는가?', '나는 이 친구와의 대화를 피하고 싶은가?'

라는 질문에 '예'라는 대답이 반복된다면, 멈추는 것이 먼저다. 친구를 이해하려는 것도 중요하지만, 먼저 나 자신을 보호하는 것이 더 중요하다.

3.1. 좋은 친구

'내 슬픔을 등에 지고 가는 자'라는 인디언의 말처럼, 힘들 때 위로가 되고 힘이 되는 진정한 친구가 있다. 우리는 사회 속에서 역할에 맞는 '옷'을 입고 산다. 직장에서는 성실한 동료, 집에서는 책임감 있는 가족, 모임에서는 분위기 메이커가 되어야 한다. 사회 속 인간관계는 어느 정도의 긴장과 자기조절을 전제하며 굴러가기 마련이고, 그런 맥락에서 우리는 자연스럽게 자신을 방어하거나 포장하는 기술을 익혀 간다. 그러나 좋은 친구 앞에서는 말끝을 조심하느라 어깨에 힘을 주지 않아도 되고, '상대가 날 어떻게 볼까' 신경 쓰느라 에너지를 소모할 필요도 없다. 좋은 관계는 힘을 덜어준다.

세상에는 셀 수 없이 많은 인간관계가 흐른다. 그런데 그중 소수에게만 우리는 '좋은 친구'라는 특별한 명칭을 붙인다. 무엇이 그 경계선을 결정지을까? 얼굴을 자주 본다고, 오래 알았다고, SNS에 함께 찍은 사진이 많다고 해서 친구가 되지는 않는다. 좋은 친구의 핵심은 '관계가 나를 나답게 하는가'에 달려 있다.

첫째, 좋은 친구는 진정성이 있다. 친구의 성공을 진심으로 축하하고, 실패했을 때는 함께 슬퍼하며 위로와 격려를 아끼지 않는다. 질투나 시기심 없이 상대방의 행복을 자신의 일처럼 기뻐할 수 있는 마음의 여유를 가지고 있고, 어려운 상황에서는 곁을 지켜주는 든든한 모습을 보여준다.

둘째, 좋은 친구는 신뢰를 바탕으로 관계를 맺는다. 그래서 속마음을 터놓고 솔직한 대화가 가능하다. 잘못된 점이 있을 때는 비판보다는 조언을 하되, 상대방의 자존심이 다치지 않는 방식으로 전달한다. 비밀을 철저히 지켜주고, 뒤에서 험담하지 않으며, 다른 사람 앞에서도 친구를 존중하는 말과 행동을 한다. 이들과 함께 있으면 자연스럽고 편안함을 느끼며, 가식 없는 모습으로 지낼 수 있다.

셋째, 좋은 친구는 상호 존중의 원칙을 지킨다. 심리학자 칼 로저스(Rogers, 1957)는 '무조건적인 긍정적 존중'이라는 개념을 제시했다. 이는 있는 그대로의 타인을 수용하고 평가나 비난 없이 바라보는 태도를 의미한다. 서로의 의견 차이를 인정하고, 개인적인 선택과 가치관을 존중한다. 친구에게 자신의 기준이나 생각을 강요하지 않으며, 서로 다른 길을 걸어가더라도 응원하고 지지해준다.

넷째, 일방적인 관계가 아닌 주고받는 균형 잡힌 관계를 유지하려고 노력한다. 무언가를 잘 해낼 때만 가까이 다가오는 사람이 아니라, 실수하거나 실패할 때도 외면하지 않고 옆에 머물러주는 사람이다. 다시 말해, 좋은 친구란 '기쁨의 순간'보다 '슬픔의 순간'에 진가를 발휘하는 관계다.

이런 좋은 친구와 함께 있을 때, 우리는 '편안함'이라는 심리적 상태를 경험하게 된다. 이 편안함은 단지 마음이 놓이는 정도가 아니라, '자기 일치감Self-Congruence'이 확보되는 순간이다. 자기 일치감이란, 내면의 감정과 외적 표현이 일치하는 상태를 의미하며, 이는 곧 나의 진짜 자아가 왜곡 없이 드러나는 순간이다. 우리가 누군가와 함께 있을 때 '내가 나다워질 수 있다'고 느낀다면, 그 관계는 매우 건강하게 지속될 가능성이 높다. 이처럼 좋은 친구 하나를 곁에 둔다는 것은 인생의 가장 고귀한 축복 중 하나다.

3.2. 나쁜 친구

나쁜 사람이 있는 것처럼, 나쁜 친구가 있다. 관계 자체가 독이 되어 삶의 에너지를 갉아먹는 친구가 나쁜 친구다. 부정적 감정을 반복해서 유발하거나, 나의 자존감을 끊임없이 시험하고, 진심 어린 대화가 불가능한 친구, 나의 에너지를 빨아들이는 '에너지 뱀파이어(Orloff, 2025)'와 같은 친구 관계는 더 이상 건강하지 않다. 독이 되는 관계는 대개 처음부터 '독'으로 시작하지 않는다. 오랜 시간 동안 쌓인 실망, 반복되는 언행 불일치, 일방적인 감정 기댐 등이 누적되면서 서서히 상처로 굳는다. 몇 년, 몇십 년 친구였다는 사실만으로 해로운 관계를 연명할 필요는 없다. 나를 갉아먹는 사이를 끊는 것은 배신이 아니라 자기 존중에 대한 행동이다.

그렇다면 어떻게 판단할 수 있을까? 나답게 행동할 수 없고, 늘 조심하거나 위축되는 관계, 만남 이후에는 더 기분이 나빠지는 관계, 자주 비난받거나 비교당하는 관계가 있다. 이런 느낌이 반복된다면, 관계를 다시 정비하거나 종료를 진지하게 고려해야 할 때다. 나쁜 친구와의 결별은 실패가 아니다. 오히려 관계를 끊음으로써 비로소 '나'를 다시 보호할 수 있다면, 그것은 용기 있는 선택이다.

첫째, 나쁜 친구는 이기적이고 자기중심적인 성향을 보인다. 자신에게 이익이 될 때만 친구를 찾고, 도움을 줘야 할 때는 피하거나 무관심하다. 친구의 성공을 시기하고 질투하며, 때로는 발목을 잡으려고 시도하기도 한다. 이들은 친구의 실패나 불행을 은근히 즐기거나, 위로보다는 비판적인 말을 먼저 던지는 경우가 많다.

둘째, 나쁜 친구는 신뢰를 깨뜨리는 행동을 반복한다. 비밀을 다른 사람에게 퍼뜨리고, 뒤에서 험담하며, 친구 앞에서는 좋은 모습을 보이고 다른 사람들 앞에서는 전혀 다른 모습을 보이는 이중적인 태도를 보인다. 약속을 자주 어기고, 거짓말을 일삼으며, 책임을 회피하려고 한다. 이런 행동 패턴은 관계에서 불안과 스트레스를 조성한다.

셋째, 나쁜 친구는 상대방을 조종하고 통제하면서 가스라이팅을 하기도 한다. 친구의 다른 인간관계를 방해하거나 질투하며, 자신만 쳐다보는 친구로 만들려고 한다. 감정적으로 조작하여 죄책감을 느끼게 하고, 자신의 요구나 기준에 맞추도록 압박한다. 친구의 개성이나 의견을 무시하고, 자신의 생각이나 행동 방식을 강요하는 경우가 많다.

4. 진정한 우정

'평생을 함께 한 친구가 셋이면, 성공한 인생'이라는 말처럼, 지속가능한 우정을 만들어 나가는 것은 결코 쉽지 않은 일이다. 나이를 먹어 갈수록 친구가 줄어든다는 말을 자주 하거나 듣곤 한다. 학업, 직장, 가정 등 역할이 늘어나면서 시간과 에너지는 제한된다. 그러면서 자연스럽게 사라지는 관계도 생겨난다. 하지만 어떤 우정은 세월의 풍파 속에서도 더욱 단단해진다. 무엇이 이 차이를 만들까?

우정이란 '편안함'과 '자유로움'이 공존하는 시간, 공간, 인간의 결과물이다. 우리는 친구 앞에서만큼은 긴장을 내려놓고, 있는 그대로의 자신으로 머물 수 있다. 그러나 진짜 편안함과 자유로움은 무경계(無境界)에서 오지 않는다. 오히려 서로가 반드시 지켜야 할 몇 가지 원칙이 있을 때, 관계는 훨씬 안정적이고 오래 간다. 어린 시절 우리는 "친구끼리는 다 나눠야지!"라는 말을 듣곤 했다. 하지만 성인이 된 뒤엔 '모든 것을 공유'하는 것도 중요하지만, '중요한 것을 보호'하는 기술이 더 필요하다. 진정한 우정은 각자의 시간과 공간 그리고 인간으로 만들어진 삶을 지켜주는 노력이 필요하다.

우정을 지키는 것은 어려운 기술을 필요로 하지 않는다. 존중, 신뢰, 시기심 관리, 동행, 거리와 예의를 통해 우리는 우정을 더 오래도록 간직할 수 있다. 존중은 다름을 받아들이는 태도이며, 비밀 유지는 신뢰의 안전금고다. 시기심은 인간의 본능이지만, 이를 건강하게 다루는 법을 알 때 관계는 질투의 독을 넘어 성장의 비료가 된다. 마지막으로 친구의 기쁨과 슬픔에 공감하는 능력은, '즐거울 때만' 머무는 피상적 친밀감을 '언제라도' 함께하는 깊은 유대로 전환시킨다.

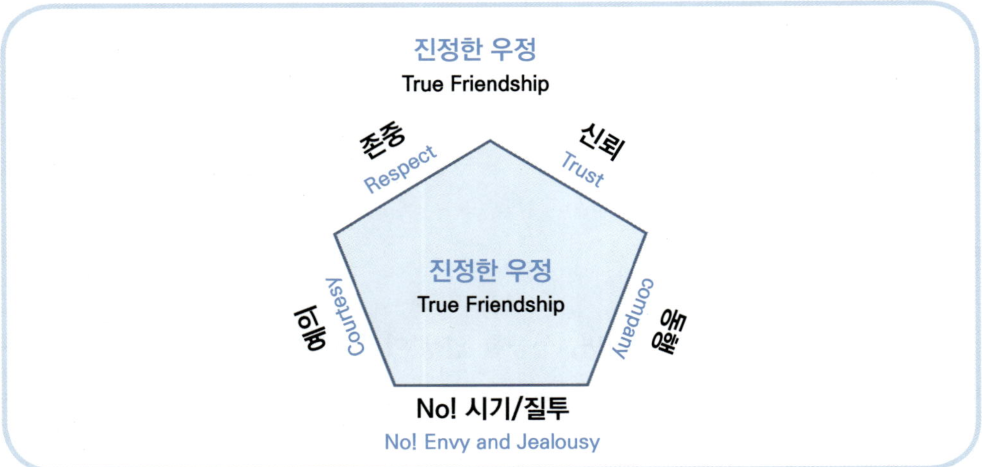

4.1. 존중

존중은 '아무 말이나 해도 되는 사이'를 만드는 것이 아니라, '서로의 차이를 이해하고 함부로 침범하지 않는 기준'을 구축하는 것이 핵심이 되어야 한다. 존중은 거창한 덕목이 아니다. 대화 중 휴대폰을 내려놓고 눈을 맞추는 일, 상대가 불편해하는 농담을 반복하지 않는 일 등 사소한 것부터 시작된다. 우리는 흔히 '친구라면 솔직해야지'를 특권처럼 휘두른다. 그러나 '솔직함'과 '무례함' 사이에는 얇지만 분명한 선이 있다. 상대의 정체성, 가치관, 취향을 단칼에 평가하거나, "그건 틀렸어"라고 단정짓는 순간, 언어의 칼날은 우정의 살에 상처를 낸다.

존중은 '무조건적인 동의'가 아니라 '이해하는 노력'이다. 서로 다른 관점을 건강하게 조율할 때야말로 우정은 성장한다. 내가 보지 못한 세계를 친구를 통해 배우고, 친구 역시 내 시야를 통해 시각을 확장한다. 존중이 없는 우정은 서로를 성장시키는 관계가 아니라 서로를 제한하고 국한하면서 오히려 퇴보하는 길을 걷게 한다. 모두가 똑같은 의견, 똑같은 취향이라면 그 안엔 학습도 성장도 없다. '다름'을 적으로 여기지 않고 자양분으로 삼을 때, 우정은 보다 깊은 땅에서 단단히 뿌리내린다. 진정한 존중은 침묵이 아니라 경청 속에서 자라고, '같음'을 강요하기보다 '다름'을 이해하려는 태도가 우정을 더욱 성숙하게 만든다.

4.2. 신뢰

친구가 꺼내 놓은 비밀은 단순한 하소연이나 고백이 아니라 침묵을 전제로 변호사에게 위임하는 것과 같다. '이 이야기를 들을 자격은 네가 있어'라는 신뢰의 증서다. 그러나 그것을 제3자에게 전하는 순간, 단순한 '정보 유출'이 아니라 위임 파기가 발생한다. 비밀 유지는 신뢰의 모래성을 단단한 콘크리트로 바꾸는 공정이다. 한 번만 균열이 생겨도 복구에는 몇 배의 시간이 든다. '걱정돼서', '조언을 구하려고'라며 누군가의 비밀을 흘리고 있지 않은가? 그 순간 우정이라는 공든 탑은 한순간에 무너질 수 있다.

비밀을 지킨다는 건 아무에게도 말하지 않는 것뿐만이 아니다. 친구가 언젠가 스스로 공개할 때까지 기다려주는 인내, 필요하다면 전문적인 도움을 연결하되 허용범위 내에서의 정보만 제공하는 배려가 내포되어야 한다. 비밀 유지는 '정보 관리'가 아니라 '관계 보호'에 가깝다. 입을 닫음으로써 두 사람 사이의 안전 지대를 지켜주는 일이다.

4.3. NO! 시기와 질투

'사촌이 땅을 사면 배가 아프다'라는 말처럼, 친구의 성공이나 승전보를 듣고 마음 한구석이 쓰라린 적이 있는가? 친구 사이에서도 이건 자연스러운 일이다. 시기와 질투는 비교 본능의 부산물이다. 문제는 시기와 질투 자체보다, 그것을 어떻게 다루느냐에 있다. "부럽다, 나도 자극이 된다"라고 인정하면, 시기와 질투는 성장 에너지로 전환된다. 반대로 시기 때문에 상대의 성취를 깎아내리는 순간, 질투는 독소가 되어 친구관계를 잠식하고 우정을 손상시킨다.

건강한 우정은 친구의 성취를 내 일처럼 진심으로 기뻐하고, 축복해주는 것이다. 이를 위해선 자기존중감이 필요하다. 스스로를 가치 있는 존재로 여기고, 자신을 있는 그대로 수용하며, 외부의 평가에 크게 흔들리지 않을 때, 타인의 성공은 나의 실패가 아닌 사실 그대로의 객관적인 데이터가 된다. '네 성공은 내 실패'라는 이분법이 사라질 때, 우정은 더 넓게 확장된다.

4.4. 동행

즐거움은 누구와도 공유할 수 있지만, 슬픔과 고통은 그렇지 않다. 진정한 동행은 말이 아니라 존재에서 시작된다. 힘든 일을 겪고 있는 친구에게 "무슨 말을 해야 할지 모르겠지만, 네 곁에 있어 줄게"라는 한마디면 충분하다. 많은 사람이 타인의 슬픔과 고통 앞에서 얼어붙는다. 그러나 관계는 가장 어두운 터널을 함께 통과할 때 더 두터워진다. 가족 간 문제, 경제 문제, 연애 문제, 직장 문제 등 다양한 고통과 슬픔을 공유한 친구는 다시는 이전의 얕은 관계로 돌아가지 않는다. '함께 슬픔과 고통을 나눌 수 있음'이야말로 우정이 증명되는 최고 단계다.

즐거움은 '함께'일 때 배가 되고, 슬픔은 '함께'일 때 절반으로 줄어든다. 그러나 한쪽이 늘 위로만 받거나, 반대로 늘 위로하는 역할에 머물면 균형추가 무너진다. 우정의 정서적 저울은 상호성 위에 놓여 있다. 웃음과 눈물이 함께 할 때, 친구는 단순히 함께 시간을 보내는 사이를 넘어, 내 삶의 순간을 함께 기억하는 존재인 인생의 동반자로서 그 의미가 더 깊어진다.

4.5. 거리와 예의

미국의 문화인류학자 에드워드 홀(Hall, 2013)이 분류한 인간관계 거리에서도, 친구나 가까운 사람들 사이의 거리는 가족이나 연인 사이의 친밀한 거리 다음으로 46~120cm라고 말하고 있다. 이는 사회적 · 공적 거리보다는 당연히 가깝지만 친구 사이에도 일정한 거리가 있음을 보여준다. 이런 물리적 거리는 심리적 거리와도 유사하다. 거리를 두면 왠지 벽이 생기고 정이 식을 것 같지만, 실은 그 거리가 과도한 기대와 무례를 걸러주는 필터 역할을 한다. 예의는 공적인 관계에서만 필요한 게 아니다. 속마음을 나누고, 사생활은 존중하며, 조언을 건네되, 선택은 상대에게 맡기는 것이 우정을 오래 보존하는 방부제다. 서로의 말과 태도에 존중을 담을 때, 우리는 우정의 연결고리를 더욱 단단하게 만들 수 있다. 중요한 것은 완벽한 친구나 완벽한 우정을 찾는 것이 아니라, 서로의 불완전함을 관리하며 끈끈한 친구관계를 이어주는 기술을 익히는 일이다. 그것이 진짜 성숙한 우정이다.

자기 진단

힘든 일이 생겼을 때 가장 먼저 떠오르는 친구가 있나요?

친구와의 약속을 지키는 것을 얼마나 중요하게 생각하나요?

내 진짜 모습을 보여줄 수 있는 친구가 몇 명이나 되나요?

Chapter 05

연인

• Lover •

Chapter 05

연인

사랑은 서로 마주 보는 것이 아니라 같은 방향을 바라보는 것이다.

Love does not consist in gazing at each other,

but in looking together in the same direction.

– 앙투안 드 생텍쥐페리(Antoine de Saint-Exupéry) –

사랑은 인간관계에 있어 가장 아름답고도 복잡한 여정이다. 사랑은 혼자 할 수 없다. 물론 짝사랑을 할 수도 있지만 진정한 사랑은 누군가와 함께 만들어가는 과정이기 때문이다. 서로 다른 두 영혼이 만나 하나의 리듬에 맞춰 춤출 수 있을 때 우린 비로소 연인이 된다. 연인이 된다는 것은 단순한 감정의 교환을 넘어 상대방의 존재 전체를 받아들이겠다는 약속이기도 하다.

사랑은 동서고금을 막론하고 예술과 문학에서 가장 많이 다루는 주제이다. 한 개인의 삶에 있어서도 사랑이 기쁨과 슬픔, 환희와 고통, 행복과 불행을 좌우하는 중요한 이유가 된다는 것은 부정할 수 없는 사실이다. 사랑은 때로 가장 큰 행복을 주기도 하지만 동시에 가장 깊은 고통이 되기도 한다. 사랑이 가득할 때는 세상을 다 가진 듯이 행복하지만, 사랑이 마음처럼 되지 않거나 끝나버리면 세상을 모두 잃은 것처럼 힘들고 괴롭다. 누군가를 진정으로 사랑하기 위해서는 먼저 자신을 사랑해야 한다. 자기 사랑이 없는 사랑은 종종 상대방에 대한 의존이나 집착, 불안정으로 이어질 수 있다. 건강한 관계를 위해서는 서로에게 의존하는 것이 아니라 온전한 개인 간의 연결이 되어야 한다.

최근에는 연애에 대한 생각도 많이 변화하고 있다. 연애와 결혼은 별개라는 말도 있고, 연애만 하고 결혼은 안 하려고 하기도 한다. 하지만 행복에 관한 연구에서 일관성 있게 나타나는 결과는, 결혼한 사람들이 그렇지 않은 사람들보다 더 행복하다는 것이다(Diener et al., 1999; Myers, 2000). 이런 결과는 다양한 연령층, 소득 수준, 교육 수준, 인종에서 공통적으로 나타나고 있다. 물론 결혼 자체가 행복을 보장하는 것은 아니다. 더 중요한 요인은 결혼생활의 질이다. 정답은 없지만, 진정 행복해지고 싶다면 연애와 결혼생활을 통해 양질의 행복 경험을 하는 것이 필요하다.

1. 사랑의 시작

우리는 종종 사랑을 '운명적'으로 시작하려 한다. 연인관계의 시작은 눈이 마주친 그 찰나의 순간, 우연히 스친 손길 혹은 대화 속에서 느껴지는 미묘한 공명과 같은 작지만 강렬한 순간들로 이루어지기도 한다. 하지만 사랑은 선택적인 감정이자 의도적인 체험이다. 때로는 우리가 상상했던 것보다 더 많은 용기를 요구하는 과정이기도 하다. 사랑이라는 감정이 올라오는 것은 자연스럽지만, 그 감정을 어떻게 다루고 관계를 어떤 방향으로 이끌지 결정하는 것은 우리의 몫이다. 사랑의 시작을 더 건강하게 만들기 위해서는, 그 순간의 달콤함에 휩쓸리기보다 조금은 천천히, 조금은 신중하게 자신과 상대를 바라보는 노력이 필요하다. 오늘날 디지털 기술의 발전과 팬데믹 이후의 사회적 변화로 인해 만남의 형태는 훨씬 다양해졌지만, 인간의 마음이 다른 마음에 끌리는 근본적인 메커니즘은 변하지 않았다.

1.1. 첫 만남

사랑은 만남으로 시작된다. 첫 만남에서 우리는 놀라울 정도로 많은 정보를 단시간에 처리한다. 극히 제한된 정보만으로 짧은 시간에 판단을 내리거나 결정하는 현상을 심리학자들은 '얇은 조각thin-slicing'라고 부른다. 이 과정은 대부분 무의식적으로 일어나고, 우리는 상대방의 표정, 목소리 톤, 자세, 그리고 말의 내용을 종합하여 첫인상을 형성하게 된다. 그렇다고 이런 첫인상이 항상 정확한 것은 아니다. 때로는 우리의 고정관념이나 편견, 과거 경험, 그리고 현재 감정 상태가 첫인상에 관한 판단을 왜곡시키기도 한다.

많은 연인이나 결혼한 커플 대부분은 첫 만남의 순간을 생생하게 기억하는 경우가 많다. 스쳐 지나가는 수많은 인연 속에서 사랑하는 사람과 이루어진 만남의 순간은 마치 시간이 잠시 멈춘 것처럼, 혹은 세상의 다른 모든 것이 흐릿해지고 그 사람만 선명하게 보였다고 말하는 경우가 많다는 것을 볼 수 있다. 물론 이런 경험이 항상 첫눈에 사랑에 빠졌다는 극적인 형태로 나타나는 것은 아니지만, 많은 경우 어떤 식으로든 그 사람만의 특별함을 인식하는 순간이 존재한다.

사랑의 초기는 진정성보다는 가능성과 낭만으로 가득 차 있다. 자신이 이상적으로 여기는 특성을 가진 사람을 만나면, 우리는 그 사람에 대해 깊이 고민하기보다는 직관적인 호감과 기대에 빠진다. 마치 사업을 계획할 때 아무 근거 없이 '잘 될 것 같다'고 믿는 것처럼, 사랑도 근거 없는 낙관 위에서 출발할 수 있다. 왜냐하면, 사랑의 시작은 단지 느낌만으로도 충분히 작동하기 때문이다.

우리는 사회생활 속에서 다른 사람들에게 호감을 느끼고 그들과 관계를 맺고 그 관계를 토대로 친밀한 관계로 발전시키고 유지하면서 살아간다. 그중 연인관계는 사랑을 바탕으로 하기에 친밀한 관계 이상의 의미를 가지며, 살면서 경험할 수 있는 가장 가까운 관계를 만드는 것이다. 연애심리의 기본적인 큰 그림은 먼저 호감이 생기고, 친밀감이 생긴 다음에, 사랑이라는 특별한 심리적 체험에 흠뻑 빠져서 맘껏 행복해하다가 결혼에 골인하거나 헤어지는 과정을 밟는다.

1.2. 호감

우리는 누구나 이성과 호감을 주고받고 싶어 한다. 특히 마음에 쏙 드는 이성이라면 더욱 그 사람의 호감을 사고 싶어 한다. 그러나 진정한 호감은 상대를 조작하거나 나를 연출해서 얻는 것이 아니다. 이성에게 호감을 준다는 것은 나를 전면에 내세우는 것이 아니라, 내가 상대를 얼마나 따뜻하게 받아들이는가를 보여주는 것이다. 편안한 말투, 진심이 느껴지는 태도, 상대를 향한 관심과 존중을 통해 자연스럽게 배어나오는 '느낌'이 중요하다.

상대를 사로잡기 위한 화려한 말보다 상대의 말을 진심으로 듣는 태도가 더 강한 인상을 남긴다. 관심은 기술이 아니라 정성이고, 좋은 인상은 무언가를 하려고 애쓰는 것이 아니라, 자기 자리에서 빛나는 나로부터 만들어진다. 이성은 그런 사람에게 마음이 열린다. 조급하거나 과장된 표현보다는 적절한 여백과 따뜻한 눈빛이 더 오래 남는다. 심리학 연구에 의하면, 호감은 신체적 매력이 있거나, 유사성이 많거나, 친숙해지거나, 서로에게 보완이 되거나, 도움이 될 때 높아지는 경향이 있다.

그리고 무엇보다 중요한 것은 호감을 주는 사람은 자신이 누구인지 알고 있는 사람이다. 나 자신을 꾸미기보다는 다듬고, 말하기보다는 들어주며, 내 삶의 중심을 잃지 않으면서도 상대를 배려할 줄 아는 사람, 그런 사람이 곁에 있을 때, 이성은 자신도 모르게 마음의 곁을 내주게 된다. 사랑의 출발은 누군가에게 좋은 인상을 남기고 싶은 그 마음 하나에서 시작된다. 단지 잘 보이고 싶은 내가 아니라, 함께하고 싶은 나로 말이다.

1.3. 호감을 얻는 방법

인간관계의 여정에서 이성에게 호감을 얻는 일은 단순한 감정의 문제 이전에 조금 더 복잡한 관계의 기술이다. 이 기술은 무엇보다 진심을 기반으로 한다. 상대에게 호감을 주기 위한 실천 방법은 다음과 같다.

첫 번째 실천 방법은 '진정성 있는 소통하기'이다. 우리는 종종 말하기에 집중하여 상대방의 마음을 얻으려 하지만, 사실 더 강력한 매력의 무기는 듣기 기술이다. 경청은 단순히 상대방의 말을 듣는 행위를 넘어선다. 상대방의 말에 담긴 의미까지 읽어주고, 상대방의 감정에 공감하는 표현을 하는 것이 중요하다. 진심은 눈빛에서 시작된다. 부드럽고 따뜻한 눈맞춤으로 상대방의 말에 관심이 있음을 보여준다. 상대방의 말에 집중할 때는 스마트폰을 멀리하고 온전히 그 순간에 몰입하는 것이 중요하다. 국민MC로 사랑받는 유재석도 뛰어난 언변보다도 진심 어린 눈빛과 상대방의 말을 잘 경청하고 공감해주는 것으로 유명하다.

두 번째 실천 방법은 '작은 것도 기억하기'이다. 인간은 자신에게 관심을 가져주는 사람에게 자연스럽게 끌린다. 하물며 관심 있는 누군가가 나의 작은 취향, 선호도, 중요한 날짜 등을 기억한다면 나를 특별하게 생각하는 강력한 메시지로 받아들여져 그 사람에게 호감을 갖는 것은 당연한 일이다. 상대가 좋아하는 책, 영화, 음악 등을 알아두고 관련 정보나 추천으로 대화를 이어가는 것도 좋고, 생일이나 기념일뿐만 아니라 중요한 발표나 시험 등 개인적인 이벤트를 메모해두거나 의식적으로 기억했다가 챙기는 것도 좋은 방법이다.

세 번째 실천 방법은 '온전한 자신의 삶을 살아가기'이다. 아이러니하게도 이성에게 호감을 얻기 위한 효과적인 방법 중 하나는 상대방에게 지나치게 의존하지 않는 것이다. 자신의 삶을 충실히 살아가면서 자신의 일에 열정적인 사람이나 자기계발을 끊임없이 해나가면서 자신의 세계가 풍요로운 사람은 매력적이다. 매력적인 사람들은 자신의 목표와 성장에 지속적으로 투자한다. 취미, 관심사, 친구관계 등 자신만의 생활 영역을 건강하게 유지하면서, 상대방과 함께하지 않는 시간도 충실하게 보내는 방법을 모색하는 것이 필요하다. 상대방에게 모든 감정적 필요를 충족시켜 달라고 기대하지 말고 스스로 감정을 관리하는 능력을 키우는 것이 중요하다.

네 번째 실천 방법은 '도움이 되는 사람이 되기'이다. 사람들은 자신에게 보상을 주는 사람들을 좋아하며 보상을 주지 않는 사람을 좋아하지 않는 경향이 있다(Brehm,

1992). 사회적 상호작용에서 사람들은 정보나 애정, 지위, 돈, 기술 그리고 친절 등의 다양한 보상을 서로 주고받는다. 일상에서의 작은 배려가 큰 인상을 남기기도 한다. 엘리베이터 문 잡아주기, 주차선에 맞춰 잘 주차하기, 무거운 짐 들어주기 등 사소한 도움을 실천하는 것도 상대방을 기분 좋게 만든다. 함께 하는 활동에서 상대방의 스케줄이나 컨디션을 배려하는 것도 필요하다. 상대방의 필요와 편안함을 먼저 생각하는 태도는 깊은 여운을 남긴다.

다섯 번째 실천 방법은 '자기 관리하기'이다. 신체적 매력을 가꾸는 것은 단순한 미적 행위를 넘어 자기 자신을 존중하는 표현이다. 중요한 것은 사람들의 기준이 아니라 자신에게 가장 잘 어울리는 스타일을 찾는 것이다. 자신의 체형, 피부톤, 개성에 맞는 스타일을 찾아 일관성 있게 유지한다. 특히, TPOTime, Place, Occasion에 맞는 행동이나 복장은 자신을 더 감각 있고 매력적으로 보이게 한다. 상대방이 특별히 더 신경 쓴 모습으로 나타났을 때, 그것은 나와의 만남을 중요하게 생각한다는 무언의 메시지를 담고 있는 표현으로 볼 수 있다. 향기마케팅이라는 말이 있을 정도로 향기도 중요한 요소로, 과하지 않은 좋은 향수로도 관리하는 자신을 표현할 수 있다.

2. 사랑으로 깊어지는 관계

연인관계는 첫 만남의 설렘에서 시작하여 시간이 흐름에 따라 더욱 깊고 의미 있는 사랑으로 발전한다. 관계에 있어 깊이란 서로에 대한 이해의 정도를 의미한다. 상대방의 장점뿐만 아니라 약점, 두려움, 상처까지도 알게 되는 과정이다. 이 단계에서는 초기의 환상이 깨지고 현실이 드러난다. 일상의 소소한 갈등, 기대와 다른 모습들, 그리고 서로의 다름을 마주하게 된다. 사랑이 시작될 때, 그 감정은 확실히 특별하다. 하지만 그 특별함이 오래가기 위해서는 서로를 알아가며 천천히 쌓아 올리는 신뢰와 이해가 필요하다. 사랑의 시작은 판타지로 시작하더라도, 판타지를 현실로 바꾸는 것은 결국 우리의 성숙한 태도이다.

깊은 연인관계는 하루아침에 만들어지지 않는다. 처음의 열정이 서서히 가라앉고, 상대방의 있는 그대로의 모습을 보게 된다. 어떤 사람들은 이 시기를 견디지 못하고 관계를 끝내기도 하지만 진정한 관계는 이 단계를 지나면서 형성된다. 상호 존중과 이해, 그리고 끊임없는 노력이 필요하다. 상대방의 불완전함을 받아들이고, 함께하기를 선택할 때 관계는 더욱 단단해진다.

2.1. 사랑의 구성요소

심리학자 스턴버그(Sternberg, 1986)는 사랑의 삼각형 이론에서 사랑은 친밀감, 열정, 그리고 헌신이라는 세 요소로 구성되어 있다고 말한다. 첫째, 친밀감intimacy은 정서적 측면으로, 정서적 교류나 의사소통의 유무, 서로에 대한 의지 등 사랑하는 관계에서 나타나는 가까운 느낌을 의미한다. 초기에는 상대방을 파악하려고 친밀감을 높이게 되다가 어느 정도 파악이 되면 친밀감을 높이려는 시도가 감소하여 안정된 상태가 된다. 둘째, 열정passion은 동기적 측면으로, 사랑하는 사람과 하나가 되려는 강렬한 욕구와 신체적 매력이다. 친밀감과 달리 빠른 속도로 증가하며, 배타성이 있다. 초기에는 뜨겁고 격렬한 열정을 느끼지만 점차 습관화되면서 이후에 강도가 둔화될 수 있다. 셋째, 헌신commitment은 인지적 측면으로, 단기적으로는 자신이 가진 감정을 인정하고 상대방을 사랑하기로 결심하고 장기적으로는 그 사랑을 지속하기로 하는 헌신을 포함한다. 대표적으로 약혼과 결혼의식이 해당되며, 사랑의 약속을 하거나 사랑의 징표나 선물을 교환하는 일, 주변 사람에게 연인을 소개하는 것, 상대방을 위해 자신의 시간과 에너지, 물질을 사용하고 서비스를 제공하는 등의 행동을 하는 일이 있다.

초기 만남에서는 주로 열정의 요소가 강하게 작용하지만, 시간이 지남에 따라 친밀감과 헌신이 발전하면서 더 균형 잡힌 사랑으로 발전한다. 스턴버그는 사랑의 삼각형의 면적이 넓을수록, 세 요소가 균형을 이루어 정삼각형 형태에 가까워질수록 이상적이고 완전한 사랑이라고 하였다.

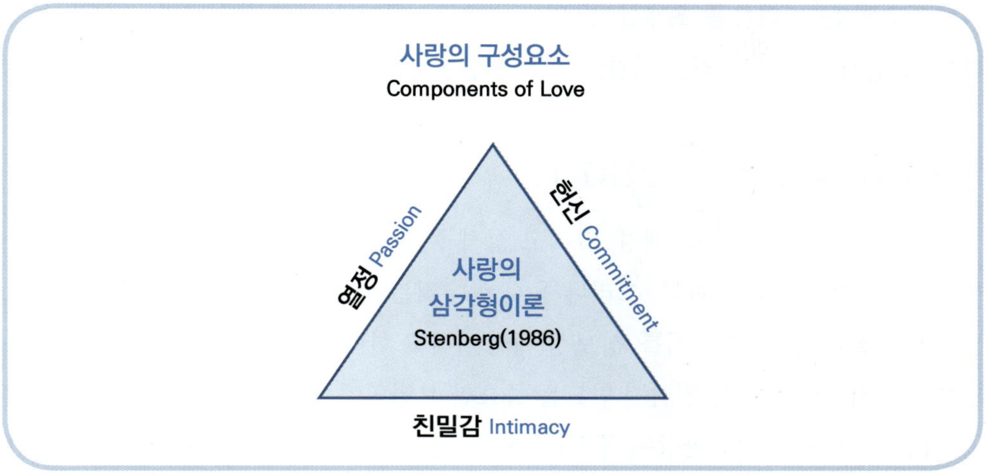

2.2. 서로를 깊이 알아가는 여정

첫 만남 이후 관계가 형성되고 발전하는 단계는 향후 관계의 방향을 설정하는 중요한 시기이다. 이 시기는 흥분과 불확실성이 공존하며, 서로를 알아가는 탐색의 여정이라고 할 수 있다. 그래서 데이트는 단순한 시간 보내기 이상의 의미를 갖는다. 그것은 서로를 다양한 맥락에서 관찰하고, 각자의 삶과 서로의 삶을 같이 살아갈 수 있다는 양립 가능성을 탐색하며, 감정적 연결을 형성하고 강화하는 과정이다. 초기 데이트는 재미와 가벼움에 중점을 두는 경향이 있지만, 관계가 진행됨에 따라 친밀감을 바탕으로 더 깊은 대화와 의미 있는 경험을 공유하게 된다.

데이트를 통해 우리는 상대방의 가치관, 목표, 습관, 그리고 성격을 점차적으로 알아간다. 다양한 상황과 활동을 함께 경험하면서 상대방이 타인을 어떻게 대하는지, 스트레스에 어떻게 대처하는지, 갈등을 어떻게 해결하는지 관찰할 수 있다. 이런 관찰을 통해 장기적인 관계의 잠재력을 평가하고 관계의 지속 여부를 결정짓는 데 중요한 정보를 제공한다.

그렇다고 데이트가 항상 낭만적인 것만은 아니다. 때로는 양립 불가능성과 적신호를 발견하는 과정이기도 하다. 초기 단계에서 이러한 신호를 무시하기도 하지만, 장기적으로는 큰 어려움을 초래할 수 있다. 따라서 데이트는 환상에 빠지는 시간이 아니라, 현실적인 평가를 위한 시간으로 접근하는 것이 중요하다.

2.3. 차이를 인정하고 수용하기

우리는 가치관, 관심사, 배경, 그리고 성격 등 자신과 비슷한 사람을 좋아한다. 이를 '유사성 매력'이라고 한다. 그러나 동시에 우리는 자신에게 없는 특성을 가진 사람들에게도 끌리게 되는데, 이를 '상보성 매력'이라고 한다. '정반대가 끌린다'는 속설도 있으나 유사성이 사람을 친하게 만드는 중요한 요인임에는 분명하다.

사귀다 보면 초기의 환상이 깨지는 순간을 맞이한다. 처음에 보지 못했던 상대방의 습관, 가치관의 차이, 성격적 특성들이 점차 드러나면서 실망과 좌절을 경험하기도 한다. 깊은 관계는 평범한 순간들 속에서 자라난다. 함께 아침을 맞이하고, 함께 여행이나 시간을 보내면서 겪는 다양한 장면에서, 스트레스와 기쁨을 풀어내는 방식 등을 통해 상대방의 모습이 여과 없이 그려진다.

깊은 관계의 핵심은 완벽한 일치가 아닌 차이점의 수용에 있다. 차이를 수용한다는 것은 상대방을 내 입맛에 맞게 바꾸는 게 아니라, 있는 그대로의 모습을 존중하는 것을 의미한다. 이것이 진정한 선택과 사랑의 표현이다. 건강한 관계에서는 이러한 차이가 서로를 보완하고 함께 성장할 수 있는 기회가 된다.

3. 인생 2막, 결혼

흔히 인생은 연극 같다고 말한다. 아리스토텔레스와 셰익스피어 이래로 이야기 구조를 주로 3막으로 풀어나가기 때문에, 결혼은 인생이라는 연극무대에서 볼 때 2막에 해당한다. 요즘 결혼에 대한 인식이 많이 변하고 있다. 사랑하면 결혼한다는 공식도 깨지고 있다. 그럼에도 불구하고 인간관계에서 결혼은 사랑하는 두 사람이 자신들의 삶을 공식적으로 연결하는 중요한 의미를 갖고 있다. 결혼은 단순히 법적 계약을 넘어 서로 다른 두 사람이 인생의 파트너로서 함께 걸어가는 신뢰와 사랑의 약속이다. 이러한 결혼은 개인의 삶에 안정감과 편안함을 제공하고, 이는 더욱 건강하고 행복한 인간관계를 형성하는 근간이 되기도 한다.

그러나 결혼이 항상 꽃길만 있는 것은 아니다. 서로 다른 두 사람이 일상을 공유하면서, 생활방식의 차이, 경제적 결정에서의 차이, 양육방식의 불일치 등 여러 가지 차이로 인해 갈등과 어려움이 끊임없이 찾아온다. 하지만 어려움 속에서도 함께 극복해 나가는 과정을 통해 두 사람의 관계는 더욱 돈독해질 수 있다. 중요한 것은 서로에 대한 존중과 신뢰, 그리고 지속적인 소통을 통해서 가능하다는 것이다. 최근 선종한 프란치스코 교황의 가톨릭 청년 교리서인 YOUCAT에 실릴 마지막 원고 중 하나에는 결혼에 대한 교리 해설이 담겨 있다(NYT, 2025.04.28). 교황은 결혼에 대한 현실적인 어려움을 언급하면서도 사랑과 인생을 완성해주는 결혼의 가치를 믿어야 한다고 했다. 평생 사랑의 모험을 믿고, 결혼으로 모든 것을 얻게 되고 삶은 완성된다고 하는 교황의 가르침을 깊이 새겨야 할 것이다.

3.1. 결혼에 이르는 과정

결혼은 사랑의 결실이자 새로운 출발점이다. 연애가 감정 중심의 관계였다면, 결혼은 함께 사는 삶이라는 현실 속에서 매일을 함께 계획하고 조율해야 하는 인생공동체인 것이다. 사랑만으로는 충분하지 않으며, 신뢰, 책임, 존중이라는 보다 견고한 기반이 필요하다.

결혼 파트너를 선택하는 과정은 다양한 여과 기능을 지닌 여섯 개의 여과망을 거치게 된다(Udry, 1971). 결혼 파트너로서 가능성이 있는 모든 사람들이 여섯 개의 여과망을 하나씩 거치면서 그 대상이 걸러지고 좁혀져서 결국 마지막 한 사람을 결혼 파트너로 선택하게 된다.

첫 번째 여과망은 근접성 여과망이다. 모든 가능한 대상 중 현실적으로나 지리적으로 쉽게 만날 수 있는 사람들로 그 대상이 제한되고 시간적으로나 공간적으로 가까이 있어야만 첫 번째 여과망을 통과할 수 있다.

두 번째 여과망은 매력 여과망이다. 근접성 여과망을 통과한 사람들 중에서 서로에게 매력을 느끼며 호감을 갖는 사람들로 외모, 성격, 능력 등을 고려하게 된다. 일반적으로 처음 만났을 때에는 신체적 매력이 호감을 촉진시키지만, 장기간 사귀는 과정에서는 능력이나 성격이 더 중요해진다.

세 번째 여과망은 사회적 배경 여과망이다. 인종, 연령, 종교, 사회경제적 지위, 직업, 교육 수준 등이 비슷한 사람들끼리 맺어질 가능성이 높아진다. 가능한 비슷한 수준을 맞추는 것이 서로에게 좋다. 사회적 배경이 비슷할수록 덜 삐걱거리며 맞출 수 있다.

네 번째 여과망은 상호 의견 합치 여과망이다. 정치 · 경제 · 사회에 대한 관점, 가정과 가족에 대한 태도, 전반적인 인생관과 가치관 등이 유사해서 의견 합치가 이루어지는 경우에 두 사람의 결혼 가능성은 더욱 높아진다.

다섯 번째 여과망은 상호 보완 여과망이다. 상호 간의 필요와 요구를 서로 충족시켜 줄 수 있고, 어느 한 쪽의 단점을 다른 쪽에서 보완해줄 수 있을 때 결혼 가능성이 증가한다. 인간관계에서 상보성은 매우 중요하다.

끝으로, 마지막 여과망은 결혼 준비 상태 여과망이다. 결혼 준비 상태가 되지 않았다면, 결혼이 성사되기 어렵다. 서로가 물질적으로나 심리적으로 결혼을 준비한 상태가 되어야만 한다. 결혼은 새로운 부부와 새로운 가정의 탄생이기 때문이다.

3.2. 부부관계

러시아 속담에 "전쟁터에 가기 전에는 한 번 기도하고, 바다에 가기 전에는 두 번 기도하고, 결혼하기 전에는 세 번 기도하라."라는 말이 있다. 중국 속담에는 "결혼은 경험의 부족, 이혼은 이해의 부족, 재혼은 기억력의 부족"이라는 말도 있다. 평생 자유를 사랑하고 과학을 존중했으며 미국 100달러짜리 지폐의 주인공인 벤저민 프랭클린(Benjamin Franklin)은 "결혼 전에는 눈을 크게 뜨고, 결혼 후에는 눈을 반쯤 감아라."

라는 말을 했다.

이런 말들은 결혼생활과 부부관계는 동거나 연애와는 달리 환상이 아닌 현실이라는 것을 잘 나타내는 말이기도 하다. 행복한 부부관계는 노력하여 만들어지는 것이다. 그러기 위해서는 적응 과정이 필요하다. 결혼으로 새롭게 부여된 역할과 변화에 잘 적응하는 일은 행복한 부부생활을 위한 필수조건이지만, 말처럼 쉽지만은 않다. 부부관계의 적응은 크게 차이 적응, 변화 적응, 그리고 과업 적응을 포함하여 세 가지로 나누어볼 수 있다.

첫째, 차이에 대한 적응이다. 결혼생활에서 드러나는 부부간의 차이에 대해서 조화롭게 적응하는 일이 필요하다. 성격, 생활습관, 감정표현, 가치관, 흥미, 잠버릇, 종교 등 차이와 결점이 수없이 발견되면서 부부갈등의 주요한 원인이 된다. 이런 차이를 수용하고 서로의 단점을 보완하여 조화로운 관계로 발전시켜 나가는 것이 필요하다.

둘째, 변화에 대한 적응이다. 결혼을 하는 순간부터 두 남녀는 연인관계에서 부부관계로 관계의 특성이 달라지듯이 이 둘 간의 관계에서도 급격한 변화가 발생한다. 상대방에 대한 호칭에서부터 부부의 역할, 시가와 처가, 친인척과의 관계까지 두 사람 사이의 관계에 많은 변화가 생긴다. 이런 변화를 잘 인식하고 이에 적응해가는 일이 중요하다. 또한, 부부관계에서는 자신에게 기대되는 부부역할을 잘 수행하는 것이 중요하다. 부부관계의 불만족은 배우자에게 기대되는 역할을 배우자가 제대로 수행하지 못할 때 발생하기 때문이다.

셋째, 부부는 결혼생활에서 요구되는 일상적인 과업을 배우며 익히는 적응 과정이 필요하다. 결혼을 통해서 새로이 부과된 남편으로서 또는 아내로서 수행해야 되는 역할에 맞게 새로운 과업들을 수행해야 한다. 결혼을 한 후에 부부관계는 세월이 흘러감에 따라서 변화하고 그에 따라 요구되는 과업도 달라진다.

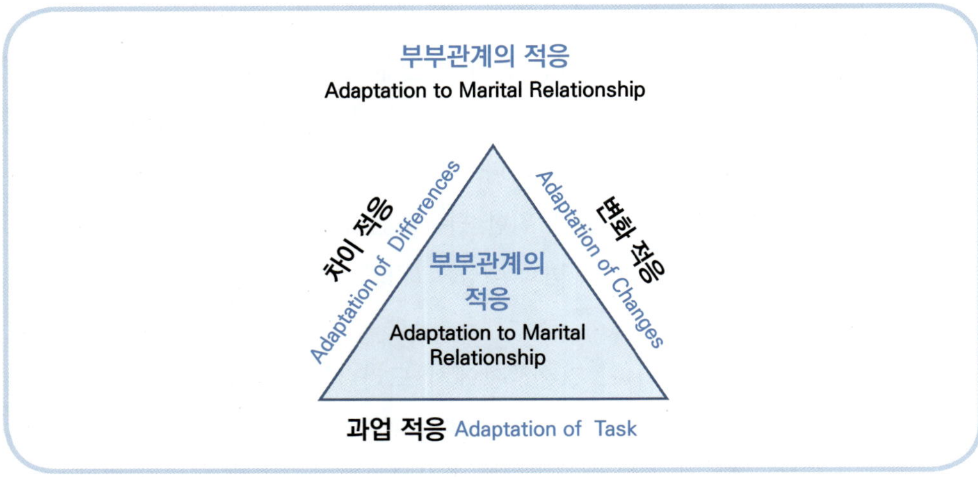

4. 이별, 그리고 새로운 출발

인간관계에서 가장 힘든 경험은 아마도 사랑하는 사람과 이별하는 경험일 것이다. 연인관계든 결혼관계든 한때 '영혼의 반쪽'이라고 여겼던 사람과의 이별은 단순한 관계의 끝이 아니라 한 세계의 붕괴처럼 느껴질 수 있다. 이별의 순간에는 시간이 멈춘 것처럼 느껴지고 괴롭고 힘든 시간에 빠져든다. 함께했던 추억이 많을수록 헤어짐의 고통에서 나오기가 더 힘들다. 그러나 사람의 마음은 생각보다 회복력이 크다. 시간이 지나면서 감정은 흐르고, 기억은 퇴색되면서 서서히 나를 돌아볼 여유가 생긴다. 아픔도 영원하지 않다. 그 시간도 반드시 지나간다. 결혼관계의 이별은 더욱 복잡하다. 법적 · 재정적 · 사회적 연결의 해체는 감정적 고통에 현실적인 스트레스를 더한다.

하지만 모든 끝은 또 다른 시작의 입구이기도 하다. 이별은 상실이 아니라 삶의 재정비이자 재출발의 계기가 될 수 있다. 이별의 상처와 두려움에도 불구하고 치유의 여정을 거치면서 사람들은 서서히 미래를 향한 희망과 가능성이 다시 생겨나기 시작한다. 새로운 관계를 시작할 때 때로는 용기가 필요한 경우가 생긴다. 다시 한번 마음을 열고 새로운 사람을 만날 수 있는 용기, 다시 출발할 수 있는 용기가 필요하다. 새로운 관계는 이전 관계와 같을 수 없고, 같아서도 안 된다. 각 관계는 고유하며, 새로운 사람과의 만남은 새로운 이야기의 시작임을 기억해야 한다.

4.1. 이별의 이유

가장 깊은 친밀감을 나누는 연인관계와 결혼관계에서 이별의 원인은 단순하게 하나로 정의할 수 없고, 복합적이고 누적된 요인들이 작용하게 된다. 여러 가지가 있지만, 대표적인 세 가지 이유를 생각해볼 수 있다.

첫째, 가장 흔하면서도 치명적인 원인은 의사소통의 실패이다. 효과적인 의사소통은 건강한 관계의 기반인데, 이것이 무너질 때 관계 전체가 위태로워진다. 조사에 따르면, 결혼한 커플의 이혼사유 중 성격차이가 가장 큰 이유로 나왔는데(통계청, 2017), 자세히 들여다보면 부부 간의 의사소통 방식, 생활방식, 가치관 등 다양한 측면에서 제대로 소통되지 못하기 때문이다. 바쁜 일상 속에서 진정한 대화의 시간이 줄어들면서 서로의 감정, 생각, 기대를 솔직하게 나누지 못하면 오해가 생기고, 정서적 거리가 생기게 된다. 모든 관계에는 갈등이 존재하지만, 건강한 관계와 그렇지 않은 관계의 차이는 갈등을 어떻게 다루느냐에 있다. 심리학자 존 가트맨(Gottman, 2002)은 부부의 이혼을 예측할 수 있는 부정적 행동 네 가지로 비난, 방어, 무시, 경멸과 같은 파괴적인 의사소통 패턴을 제시하며, 이는 갈등을 해결하기보다 악화시킨다고 하였다. 시간이 지남에 따라 이러한 패턴이 고착화되면, 작은 불일치도 큰 싸움으로 발전하고 결국 해결 불가능한 상태에 이르게 된다.

둘째, 신뢰의 붕괴이다. 한번 깨지면 회복하기 어려운 관계의 핵심요소로, 연인관계와 부부 관계에서의 가장 명백한 신뢰 파괴 형태는 외도를 꼽을 수 있다. 새로운 연인의 등장은 기존의 관계를 끝장내는 가장 강력하고 직접적인 원인이다. 육체적 불륜뿐 아니라 정서적 불륜도 관계에 심각한 타격을 줄 수 있다. 디지털 시대에는 소셜 미디어나 메시징 앱을 통한 부적절한 관계도 문제가 되고 있다. 또한 반복되는 거짓말, 중요한 정보의 은폐, 재정적 비밀 등은 파트너 간의 신뢰 기반을 서서히 침식한다. 거짓말은 티가 나게 되어 있다. 작은 거짓말이라도 반복되면 관계 전체의 진정성에 의문을 제기하게 만든다.

셋째, 친밀감의 상실이다. 장기적인 관계에서 친밀감은 정서적 · 지적 · 육체적 · 영적 차원에서 유지되어야 한다. 이 중 하나 이상의 차원에서 연결이 끊어질 때 관계는 위험에 처하게 된다. 하지만 바쁜 일상, 스트레스, 직장, 육아 등에 집중하다 보면 정서적 연결이 소홀해지기 쉽다. 시간이 지나면서 파트너들은 서로에게 정서적 지지를 구하기보다 외부에서 찾게 될 수 있다. 성적 친밀감은 연인이나 부부관계에서 중요한 요소인데, 서로의 성적 욕구나 선호도의 불일치, 또는 육체적 친밀감이 우선순위에서 밀려날 때 관계 만족도가 크게 저하될 수 있다. 이런 성적 문제는 종종 다른 관계 문제에서 파장되어 표출되는 현상이기도 하다. 초기의 열정이 사그라든 후, 많은 커플들은 관계에 새로움과 흥미를 유지하는 데 어려움을 겪는다. 예측 가능한 일상, 동일한 대화 패턴, 함께하는 시간의 질적 저하 등 일상의 권태로움은 점차 관계를 침식시킬 수 있다. 같이 있어도 외로운 상태가 지속되면 관계는 껍데기만 남는다.

4.2. 새로운 시작

헤어짐은 누구에게나 힘들다. 쉽지는 않겠지만 덜 아프게 헤어지고 다시 일어나 새로운 시작을 맞이하는 것이 필요하다. 많은 사람들은 이별을 실패로 받아들인다. 스스로를 자책하면서 자신을 몰아붙이기도 한다. 하지만 모든 관계가 영원해야 할 이유는 없다. 사랑은 언제나 완전하지 않으며, 서로가 맞지 않기 때문에 각자의 길을 선택한 것이다. 이별도 하나의 선택으로 받아들여야 한다.

이별을 수용하는 과정은 심리학자 엘리자베스 퀴블러 로스(Kübler-Ross, 2018)가 말한 죽음의 수용 단계와 유사한 다섯 단계를 거친다. 이별의 현실을 '부정'하는 단계, 왜 나한테 이런 일이 생긴 것인지 '분노'하는 단계, 관계를 되돌리기 위한 방법을 찾으면서 상황을 미루는 '협상' 단계, 희망을 잃어버리고 무기력과 깊은 슬픔에 빠지는 '우울' 단계, 이별의 현실을 받아들이는 '수용' 단계가 그것이다.

이별은 인생의 끝이 아니다. 더 단단해진 자신을 마주하고, 새로운 시작을 할 수 있는 기회가 될 수 있다. 연인과 배우자와의 관계에서 벗어나 진짜 내가 누구였는지, 내가 진정으로 원하는 것은 무엇인지 찾아볼 수 있는 계기가 될 수도 있다. 삶의 중심에서 진정한 자립을 통해 자기성찰과 성장의 시간을 갖다보면 상처는 아물고 새로운 관계를 맺을 수 있는 자양분이 만들어진다. 새로운 시작은 타인이 아닌, 나로부터 시작되기 때문이다.

자기 진단

사랑에 있어 가장 중요한 것은 무엇이라고 생각하나요?

연애와 결혼의 가장 큰 차이는 무엇일까요?

연인(배우자)과 의견이 다를 때 어떤 방식으로 해결하나요?

Chapter 06

직장

• *Work* •

Chapter 06

직장

위대한 일을 하는 유일한 방법은, 당신이 하는 일을 사랑하는 것이다.

The only way to do great work is to love what you do.

– 스티브 잡스(Steve Jobs, 1955 – 2011) –

우리는 직장에서의 성공을 흔히 개인의 뛰어난 능력이나 성과만으로 가능하곤 한다. 그러나 진정한 성공은 단순히 역량을 넘어, 심리적으로 안정된 적응과 조직 내 조화로운 상호작용을 통해 비로소 완성된다. 성공적인 직장생활을 위한 세 가지 핵심요인은 능력, 가치관, 그리고 인간관계다. 먼저, 능력capability은 직업적 성공의 기본적인 토대이다. 지식, 기술, 그리고 문제 해결력으로 구성된 능력은 자신감을 키우고 효과적인 업무 수행을 위한 확고한 기반을 마련한다. 다음으로 중요한 것은 바로 가치관value system이다. 개인의 가치가 조직문화와 조화를 이룰 때, 우리는 비로소 직무에 대한 만족을 느끼고 지속적으로 업무에 몰입할 수 있게 된다. 특히 협력과 조화라는 공동 성장의 공유 가치를 내면화하는 것이 중요하며, 이는 개인의 성장을 넘어 조직 전체의 발전을 이끌어낸다. 마지막은 인간관계human relationship이다. 직장에서 긍정적인 인간관계는 팀워크teamwork를 잘하는 것이다. 직장 스트레스를 현저히 줄이고, 밝고 활기찬 직장 분위기를 조성하며, 궁극적으로는 시너지를 극대화하는 원동력이 된다. 현대 직장은 더 이상 혼자서 모든 것을 잘하는 개인의 역량만을 중시하지 않는다. 오히려 공감, 창의성, 그리고 협업 능력을 통해 함께 시너지를 만들어낼 수 있는 사람을 원한다. 따라서 자신의 심리적 자원을 명확히 인식하고, 이를 바탕으로 팀워크를 잘하는 인간관계를 구축하는 것이야말로 진정한 성공의 디딤돌이다.

1. 내일을 만들어가는 내 일

직업은 우리의 내일을 만들어가는 가장 일반적인 출발점이다. 우리의 삶과 미래를 알차게 그리고 행복하게 만들기 위해서는 하고 싶은 일을 찾아내고 그 일을 즐겁게 해야 한다.

1.1. 직업의 의미

직업은 단순히 생계를 유지하기 위한 수단인 생업job을 넘어, 인간의 삶과 깊이 연결된 정체성을 확립하고 자기실현을 이루는 통로로서 경력career과 소명calling이 될 수 있다. 사람은 일을 통해 자신의 존재 가치를 확인하고, 사회 속에서 의미 있는 역할을 수행하며 타인과 연결된다. 심리학자 에릭 에릭슨(Erik Erikson)은 성인기의 핵심 과제를 '생산성 대 침체감'으로 보았고, 직업 활동을 통해 자신이 유용하고 의미 있는 존재라는 경험을 할 때 정서적 안정과 삶의 만족감을 느낄 수 있다고 설명했다. 직업은 삶 속에서 자율성과 책임감을 부여하며, 사회에 기여하고 있다는 소속감과 목적의식을 제공한다.

직업은 사회적 관계의 중심이 된다. 직장에서는 동료, 상사, 고객 등 다양한 사람들과 관계를 맺으며, 소통, 갈등 조정, 협력, 공감 능력을 자연스럽게 익히게 된다. 이러한 대인관계 능력은 직장뿐 아니라 일상생활 전반의 인간관계에서도 매우 중요한 심리적 자원이 된다. 또한 일을 통해 사람은 끊임없이 배우고 발전하며, 자신이 성장하고 있다는 느낌을 받을 수 있다.

1.2. 직업 선택

직업 선택은 단순히 생계를 위한 수단을 정하는 것이 아니라, 어떤 삶의 방식과 가치를 따를 것인지 결정하는 깊은 자기이해의 과정이다. 우리는 하루의 대부분을 직장에서 보내며, 그 속에서 자신을 실현하고 사회와 연결되며, 나아가 삶의 의미를 발견하게 된다. 따라서 직업은 단순한 역할 수행이 아니라 자신이 누구인지, 무엇을 중요하게 여기는지를 반영하는 삶의 중심 요소이다. 직업은 단순한 경제활동이 아니라, 삶의 의미와 정체성을 형성하는 심리적 기반이다. 직업은 개인과 사회, 내면과 외부를 연결하는 복합적인 심리적 공간이며, 우리는 그 안에서 성장한다. 직업을 선택하고 지속해나가는 과정은 자신을 찾아가는 여정이자, 타인과 함께 살아가는 방식을 배우는 통합적 경험이라 할 수 있다. 직업 선택은 현재의 조건뿐 아니라 미래의 전망과 성장 가능성까지 고려해야 하며, 자신의 가치관, 성격, 적성 등을 종합적으로 이해함으로써 삶 전체의 방향을 설계하는 일이다.

직업 선택은 삶의 방향과 만족도에 큰 영향을 미치는 중요한 결정이다. 이에 따라 자신의 내적 특성과 환경을 종합적으로 고려하는 것이 필요하며, 다음과 같은 심리적 요인을 중심으로 판단하는 것이 바람직하다.

첫째, 가치관value은 직업 선택의 가장 근본적인 기준으로, 개인이 중요하게 여기는 삶의 기준과 우선순위를 반영한다. 안정성을 중시하는 사람은 공공기관이나 장기근속이 가능한 직장을 선호할 수 있고, 사회적 기여를 중요하게 여기는 사람은 교육, 복지, 의료 분야의 직업을 택할 가능성이 높다.

둘째, 흥미interest와 적성aptitude은 직무에 대한 몰입과 만족을 좌우하는 중요한 요소이다. 흥미는 자신이 즐겁게 느끼는 활동이나 분야에 대한 선호를 의미하며, 적성은 그 활동을 잘 해낼 수 있는 능력을 의미한다. 이 둘이 일치할수록 직무 만족도가 높고, 지속적인 성장 가능성도 커진다.

셋째, 성격personality은 직업 환경에 대한 적응과 대인관계 방식에 직접적인 영향을 미친다. 외향적인 사람은 사람들과의 소통이 많은 영업, 교육, 상담 등의 직무에 잘 적응할 수 있고, 내향적인 사람은 분석, 자료 정리, 연구 중심의 업무에서 강점을 가질 수 있다.

넷째, 직무환경job conditions과 전망vision은 직무의 구체적인 성격과 미래 가능성을 말하며, 장기적인 안목에서 고려해야 할 요소이다. 업무 강도, 근무 시간, 조직문화 등 직무의 특성과 함께, 해당 직업군이 미래에도 지속적으로 성장할 수 있는지, 기술 발전이나 사회 변화에 얼마나 영향을 받는지도 중요하다.

다섯째, 가족의 기대와 지지expectancy and support of family는 직업 선택 과정에서 정서적 · 현실적 영향을 미치는 환경적 요인이다. 부모나 배우자의 기대는 진로 결정에 압박이 되기도 하지만, 동시에 지속적인 응원과 지지를 통해 심리적 안정과 자신감을 높여주는 중요한 자원이 될 수 있다.

1.3. 직업 만족

직무 만족은 개인이 자신의 직무에 대해 느끼는 감정적 · 인지적 만족의 정도를 의미한다. 이는 자신이 수행하는 일에 대해 얼마나 긍정적으로 인식하고, 얼마나 의미를 느끼는지를 나타내는 심리학적 개념이다. 직무 만족은 직무 수행 능력, 조직에 대한 몰입, 삶의 만족도와 밀접하게 연관되어 있으며, 직장 생활의 질을 결정하는 핵심 요소로 간주된다.

직무 만족에 영향을 미치는 요인은 크게 세 가지로 나눌 수 있다. 직무 자체의 특성, 개인의 심리적 특성, 조직의 시스템과 문화이다.

첫째, 직무 자체의 특성은 구체적인 업무 내용, 자율성, 피드백의 정도, 과업의 다양성과 중요성, 업무의 의미 등으로 구성된다. 해크먼과 올드햄(Hackman & Oldham)은 직무특성 이론에서 직무 만족에 영향을 주는 다섯 가지 핵심 요인으로 기술 다양성, 과업 정체성, 과업 중요성, 자율성, 피드백을 제시하였다. 이 다섯 가지 요소가 잘 갖추어진 직무는 구성원에게 심리적 의미와 책임감을 느끼게 하여 직무 만족도를 높이는 경향이 있다.

둘째, 직업 선택을 할 때 고려했던 개인의 심리적 특성도 직무 만족도에 중요한 영향을 미친다. 자기효능감Self-Efficacy이 높은 사람은 어려운 업무 상황에서도 긍정적인 태도를 유지하며 도전을 즐기는 경향이 있고, 이는 직무에 대한 몰입과 만족으로 이어질 가능성이 크다. 또한 정서적 안정성 · 낙관성 · 성실성 같은 성격 특성은 직무 스트레스에 대한 대응 방식과 직무 환경을 해석하는 방식에 긍정적인 영향을 미친다. 동일한 환경 속에서도 어떤 사람은 불만을 느끼고, 어떤 사람은 만족을 느끼는 이유가 바로 이러한 개인의 인지적 · 정서적 · 요인에서 비롯된다.

마지막으로, 조직의 시스템과 문화는 직무 만족에 지속적이고 구조적인 영향을 미치는 것으로, 직무관여, 조직몰입, 조직공정성, 심리적 계약이라는 네 가지 요소로 나눌 수 있다.

첫째, 직무관여job involvement는 개인이 자신의 일을 얼마나 중요하게 여기고, 자신의 자아와 연결된 활동으로 인식하느냐를 의미한다. 직무관여가 높은 사람은 단순히 생계를 위한 수단으로서가 아니라, 일 자체에서 정체성과 의미를 찾으며 일에 몰입하는 특성을 보인다. 이러한 몰입은 직무에서의 성과와 더불어 긍정적인 감정, 즉 직업 만족을 강화한다. 반대로 일이 자아와 단절되어 있고, 가치나 관심과 연결되지 않는다면 직무관여는 낮고, 이는 곧 직업 불만족으로 이어지기 쉽다.

둘째, 조직몰입organizational commitment은 개인이 자신이 속한 조직에 대해 느끼는 심리적 애착과 충성심을 의미한다. 마이어와 앨런(Meyer & Allen)은 조직몰입을 정서적 몰입(정서적 애착), 지속적 몰입(경제적 손실 회피), 규범적 몰입(도덕적 의무감)으로 나누어 설명하였다. 이 중 정서적 몰입이 높은 구성원일수록 직업에 대한 만족도가 높고, 자발적으로 조직에 기여하려는 행동을 보인다. 이와 반대로 몰입도가 낮은 구성원은 조직을 수단적으로 인식하며, 불만이 누적될 경우 이직이나 무관심으로 이어지기 쉽다.

셋째, 조직공정성organizational fairness은 절차적 공정성(의사결정 과정의 공정성), 분배적 공정성(성과와 보상의 공정한 배분), 상호작용적 공정성(존중과 정중한 대우)으로 구성되며, 이는 구성원이 조직을 신뢰하고 안정감을 느끼는 데 중요한 기준이 된다. 공정하게 평가받고 있다는 인식이 있을 때, 사람들은 직무에 더 긍정적인 태도를 갖게 되고, 이는 직업 만족으로 이어진다. 반면 불공정한 평가나 차별적 대우는 구성원의 자존감을 해치고 직무 스트레스를 증가시키며 만족도를 급격히 떨어뜨린다.

넷째, 심리적 계약psychological contract은 조직과 구성원 사이에 명시적으로 표현되지 않은 하지만 서로가 기대하고 있는 심리적인 약속이나 믿음을 의미한다. 구성원은 조직이 안정성과 성장 기회를 제공할 것이라 기대하고, 조직은 구성원이 충성심과 성실함으로 기여할 것이라 기대한다. 이러한 심리적 계약이 서로 잘 지켜질 때 조직에 대한 신뢰감과 만족도가 높아지며, 반대로 약속이 깨졌다고 느낄 경우 배신감, 냉소주의, 이직 의도 등 부정적 반응이 증가한다. 특히 요즘처럼 빠르게 변화하는 조직 환경에서는 이 심리적 계약이 자주 재구성되기 때문에, 구성원과 조직 간의 신뢰 유지가 무엇보다 중요한 과제로 떠오르고 있다.

직업 만족도는 단순한 감정 상태가 아니라, 심리적 안녕감과 삶의 질, 조직 성과, 개인의 성장과 직결되는 매우 복합적인 개념이다. 만족도가 높은 사람은 자신의 일에 의미를 느끼며, 그 의미를 통해 삶 전체에 긍정적인 영향을 미친다. 반대로 불만족 상태가 지속될 경우 우울, 무기력, 직무소진, 이직 등 다양한 문제로 이어질 수 있다. 따

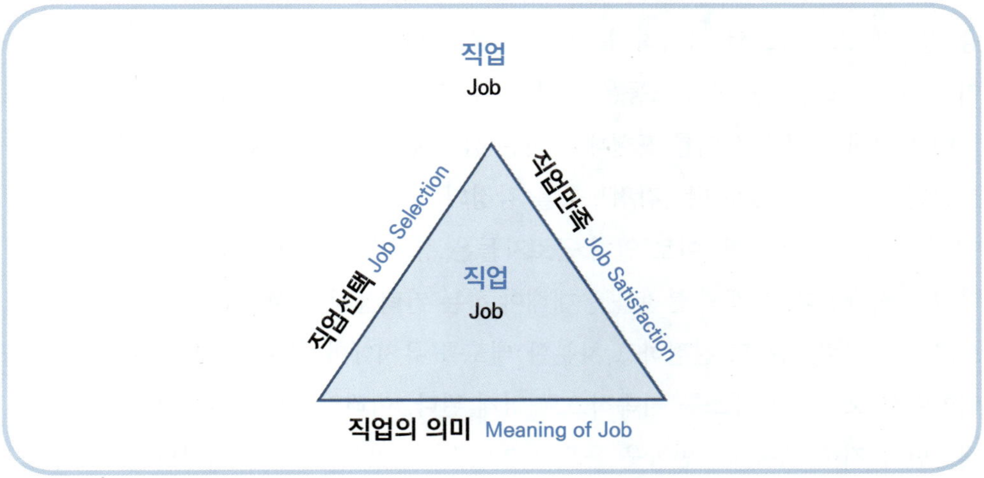

라서 직업 만족도를 높이기 위해서는 직무 설계, 리더십, 조직문화, 개인의 자기이해와 감정 조절 능력이 함께 고려되어야 하며, 이는 개인과 조직 모두의 건강한 성장을 위한 핵심요소라 할 수 있다.

2. 직장생활

2.1. 직장인

직장인들은 하루 중 많은 시간을 직장에서 보낸다. 대부분의 직장인은 오전 9시에 출근하여 오후 6시까지 약 8시간을 근무하며, 이는 하루의 3분의 1에 해당한다. 여기에 출퇴근 시간과 업무 준비 · 정리 시간을 포함하면, 하루 10시간 이상을 일과 관련된 활동에 사용하게 된다. 이 시간 동안 사람들은 웃기도 하고 때로는 울기도 하며, 성취감과 보람을 느끼는 동시에 업무에 대한 고민을 안고 살아간다. 직장은 단순히 급여를 받는 공간을 넘어, 개인의 성취와 가치를 반영하고 실현하는 삶의 중요한 무대이다. 책상 앞에 앉아 하루를 시작하는 순간부터, 맡은 일에 책임을 지고 동료와 협력하며 공동의 목표를 향해 나아간다.

하지만 모든 날이 보람차고 만족스러운 것은 아니다. 현실의 직장 환경은 종종 갈등과 스트레스로 가득하며, 특히 감정노동이 요구되는 직종에서 이러한 경향이 더욱 두드러진다. 감정노동은 서비스 제공자가 자신의 진짜 감정을 억누르고 조직이 요구하는 감정 상태를 표현해야 하는 심리적 노동을 의미한다. 사회학자 아를리 호크실드(Arlie Hochschild)는 감정노동을 감정의 상업적 관리Commercial Management of Emotions라고 정의하며, 이로 인해 근로자들은 정서적 탈진과 소외감을 경험할 수 있다고 지적하였다. 고객의 불만을 응대해야 하는 컨택센터Contact Center 직원은 개인적으로 힘든 상황에서도 친절하고 차분한 태도를 유지해야 하며, 이로 인해 감정의 불일치에서 오는 스트레스를 지속적으로 겪게 된다. 이러한 감정의 억압은 장기적으로 직무만족 저하, 우울감, 번아웃 등으로 이어질 수 있으며, 이는 개인의 삶의 질에도 직접적인 영향을 미친다. 드라마 〈미생〉에서는 신입사원 장그래가 조직 내에서 인정받기 위해 감정을 억누르며 고군분투하는 모습이 그려지며, 〈슬기로운 의사생활〉에서는 의료진들이 환자와의 정서적 거리를 조율하는 과정에서 겪는 내적 갈등을 섬세하게 그려냈다. 이들 작품은 직장인의 감정노동과 심리적 갈등을 현실적으로 보여주며 많은 이들의 공감을 이끌어냈다.

또한, 일과 삶의 균형work-life-balance, 워라밸은 직장인의 건강한 삶을 위한 핵심 과제이다. 역할 이론은 개인이 직장에서의 역할과 가정에서의 역할, 개인생활에서의 역할 사이에서 균형을 유지해야 함을 강조하며, 최근 한국 직장인들 사이에서는 퇴근 후 자기계발, 가족과의 시간, 운동 및 여가활동 등 다양한 방식으로 워라밸을 실천하려는 움직임이 활발히 나타나고 있다.

2.2. 21세기 인재상

21세기의 인재는 단순히 업무를 잘 수행하는 데 그치지 않고, 사람들과 협력하고 관계를 조화롭게 이끌 수 있는 역량을 갖춘 사람이다. 기술과 정보가 빠르게 변화하는 시대에는 혼자만의 능력보다는 다양한 사람들과 함께 문제를 해결하고 서로 다른 의견을 조율할 수 있는 능력이 더욱 중요해지고 있다. 이러한 인재는 자신을 잘 이해하고, 타인의 감정에 공감하며, 관계 속에서 효과적으로 소통할 수 있는 감정지능EQ을 갖추고 있다. 다니엘 골먼(Daniel Goleman)의 감성지능Emotional Intelligence, EI 또는 EQ에 따르면, 개인 간의 긍정적인 상호작용은 다섯 가지 핵심 요소를 통해 이루어진다. 자기 인식self-awareness, 자기 조절self-regulation, 사회적 기술social skills, 공감empathy, 그리고 동기부여motivation이다. 감정지능이 높은 사람은 팀워크를 이끌어가는 능력이 뛰어나며, 갈등 상황에서도 감정을 잘 조절하고 신뢰를 바탕으로 협력을 만들어낼 수 있다. 갈등이 발생했을 때 감정적으로 반응하거나 회피하기보다는, 차분하게 문제를 해결하고 공감적인 자세로 접근하는 태도는 현대 조직이 요구하는 핵심 역량 중 하나다. 또한, 다양한 배경과 문화를 지닌 사람들과도 열린 자세로 소통할 수 있는 능력은 글로벌 환경에서 더욱 중요한 자질로 평가된다.

21세기형 인재는 디지털 환경에서도 탁월한 대인관계 역량을 발휘할 수 있어야 한다. 메신저나 이메일 등 비대면 방식의 소통이 일상화된 오늘날 오해 없이 감정을 전달하고 상대의 메시지에 세심하게 반응하는 능력은 점점 더 중요해지고 있다. 이러한 역량은 미디어 리터러시media literacy와 함께 '디지털 감정지능Digital EQ'으로도 설명된다. 이는 물리적으로 떨어져 있는 상황에서도 인간적인 관계를 유지하고 신뢰를 형성할 수 있는 능력을 의미한다. 21세기형 인재는 협업, 공감, 소통이라는 키워드를 중심으로 인간관계를 긍정적으로 이끌어갈 수 있는 사람이며, 이러한 역량은 개인의 성공뿐 아니라 조직의 지속 가능한 성장에도 중요한 밑거름이 된다.

3. 직장에서의 인간관계

직장 내 인간관계는 업무 성과뿐 아니라 개인의 정서 안정에도 큰 영향을 미친다. 사회교환 이론에 따르면, 인간관계는 주고받는 정서적 · 실질적 보상의 균형 속에서 유지된다.

3.1. 과업형 인간관계

과업형 인간관계는 업무를 효율적으로 수행하기 위한 협력에 중점을 둔다. 이 관계에서는 주로 업무 지시, 역할 분담, 결과 보고, 피드백과 같은 실무적인 커뮤니케이션이 이루어진다. 서로의 성격이나 감정보다는 일의 효율성과 결과가 더 중요하게 여겨지기 때문에 관계가 다소 건조하고 형식적으로 느껴질 수 있다. 이러한 관계가 원활하게 유지되기 위해서는, 상대방의 능력에 대한 신뢰와 각자에게 부여된 역할을 책임감 있게 수행하는 태도가 필수적이다. 과업 중심 인간관계가 잘 작동할 때, 구성원 간의 명확한 기대와 역할 수행을 통해 조직의 목표 달성에 기여할 수 있다. 이와 관련된 심리학 이론으로는 리더-구성원 교환 이론 Leader-Member Exchange Theory, LMX이 있다. 이 이론은 상사와 부하 직원 간의 교환 관계의 질이 직무수행에 직접적인 영향을 미친다고 본다. LMX 수준이 높은 경우, 상호 신뢰와 존중을 바탕으로 한 협력적인 관계가 형성되며, 이는 개인의 업무 몰입과 조직 성과를 높이는 데 긍정적으로 작용한다. 반면, 낮은 수준의 교환 관계는 소외감과 직무 만족 저하로 이어질 수 있다.

3.2. 관계형 인간관계

관계형 인간관계는 직장 내에서 친밀감과 유대감을 형성하기 위한 감정적 교류를 중심으로 한다. 이는 단순한 업무 협조를 넘어서, 인간적인 연결을 통해 심리적 안정과 소속감을 높이는 데 기여한다. 동료들과의 가벼운 대화, 서로의 고민을 나누는 시간, 생일이나 기념일을 챙기는 따뜻한 관심 표현 등은 모두 정서 중심 관계의 일환이라 할 수 있다. 이러한 관계는 특히 스트레스가 높은 직장 환경에서 정서적 완충 장치 역할을 한다. 감정적으로 지칠 때 동료로부터 받는 공감어린 말 한마디나 진심 어린 위로는 큰 심리적 지지로 작용하며, 이는 번아웃을 예방하고 이직 의도를 낮추는 데에도 긍정적인 영향을 미친다. 이와 같은 현상은 심리학의 사회적 지지 이론Social Support Theory으로 설명할 수 있다. 이 이론은 사람들이 스트레스 상황을 견뎌내는 데 있어 주변의 지지적 관계가 중요한 역할을 한다고 본다. 특히 정서적 지지emotional support는 개인의 회복탄력성을 높이고, 정서적 안정을 유지하게 하며, 궁극적으로 직장 내 만족도와 적응력을 높이는 데 기여한다.

4. 직장에서의 갈등

조직 내 갈등은 가치관, 목표, 의사소통 방식, 권력 구조 등 다양한 요인에서 발생한다. 이러한 갈등을 효과적으로 해결하기 위해서는 갈등 상황의 특성과 당사자 간의 관계를 고려하여 적절한 전략을 선택하는 것이 중요하다. 이때 널리 활용되는 대표적인 이론적 틀은 토마스-킬만 갈등 관리 모형Thomas-Kilmann Conflict Management Model

이다. 이 모형은 갈등 상황에 대처하기 위한 다섯 가지 전략을 제시한다. 즉, 회피, 수용, 경쟁, 타협, 협력 전략이다. 회피avoiding 전략은 갈등을 외면하거나 회피하는 전략이고, 수용accommodating 전략은 자신의 입장을 양보하고 상대를 따르는 전략이며, 경쟁competing 전략은 자신의 입장을 강하게 주장하는 전략이고, 타협compromising 전략은 서로 일부 양보하여 절충하는 전략이며, 협력collaborating 전략은 양측 모두의 요구를 만족시키는 전략을 말한다.

이 다섯 가지 전략은 개인의 주장성assertiveness과 협조성cooperativeness의 정도에 따라 분류되며, 갈등의 심각성, 관계의 중요성, 해결이 요구되는 시급성 등을 기준으로 적절히 선택할 수 있다. 이 모형은 갈등을 단순히 회피하거나 극복하는 수준을 넘어, 조직 내 건강한 관계 형성과 문제 해결 능력 향상에 실질적인 도움을 주는 전략적 도구로 활용된다.

4.1. 직무 스트레스

직장은 많은 사람들이 하루의 대부분을 보내는 공간이며, 삶의 의미와 성취를 얻는 중요한 사회적 무대이다. 이곳에서 사람들은 자신의 능력을 발휘하고, 인정받으며, 경제적 안정뿐 아니라 사회적 정체성과 소속감을 경험한다. 그러나 직장은 동시에 다양한 스트레스와 갈등의 원인이 되기도 한다. 조직문화와 관련된 직무 스트레스는 직장에서의 다양한 조건과 환경에 의해 유발되며, 정서적 안녕과 직무 만족에 직접적인 영향을 미친다. 수직적이고 폐쇄적인 조직문화는 개인에게 소외감을 유발하고, 자율성과 참여 의지를 약화시킨다. 개방적인 의사소통이 부족하거나 상호 존중이 이루어지지 않는 환경에서는 갈등이 쉽게 고착되고 심리적 긴장이 지속될 수 있다. 직무 스트레스의 원인은 다양하지만 대표적인 요인은 다음과 같다.

첫째, 임금이 낮을 때 경제적 불안과 삶의 질 저하로 인해 스트레스를 느끼게 된다. 둘째, 긴 근무시간과 과도한 업무는 체력적 피로는 물론 일과 삶의 균형을 무너뜨려 만성적 소진을 유발한다. 셋째, 승진 기회가 적거나 경력 발전의 전망이 불투명할 경우 무력감과 불만이 누적된다. 넷째, 업무가 반복적이거나 흥미를 느끼지 못하는 일을 할 경우 몰입도가 떨어지고 정서적 피로가 쌓인다. 다섯째, 직장 내 사회적 지지가 부족하면 고립감을 느끼고, 심리적 지지 없이 스트레스를 혼자 감당하게 된다. 여섯째, 업무에 대한 결정권이 거의 없을 때 자율성과 책임감이 저하되며, 일에 대한 주인의식도 떨어진다. 일곱째, 수직적이고 폐쇄적인 조직문화는 개인의 표현과 참여를 위축시키며 소속감을 약화시킨다. 여덟째, 관리 실무가 체계적이지 못하거나 리더십이 부족한 경우, 업무 효율성이 떨어지고 혼란이 발생한다. 아홉째, 가치관이나 성향이 맞지 않는 사람들과 함께 일할 경우 인간관계에서 오는 정서적 소진이 심해질 수 있다. 열째, 근무 환경이 열악하면 물리적 피로뿐 아니라 심리적 불쾌감까지 누적되어 업무 회피로 이어질 수 있다.

이러한 요인들은 개별적으로도 스트레스를 유발하지만, 복합적으로 작용할 경우 직무에 대한 회의감과 탈진을 가속화시킨다. 직장에 머무는 시간이 많은 만큼, 직무 스트레스는 삶의 전반에 영향을 미치며 자아존중감과 정체성에도 부정적인 영향을 미친다. 따라서 조직은 근무 환경과 업무 조건을 개선하고, 구성원 개개인이 심리적 회복력을 키울 수 있도록 지원할 필요가 있다. 건강한 직장생활은 개인의 정신건강뿐 아니라 조직 전체의 생산성과 지속가능성과도 직결된다.

4.2. 인간관계 스트레스

인간관계 스트레스는 대인관계에서 비롯되는 긴장과 갈등을 의미하며, 특히 직장에서는 가장 복잡하고 빈번하게 나타나는 스트레스 요인 중 하나다. 이러한 스트레스는 직장 내부에서의 갈등뿐만 아니라, 일과 가정 사이에서의 균형이 무너지는 상황에서도 비롯된다. 인간관계 스트레스는 크게 직장 내 관계에서 비롯되는 갈등과 직장과 가정 사이의 역할 충돌에서 비롯되는 갈등으로 나누어볼 수 있다.

직장 내에서의 스트레스는 다음과 같은 관계 갈등에서 기인한다. 첫째, 상사와의 갈등은 지시 방식, 피드백 태도, 일방적 의사소통 등에서 발생하며, 조직 내 위계구조

속에서 구성원에게 위협이나 불편함을 유발할 수 있다. 이러한 갈등은 구성원의 심리적 위축과 회피, 반발을 불러일으키며, 상호 신뢰와 소통을 저해한다. 둘째, 동료와의 갈등은 업무 중복, 책임 회피, 인정 욕구의 충돌, 경쟁적인 분위기에서 나타난다. 비록 표면적으로 드러나지 않더라도 감정적 긴장이 높아지고 협력이 어려워져 팀워크가 약화되고 업무 효율성에 부정적인 영향을 미친다. 셋째, 고객과의 갈등은 특히 서비스 직군에서 많이 발생하며, 반복되는 감정노동이 핵심 원인이다. 고객의 과도한 요구나 부정적 반응을 억제하며 감정을 통제해야 하는 상황이 누적될수록 감정적 피로감이 쌓이고, 이는 탈진, 무기력, 심지어 이직 욕구로 이어질 수 있다.

이처럼 인간관계에서 발생하는 스트레스는 단순한 불쾌감을 넘어 개인의 자존감, 정체성, 정신건강에 깊은 영향을 미치며, 장기적으로는 조직 구성원의 몰입도와 이직률에도 부정적인 결과를 초래한다. 따라서 직장 내에서는 심리적 안전감과 신뢰를 기반으로 한 관계 형성이 매우 중요하다. 개인은 갈등을 건설적으로 조율할 수 있는 역량을 계발해야 하며, 조직은 정기적인 피드백, 공정한 갈등 조정 시스템, 상호 존중 문화를 통해 건강한 관계 환경을 조성해야 한다.

최근에는 워라밸Work-Life Balance의 붕괴가 인간관계 스트레스의 또 다른 심화 요인으로 주목받고 있다. 급변하는 근무 환경, 재택근무의 확산, 디지털 업무의 경계 희석 등으로 인해 일과 가정의 경계가 흐려지면서, 일과 가정 사이의 역할 충돌role conflict이 더욱 빈번해지고 있다. 워라밸이 무너지면 시간 부족과 감정 소진이라는 이중 부담이 동시에 발생할 수 있다. 직장에서는 과중한 업무와 지속적인 긴장으로 인해 업무 효율성과 몰입도가 떨어지고, 가정에서는 관계 유지에 필요한 시간과 정서 교류가 줄어들어 가족 간 유대와 감정적 지지가 약화된다. 그 결과, 개인은 직장과 가정 모두에서 만족도가 저하되며, 전반적인 삶의 질 또한 심각하게 훼손될 수 있다.

현대사회는 단순히 '좋은 직장'을 갖는 것을 넘어서, 개인의 자율성, 심리적 여유, 그리고 건강한 인간관계의 지속가능성을 더욱 중요하게 여긴다. 워라밸은 이제 더 이상 사적 욕구 충족을 위한 사치가 아니라, 개인이 자신의 정체성을 유지하며 건강한 사회 구성원으로 살아가기 위한 필수 조건으로 자리 잡고 있다. 워라밸을 유지한다는 것은 단순한 시간 배분의 문제가 아니라, 삶의 균형 속에서 자신을 지키고, 타인과의 관계를 돌보며, 지속가능한 성장을 도모하는 심리적 · 사회적 기반을 형성하는 일이다.

따라서 조직은 구성원의 워라밸을 존중하는 실질적 제도와 문화를 마련해야 하며, 개인 또한 자신의 에너지와 시간을 스스로 조절할 수 있는 자기관리 역량을 갖추는 것이 필수적이다. 오늘날 워라밸은 선택이 아닌 생존과 성장의 조건이며, 이를 회복하고 유지하려는 노력은 단순히 업무 효율을 넘어, 더 나은 인간관계, 건강한 심리 상태, 그리고 지속가능한 삶을 가능하게 하는 핵심 요소가 된다.

4.3. 갈등의 해결방안

직장 내에서 원만한 인간관계를 형성하는 것은 단순히 친해지는 것을 넘어, 협업과 소통, 상호 존중이 일상적으로 이루어지는 심리적 안정의 기반을 마련하는 일이다. 이러한 관계는 직무 성과뿐 아니라 정서적 만족과 조직에 대한 몰입에도 깊은 영향을 준다. 직장생활을 시작하거나 지속하는 과정에서 건강한 관계를 유지하기 위해서는 사전에 준비된 역량과 꾸준한 태도 관리가 필요하다. 특히 자아인식, 사회적 기술, 감정 조절과 같은 심리적 역량이 인간관계의 질을 결정짓는 중요한 요소로 작용한다. 건강한 관계와 업무를 함께 유지하기 위한 다섯 가지 실천방안은 다음과 같다.

첫째, 자신의 업무 능력을 충분히 갖추는 것이 인간관계의 출발점이 된다. 직무 역량이 부족하면 동료나 상사에게 신뢰를 얻기 어렵고, 이로 인해 관계에서도 거리감을 느끼게 될 수 있다. 반대로 자신이 맡은 역할을 잘 수행할 수 있다는 자신감은 타인과의 소통에서도 여유를 만들어주고, 관계 형성에 긍정적인 영향을 미친다.

둘째, 적극적이고 긍정적인 태도는 사람들과 관계를 맺는 데 중요한 역할을 한다. 문제 상황에서도 해결 방안을 찾으려는 자세, 타인의 장점을 인정하고 지지하는 태도는 신뢰와 호감을 이끌어낸다. 주변에 긍정적인 에너지를 주는 사람은 자연스럽게 좋은 관계망을 형성하며 협력적인 분위기를 만들어갈 수 있다.

셋째, 건설적인 비판을 주고받는 능력도 중요하다. 직장에서는 갈등이 피할 수 없이 발생하는데, 이때 감정적으로 반응하기보다 사실에 근거한 피드백을 주고받는 태도가 필요하다. 상대방의 의견을 수용하면서도 자신의 입장을 차분히 전달하는 능력은 관계의 긴장을 줄이고 상호 존중을 가능하게 만든다.

넷째, 공동체 의식을 갖는 것도 인간관계를 건강하게 유지하는 데 큰 도움이 된다. 직장은 개인이 각자 일하는 곳이 아니라, 공동의 목표를 위해 함께 협력하는 공간이기 때문에, 나와 타인이 같은 팀의 일원이라는 인식이 중요하다. 이런 인식은 책임감과 배려를 높이고, 팀 전체의 응집력과 안정감을 강화시킨다.

다섯째, 직장 동료들과 조화를 이루려는 자세는 인간관계를 지속 가능하게 만드는 핵심이다. 이는 단순히 친해지는 것이 아니라, 서로의 차이를 이해하고 그 차이를 존중하며 협력으로 연결하려는 태도를 의미한다. 타인의 감정을 읽고 반응하는 민감성, 그리고 자신의 감정을 조절할 수 있는 능력은 긴장과 오해를 줄이고 더 깊은 관계로 나아가게 한다. 따라서 직장 내 인간관계는 단순한 사교적 기술이 아니라, 자기관리 능력과 성숙한 태도의 종합이다. 자신의 능력을 꾸준히 계발하고, 긍정적이고 열린 마음으로 타인을 대하며, 비판을 균형 있게 주고받고, 공동의 목표를 향해 함께 움

직일 수 있는 태도를 갖추는 것. 그것이 조직 내에서 건강하고 안정적인 관계를 지속하는 힘이 된다. 인간관계는 저절로 형성되는 것이 아니라, 의식적인 노력과 심리적 성숙을 통해 계속해서 다듬어가는 과정이다.

4.4. 직장 매너

행복한 직장 생활을 위해서는 직장 예절이 중요하다. 직장에서는 업무 기술을 익히는 것뿐만 아니라, 사람들과 조화를 이루고 기본적인 예절과 태도를 지켜 신뢰를 쌓는 것이 필요하다. 직장은 다양한 사람들이 함께 일하는 사회적 공간이며, 서로를 배려하고 존중하는 문화 속에서 진정한 협업과 행복이 가능하다. 긍정적이고 건강한 관계를 유지하려면 심리적 자기이해를 바탕으로 예절과 태도를 갖추는 것이 중요하다.

행복한 직장생활은 타인과 조화를 이루기 위한 작은 실천에서 시작된다. 인사, 대화, 전화, 근무, 복장, 태도, 자세 하나하나가 모여 직장 내 인간관계의 질을 결정하고, 그 관계 속에서 우리는 자신의 존재를 인정받고 성장을 경험한다. 진정한 행복을 느끼기 위해서는 일상 속에서 예의 바르고 배려 깊은 태도를 의식적으로 실천하려는 노력이 필요하다. 직장은 단순히 업무를 수행하는 장소가 아니라 삶의 중요한 일부이며, 여기서 맺는 관계의 방식이 곧 삶의 질을 좌우하는 핵심이 된다. 다음은 직장 예절의 주요 요소이다.

첫째, 인사예절이다. 인사는 단순한 형식이 아니라 상대에 대한 존중과 신뢰의 표현이며, 긍정적인 첫인상을 형성하는 심리적 기초가 된다. 어빙 고프만(Erving Goffman)은 인사를 포함한 일상의 상호작용이 '사회적 얼굴social face'을 형성한다고 보았으며, 인사는 직장 내에서 자신이 타인에게 어떻게 인식될지를 결정짓는 첫 관문이라고 설명한다.

둘째, 대화예절이다. 직장 내 원활한 의사소통을 위해 필수적이며, 말하는 내용뿐 아니라 말투, 경청의 태도, 적절한 피드백이 중요하다고 강조한다. 특히 자신의 감정을 조절하며 상대방의 감정을 배려하는 능력이 요구된다. 다니엘 골먼(Daniel Goleman)

의 정서지능EQ 이론은 타인의 감정을 인식하고 적절히 반응하는 능력이 직장에서의 협업과 관계 만족에 결정적인 영향을 준다고 설명한다. 대화예절은 정서적 상호작용을 조율하는 의사소통의 실천이라 할 수 있다.

셋째, 전화예절이다. 직접 얼굴을 마주하지 않는 상황에서도 자신의 태도와 감정은 음성의 높낮이, 속도, 말투 등을 통해 상대에게 전달된다. 명확하고 예의 바른 말투, 용건을 간결하게 전달하는 능력은 직장 내 신뢰를 형성하는 중요한 요소이다. 이는 커뮤니케이션 이론에서 말하는 '보디랭귀지paralanguage'와 관련이 있으며, 말의 내용보다 말하는 방식이 때로는 더 강력한 메시지를 전달한다고 한다.

넷째, 근무예절이다. 조직문화와 팀워크의 기초이며, 정해진 시간에 출근하고 맡은 업무에 책임감을 갖는 것은 기본이다. 회의 시간 준수, 업무 보고의 정확성, 협업 태도 등이 포함된다. 이는 조직의 신뢰 구조를 형성하며, 구성원 간 심리적 안정감을 만들어내는 핵심이 된다. 근무예절은 조직 내 공정성과 신뢰를 뒷받침하는 행동이다.

다섯째, 복장예절이다. 복장예절은 직장에서의 태도와 타인의 인식을 모두 반영한다. 과도하게 자유로운 복장은 업무 환경의 집중도를 떨어뜨릴 수 있으며, 반대로 너무 경직된 복장도 불필요한 심리적 거리를 만들 수 있다. 사회심리학에서는 복장이 개인의 태도뿐 아니라 타인의 인식에 영향을 미친다고 보며, 적절한 복장은 조직 내 일체감과 신뢰를 증진시킬 수 있는 시각적 커뮤니케이션 수단이라고 말한다.

여섯째, 태도예절이다. 태도는 직장에서의 기본적인 인간관계를 규정짓는 요소이다. 정직하고 책임감 있는 태도, 긍정적인 자세, 동료를 존중하는 마음은 그 자체로 조직을 건강하게 만든다. 이는 인간의 내면적 가치가 일상에서 행동으로 표현되는 것이며, 타인에게 감정적으로 안정감을 주는 중요한 요인이다. 긍정심리학에서는 긍정적 태도가 조직 내 정서적 감염emotional contagion을 통해 전체 분위기를 밝게 만든다고 설명한다.

일곱째, 자세예절이다. 비언어적 소통을 의미하며, 무심코 보이는 몸짓과 표정 하나가 상대방에게 심리적 신호로 전달된다. 상대방을 향한 시선, 고개 끄덕임, 단정한 자세 등은 타인을 존중한다는 메시지를 보내며, 이러한 비언어적 표현은 인간관계를 강화하고 불필요한 오해를 줄이는 데 도움을 준다. 메라비언(Mehrabian)은 의사소통에서 말보다 비언어적 요소가 상대방에게 더 큰 영향을 미친다고 강조하였다.

여덟째, 직장 내 SNS 매너이다. 디지털 시대의 의사소통 방식 변화와 함께 SNS는 직장 내 인간관계에 점점 더 큰 영향을 미치고 있다. 그러나 편리함 뒤에는 경계와 예의에 대한 인식이 필요하다. 업무 시간 중 과도한 SNS 사용은 집중을 방해하고, 동료나 조직과 관련된 내용을 무단으로 공유하는 행위는 정보 유출이나 사생활 침해로 이어질 수 있다. 또한 개인 SNS에서의 감정적 표현은 조직 내 신뢰를 해치고 불필요한 갈등을 유발할 수 있다. 직장에서의 SNS 매너는 단순한 디지털 예절이 아니라, 인간관계를 존중하고 조직 문화를 건강하게 유지하기 위한 기본적인 태도이다. 온라인에서도 오프라인만큼 배려와 절제가 필요하며, 이러한 태도는 직장인의 품격으로 이어진다.

PERMA 모델 : 행복한 직장생활을 위해 필요한 요소(Martin Seligman)

P - 긍정적 감정(Positive Emotion)
직장 내에서 기쁨, 감사, 낙관 등의 감정을 경험하면 정서적 균형을 유지하는 데 도움이 된다.

E - 몰입(Engagement)
자신의 일에 집중하고 몰입할 때 시간 가는 줄 모르고 만족감을 느낄 수 있다.

R - 관계(Relationships)
동료들과 긍정적이고 지지적인 관계를 맺는 것은 심리적 안정감과 직무 만족도를 높이는 데 매우 중요하다.

M - 의미(Meaning)
자신의 일이 더 큰 목적이나 개인의 가치와 연결되어 있다고 느낄 때, 직장은 단순한 생계수단을 넘어 삶의 의미가 된다.

A - 성취(Accomplishment)
목표를 세우고 그것을 달성해 나가는 과정에서 성취감과 유능감을 느끼게 되며, 이는 지속적인 동기를 강화시킨다.

셀리그먼의 PERMA 모델은 조직 내에서 직원의 행복을 증진하고 건강한 직장 문화를 조성하며 정신건강을 지원하기 위한 이론적 토대로 널리 활용되고 있다.
행복한 직장생활을 위해 필요한 것은 단지 높은 연봉이나 편안한 환경이 아니라, 감정적 만족, 의미 있는 목표, 관계 속의 유대감, 그리고 개인의 성장과 성취 경험이다.

자기 진단

21세기를 살아가는 우리에게 인간관계가 중요한 이유는 무엇일까요?

일을 잘하는 것만큼, 사람과 잘 지내는 것이 왜 중요할까요?

직장에서 갈등이 생겼을 때, 어떻게 해결하려고 노력하나요?

Chapter 07

고객

• *Customer* •

Chapter 07

고객

비즈니스의 목적은 고객을 창조하고 유지하는 것이다.

The purpose of a business is to create and keep a customer.

– 경영학의 구루, 피터 드러커(Peter F. Drucker, 1909–2005) –

인간관계에서 무엇보다도 중요하지만, 그동안 등한시한 인간관계가 있는데, 바로 고객과의 관계이다. 현대의 지식정보화사회에서 고객은 생존과 성장을 결정하는 핵심요인이다. 혈연이나 친분으로 만들어지는 사적인 인간관계가 아니라, 비즈니스와 서비스를 수반하는 공적인 인간관계에서 마주치게 되는 고객은 생활의 중심이고, 경제의 중심이다. 고객이라는 버팀목이 없으면, 그 어떤 것도 빛나는 미래와 지속가능성을 장담할 수 없다.

직장인을 포함하여 모든 사람은 자신의 생존과 성공을 위하여 자신의 고객이 중요시하는 것에 대해 알아내려고 최선을 다해야 한다. 그래서 고객이 중요시하는 것이 무엇인지, 그리고 어떻게 하는 것이 최선을 다하는 것인지 찾아내기 위한 노력을 게을리하지 않아야 한다. 고객 만족customer satisfaction은 모든 기업의 화두가 되었다. 고객이라는 개념에 대해 생각조차 하지 않았던 학교나 병원, 정부기관에서도 마찬가지다. 고객 만족에 관심을 갖게 된 이유는 크게 두 가지이다(남승규, 2009). 하나는 품질만으로는 브랜드 간의 차별화가 어려워졌기 때문이고, 다른 하나는 고객의 의식 수준이 높아졌기 때문이다. 오늘날의 고객은 정보를 손쉽게 얻을 수 있게 되었고, 그들이 가지고 있는 권리와 힘에 대해 더 잘 알고 있다. 이런 상황에서 고객접점customer interface에 있는 모든 사람들은 살아남기 위하여 고객 만족을 모토로 삼지 않을 수 없게 된다.

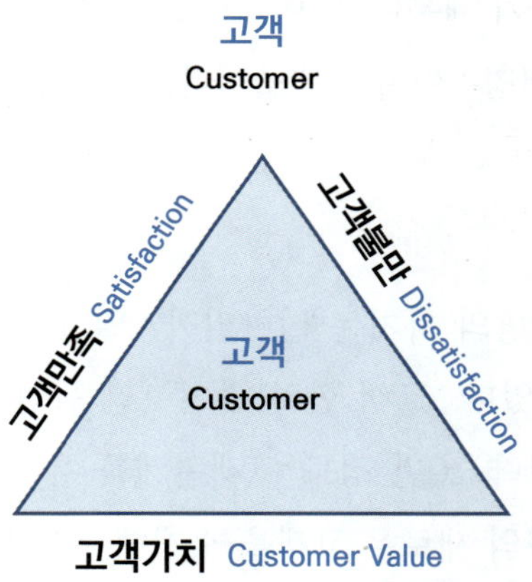

1. 고객의 가치

오늘날 성공과 실패를 가늠하는 것은 고객이다. 고객이 없으면 아무것도 할 수 없는 세상이다. 정성을 다해 소중하게 일구어서 야심차게 준비하고 시작한 가게도, 식당도, 사업도, 쇼핑센터도, 관광단지도, 놀이공원도, 심지어 교육기관도, 고객이 없으면 조용히 사라지게 된다. 고객의 소중함을 가장 먼저 인식한 것은 영리를 추구하는 기업이다. 기업은 고객이 기업의 성패를 결정하는 잣대라는 것을 누구보다도 잘 알고 있다. 기업은 고객이 기업의 제품이나 서비스를 구매하는 사람으로 기업의 자산이며, 고객을 만족시키는 것은 기업의 성공에 필수적이라는 것을 깨달았다. 그래서 고객을 만족시키기 위해서 고객의 요구와 니즈를 파악하고, 이를 충족시키는 양질의 제품과 서비스를 제공할 뿐만 아니라, 고객의 불만을 신속하게 해결하려고 노력한다.

또한, 고객에게 남다른 가치를 제공하고, 고객이 편리하고 만족스러운 경험을 할 수 있도록 최선을 다한다. 더 나아가, 고객 만족과 고객 감동으로 고객의 이탈을 방지하고, 고객이 행복해질 수 있도록 물심양면으로 도와준다. 고객 만족과 고객 감동으로 고객을 행복하게 만들면, 매출 증가, 시장점유율 확대, 충성고객의 확보, 수익 증가 등의 효과를 얻을 수 있기 때문이다. 이처럼 고객은 기업의 이익과 지속가능성, 더 나아가 생존을 결정하는 생명수이자 생명줄이다.

1.1. 기업과 고객

기업의 경우, 고객 한 명의 가치는 얼마일까? 일반적으로, 고객 한 명의 가치는 1억 원이라고 추정할 수 있다. 고객 한 사람이 1년 동안 10만 원 정도를 구매하는데, 한 번 고객이 되면 대략 20년 정도 고객관계를 유지하는 경향이 있다. 그리고 한 명의 고객이 보통 50명의 새로운 고객을 소개해주거나 연결해준다. 그래서 10만 원 곱하기 20년 곱하기 50명을 하면, 1억 원의 가치가 계산되는 것이다. 고객의 최소 가치가 1억 원인데, 누가 고객에게 소홀히 할 수 있겠는가? 단돈 100원도 소중한데, 고객의 가치는 최소 1억 원이고, 더 나아가 10억을 넘어 100억의 가치가 있는 고객도 존재할 수 있음을 기억해야 한다.

1.2. 외부 고객과 내부 고객

고객이 영리를 목적으로 하는 기업에게만 생명수이고 생명줄처럼 중요할까? 절대 그렇지 않다. 누군가와 무엇인가를 교환하고 거래해야 하는 상대방이 있는 모든 관계에서는 고객이 중요하다. 기업에게 소비자가 고객이듯이, 정부는 국민이 고객이고, 교육기관은 학생이 고객이며, 병원은 환자가 고객이다. 정부든, 교육기관이든, 병원이든, 기업 못지않은 고객 행복을 실천해야 한다. 그렇지 않다면 생존 자체를 자신할 수 없다.

고객은 외부 고객만 있는 것이 아니라 내부 고객도 있다. 정부의 경우에는 정부 기관에서 근무하는 공무원이 내부 고객이고, 교육기관은 교직원이 내부 고객이며, 병원은 병원에 근무하는 의사와 간호사가 내부 고객이다. 외부 고객을 행복하게 만드는 것도 중요하지만, 내부 고객을 만족스럽고 행복하게 만드는 것이 더욱 중요하고 우선해야 할 일이다. 왜냐하면, 내부 고객이 외부 고객을 만족하고 행복하게 만드는 주체이기 때문이다.

1.3. 개인과 고객

각 개인에게 고객은 중요하지 않을까? 우리에게는 고객이 없나? 개인에게도 고객은 중요하다. 우리는 누군가의 고객이기도 하면서, 누군가를 고객으로 두고 있음을 잊지 말아야 한다. 고객(顧客)은 '마음을 두다'라는 의미를 지닌 '돌아볼 고(顧)'와 '공경받는 사람'이라는 '손님 객(客)'으로 이루어져 있다. 고객은 누군가에게 마음을 두고 있는 사람이고, 공경받아야 할 사람이다. 우리에게 마음을 두고 있는 사람이 바로 고객이다. 나의 고객이 누구인가? 그렇다. 나를 아끼고 사랑하는 모든 사람이 나의 고객이다. 나를 원하고 필요로 하는 모든 사람이 나의 고객이다. 가족, 친구, 연인, 동료, 선후배, 친척, 그리고 아직 이름은 모르지만, 나의 가치를 알아줄 좋은 사람들이 모두 나의 고객이고, 우리의 고객이다. 이런 고객들은 기업에서 말하는 고객의 가치 1억 원보다 훨씬 값진 우리의 고객이다. 이런 고객들이 만족하고 감동하도록 노력하고, 나아가 행복하게 만들어주어야 하는 것이 우리가 살아가면서 해야 할 일이다. 나부터 행복한 것도 중요하지만, 고객의 행복도 챙기는 것이 중요하다.

1.4. 직업과 고객

취업을 준비하는 학생들이나 이직이나 전업을 생각 중인 직장인에게 가장 중요한 고객은 누구일까? 그리고 그 고객의 가치는 얼마나 될까? 구직을 원하는 사람들에게 가장 중요한 고객은 그들을 선발할 기업과 기관이다. 그리고 고객의 가치는 적어도 최소 10억 원으로 추정할 수 있다. 평균 연봉을 5천만 원으로 잡고, 20년을 근무한다면 최소한 10억 원을 벌 수 있기 때문이다. 그뿐만 아니라, 좋은 사람들과 좋아하는 일을 함께할 기회까지 제공한다는 점을 기억해야 한다.

그렇다면, 구직자들의 고객인 기업과 기관이 원하는 것은 무엇일까? 그것은 세상이 원하는 사람이다. 조금 더 구체적으로 말하면, 21세기가 원하는 인재상이 되어야 한다. 흔히 인재상을 말할 때 든 사람, 난 사람, 된 사람을 말한다. 이것은 20세기가 원하는 인재상으로, 전문적인 정보와 지식을 갖춘 든 사람, 전문성expertise과 실력이 뛰어난 난 사람, 그리고 인간적으로 성숙된 된 사람으로서 인간미humanity를 갖추어야 한다는 것이다.

그런데 21세기는 이것만으로는 부족하다. 적어도 세 가지가 더 필요하다. 첫 번째는 창의성creativity이다. 새로운 세상에 걸맞는 새로운 생각과 아이템을 만들어 낼 줄 알아야 한다. 두 번째는 적극성engagement이다. 생각만으로 끝나는 것이 아니라, 실행할 줄 아는 실천력이 있어야 한다. 세 번째는 진단과 처방 역량competency of diagnosis and prescription인데, 이것이 가장 중요하다. 세상과 현실을 진단하고 그것에 적합한 처방을 할 수 있는 눈과 힘을 갖추어야 한다. 그러면 최소 10억 원의 가치를 지닌 고객에게 선택되는 행복한 순간과 행운을 누릴 수 있을 것이다. 원하는 인재를 뽑아서 나의 고객이 행복하면, 내가 더 행복해지고, 더 좋은 세상을 함께 만들 수 있다.

2. 고객 만족

제품을 생산하기만 하면 팔리던 시대에서 이제는 고객의 선택을 받지 못하면 살아남을 수 없는 고객 중심의 시대로 접어들었기에 많은 학자들과 기업들이 고객과 고객만족의 중요성을 강조해왔다. 예를 들어, "고객이 왕이다"(United Airline), "고객은 아내이다"(데이비드 오길비), "고객은 외국인이다"(톰 피터스), "고객은 신이다"(SONY), "고객을 위한 가치창조"(LG), "고객이 행복할 때까지"(SK), "고객제일주의"(삼성) 등의 구호를 내걸고 자원과 노력을 집중하고 있다. 이제는 '고객이 왕이다'라는 말도 옛말이 되었고, '고객지향본부', '고객감동실' 같은 고객 만족 부서를 새로이 신설하거나 서비스를 강화하고 있으며, 소비자의 의견에 따라 경영방침을 정하고 있다.

'고객 불만 24시간 처리', '무한 책임주의', '100% 품질보증제도', '고객의 달' 등 제조업체들이 실행했던 고객 만족 서비스도 금융, 서비스 업체에 이어 공공기관으로까지 확대되어 소비자의 욕구를 만족시키려는 노력이 경영의 핵심 목표로 부상한 지 오래이다. 왜냐하면, 고객 만족은 적어도 네 가지 측면에서 기업에게 이익이 되기 때문이다(남승규, 2009; Barsky, 1998). 첫째, 반복구매 기회를 증가시킨다. 둘째, 긍정적인 구전 효과를 창출한다. 셋째, 고객의 구매지출과 현찰구매를 증가시킨다. 넷째, 현금 흐름을 원활하게 한다.

2.1. 고객의 분류

고객은 일반적으로 'customer'라는 용어를 사용하는데, 전문적인 도움이나 서비스를 받는 경우에는 'client'라는 용어를 사용한다. 일반적으로 고객은 관계 정도에 따라서 다양한 이름으로 불린다.

첫 번째 유형은 잠재고객이다. 잠재고객suspect은 특정한 상품이나 서비스를 구매할 가능성이 있는 모든 사람들로 지구촌에 존재하는 모든 소비자consumer를 말한다.

두 번째 유형은 가망고객이다. 유망고객이라고도 하는 가망고객prospect은 상품 · 서비스 · 아이디어를 필요로 하고, 그것을 구입할 능력이 있는 사람이다. 이미 당신의 존재와 상품 · 서비스 · 아이디어를 이미 알고 있으나 구입한 적은 없다.

세 번째 유형은 구매고객이다. 구매고객purchaser은 특정한 상품이나 서비스를 처음으로 구입하거나 사용한 사람으로 흔히 쇼핑객shopper을 말한다.

네 번째 유형이 고객이다. 고객customer은 특정한 상품이나 서비스를 두 번 또는 그 이상 사간 사람으로, 영어로는 사가는 것이 습관이 되어 있는 사람, 한자 顧客의 뜻을 봐도 "돌아봐 주는 손님"이다. 두 번 이상 구매하거나 방문을 했다는 것은 이전에 방문했거나 구매했을 때 당신이 제공한 가치에 대해 100% 만족하지는 않더라도 적어도 불만은 갖고 있지 않는 사람들이다.

다섯 번째 유형은 단골고객이다. 단골고객regular customer은 Client나 Patronage로 불리기도 한다. 단골고객은 자기가 쓸 수 있는 것이라면 무엇이든지 당신에게 사 주며, 정기적으로 사용하고 구입해주는 고객이다. 일반적으로 Client는 법률적이거나 의료와 관련된 전문적인 분야의 소비자를 지칭하기도 한다.

마지막 유형은 골수고객이다. 골수고객advocates은 옹호고객 혹은 충성고객이라고 하는데, 당신이 파는 것은 무엇이든 사주고, 정기적으로 사용하고 구입해주는 고객이라는 점에서 구매활동은 단골손님과 닮은 점이 많다. 그러나 심리적으로 깊이 반해버린 상태에 있는 열광적인 팬fan과 같은 고객이기 때문에 좋은 점을 적극적으로 홍보하고 나쁜 점을 무마시키려고 노력한다.

고객 만족 전문가가 되기 위해서는 단골고객을 확보하는 것이 무엇보다도 중요하다. 언제나 단골집은 고객에게 친절하고 남다르다. 똑같은 일이라도 단골에게는 무엇인가 다르다. 고객 만족도 마찬가지이다. 각 방면에 존재하는 단골을 친구로 갖고 있다면 업무에 자신이 생길 수 있다. 클릭 한 번으로 각종 정보를 얻을 수 있는 정보화 시대에 살고 있는 우리에게 단골 목록을 확보하는 것은 바로 아이디어의 산실을 갖춘 것과 같다. 살아 있는 두뇌들인 단골을 많이 확보할수록 최상의 협력자를 얻을 수 있고, 고객 만족 전문가가 될 지름길에 접어들 수 있다.

2.2. 고객 만족의 효과

고객 만족을 시키게 되면 다음과 같은 효과를 얻을 수 있다.

첫째, 불필요한 지출을 줄여 효율적인 투자efficient investment가 가능하게 한다. 경쟁사와의 소모적인 힘겨루기에 중점을 두기보다는 고객의 욕구를 찾아가고 고객의 변화를 예측하는 데 관심을 두기 때문에 불필요한 투자를 방지할 수 있다.

둘째, 높은 가격을 유지할 수 있는 고가격정책high price policy을 실현할 수 있다. 만족한 고객은 가격에 민감하지 않다. 더 큰 만족을 얻기 위하여 더 높은 가격을 지불할 의향도 가지고 있다.

셋째, 고객충성도customer loyalty가 형성된다. 만족한 고객은 동일한 상품과 서비스를 반복 선택할 가능성이 높다. 나아가 골수적인 팬이 될 수도 있다. 이런 경향은 안정적인 수익 확보와 장기적인 성장을 기대할 수 있게 한다.

넷째, 비용절감cost reduction을 할 수 있다. 만족한 고객은 처음 고객관계가 형성될 때 소요되는 비용의 1/5이면 재선택과 재사용 행동을 하도록 이끌 수 있다. 만족한 고객은 자발적인 의지에 의하여 상품을 찾기 때문에 기업의 입장에서 시간과 노력을 절감할 수 있다.

다섯째, 광고효과의 극대화maximization of Ad effect를 실천할 수 있다. 만족한 고객은 자신의 주위 사람들이 자신이 만족한 상품과 서비스를 선택하도록 유도하는 구전효과가 있다. 만족한 사람의 구전 효과는 기업에서 이루어지는 광고보다 훨씬 신뢰할 수 있는 정보로 인식되므로 광고 효과를 극대화할 수 있다.

끝으로, 고객 만족은 전환장벽building of switching barrier을 구축한다. 진입장벽 구축은 외부의 환경이나 마케팅 제반환경 변화에 의해 제거될 가능성이 높은 반면, 고객과의 장기적인 관계를 유지하는 것은 상향적 판매up-selling과 교차적 판매cross-selling가 발생하여 부가적인 이익을 창출할 뿐만 아니라 일탈 방지를 위한 전환장벽을 구축한다.

2.3. 고객 만족의 측정

고객 만족을 높이기 위해서는 고객의 만족 정도와 그 원인을 파악해야 한다. 고객 만족을 위한 의사결정은 '감'만으로 결정할 수 없다. 고객 만족 향상의 출발점은 고객이 가장 중요시하는 문제를 개선하는 데 최선을 다하기 위하여 올바르게 고객 만족을 측정하는 것이다. 고객 만족 연구의 궁극적인 목적은 고객유지율을 높이고 기업의 브랜드 가치를 높이는 것이다.

고객 만족을 측정할 때 주로 사용하는 두 가지는 고객만족지수와 고객추천지수이다. 먼저, 고객 만족의 전반적인 수준을 나타내는 유용한 지표가 CSI, 고객만족지수 Customer Satisfaction Index이다. 고객만족지수를 만드는 가장 간단한 방법은 모든 성과 점수를 평균하는 것이다. 그러나 이것은 고객이 중요하게 생각하는 것과 중요하지 않게 생각하는 것을 모두 같은 비중으로 취급하므로 정확하다고 볼 수 없다. 그러므로 가중평균의 합을 계산하는 것이 더 낫다. 중요도의 평균을 1로 하고 고객우선순위가 높은 영역에는 1보다 큰 가중치를, 낮은 영역에는 1보다 작은 가중치를 부여하여 계산한다. 고객만족지수는 종합만족도, 체감만족도, 차원만족도와 같이 주요 관심사에 따라서 다양한 형태를 취할 수 있다.

다른 하나는 순수고객추천지수이다. 고객 만족 정도를 측정하는 고객만족지수의 대안으로 제안된 NPS, 순수고객추천지수Net Promoter Score는 라이켈트(Reichheld, 2003)가 개발한 것으로, 고객이 특정 기업이나 브랜드를 추천하는 것에 기초하여 고객 만족을 알아보는 방법이다. 고객의 추천은 만족의 결과라는 기본 가정에 입각하여 고객만족지수와 함께 고객 만족도를 측정하기 위하여 사용된다.

2.4. 고객 만족과 혁신

고객 만족을 위한 혁신은 다방면에서 진행되어야 한다.

첫째, 고객 만족의 하드웨어는 제품 · 서비스 · 아이디어를 포괄하는 상품commodities이다. 제품 · 서비스 · 아이디어의 성과와 품질은 고객 만족의 가장 기본적인 틀을 제공해 준다. 우수한 성능과 품질은 고객 만족의 선택사양이 아니라 기본사양이다. 아무리 우수한 상품과 사업이라고 할지라도 고객을 만족시키지 못한다면 상품과 사업을 바꿔야 한다. 이것이 바로 상품혁신commodities innovation이다.

둘째, 고객 만족의 소프트웨어는 이미지images이다. 이미지는 감각적 · 직관적으로 주어지는 구체적인 상으로 반드시 감각기관에 의하여 직접적으로 지각되지 않더라도 뇌리에 생생하게 그려낼 수 있는 것이면 된다. 개념적 사고에 의하여 파악되는 것이 아니라 어디까지나 감각적 · 직관적인 존재이어야 한다. 브랜드, 제품 및 기업과 같은 기본적인 이미지뿐만 아니라 상점, 구성원, 최고경영자CEO의 이미지도 중요하다. 이런 소프트웨어는 경영방식에 의하여 생겨나며, 보다 효율적인 경영방식으로 변화는 과정혁신process innovation에서 확립된다. 추구하고 진행하는 경영방식이 어떠한가에 따라서 이미지가 결정된다. 일관되고, 분명하고, 체계적인 경영방식을 갖추는 것은 좋은 이미지를 확립하기 위한 기본요건이다. 컴퓨터에서 하드웨어보다 소프트웨어의 역할이 더 중요해진 것처럼, 고객 만족에서도 소프트웨어인 이미지의 영향이 지대하다.

끝으로, 고객 만족은 휴먼웨어인 마음 자세mindset가 중요하다. 직 · 간접적으로 주어지는 다양한 서비스는 모두 사람들에게 의하여 이루어진다. 고객과 직접 만나는 접점에서 신뢰를 구축하고 특별한 관계를 확립하는 것이 중요한데, 고객에 대한 마음가짐이 어떠냐에 따라서 그 결과는 많은 차이를 만들 수 있다. 휴먼웨어의 핵심은 마음 자세를 바꾸는 마음혁신mind innovation에서 시작된다.

3. 불만 고객

고객은 다양한 이유로 해서 불만을 가지게 되는데, 심리학적 측면에서 가장 빈번하게 논의되는 것은 귀인과 후회 그리고 인지부조화이다.

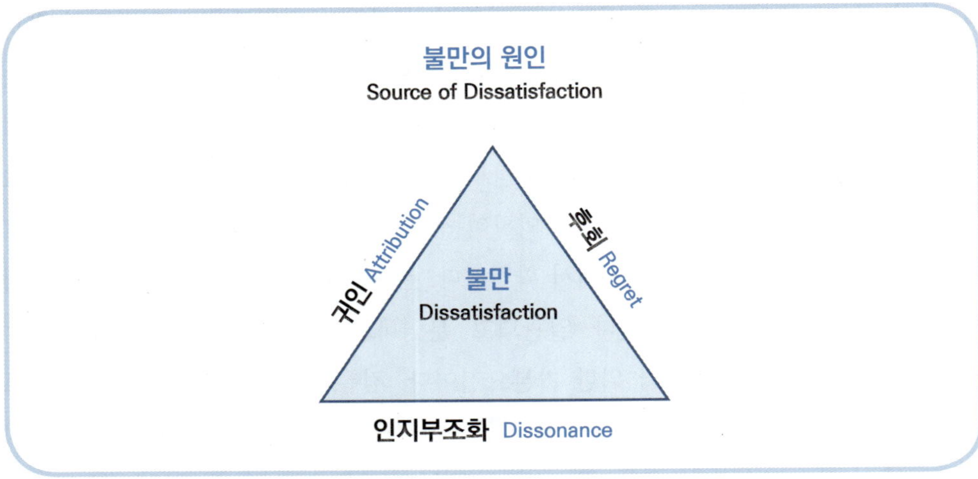

3.1. 귀인에 따른 불만

고객이 제품이나 서비스에 대해 만족 또는 불만족을 경험하면 의식적이든 무의식적이든 만족·불만족의 원인과 책임에 대하여 나름대로 인과추론causal inference을 하는데 이것을 귀인이라 한다. 귀인attribution이란 행동을 설명하는 데 있어서 그런 행동이 나타나게 된 원인이 무엇인가를 파악하는 것이다. 고객이 행하는 귀인의 결과에 따라서 재선택 의도와 재선택과 재방문 행동에 다양한 형태로 영향을 미치게 된다.

어떤 결과에 대한 인과 추론을 할 때, 사람들은 상식 수준의 심리학자처럼 나름대로 논리적이고 분석적인 추론 과정을 거치게 된다. 이런 추론 과정에서 행위의 결과를 개인의 능력이나 동기 같이 개인적 요인에 귀인하는 것을 내적 귀인internal attribution이라 하고, 상황적 조건과 같은 환경적 요인에 귀인하는 것을 외적 귀인external attribution이라 한다. 소비 장면에서 내적 귀인이란 고객이 자신이 소비하는 제품이나 서비스의 성과가 기대 수준을 충족시키기 못할 때, 자신이 충분한 정보를 수집하지 못하였거나 브랜드를 제대로 평가하지 못했기 때문으로 귀인하는 것과 같이 고객이 자기 탓으로 돌리는 것을 말한다. 외적 귀인은 제품이 불량품이라든가 혹은 판매원이 잘못된 정보를 제공했기 때문으로 귀인하는 것처럼 책임을 자신이 아닌 외적 요인에 전가시키는 것을 말한다. 일반적으로 외적 귀인을 하게 되면 고객은 불만을 갖게 된다.

3.2. 후회에 따른 불만

고객은 자신이 받게 된 결과와 자신이 발생할 수 있었던 또 다른 결과와 비교할 수 있는 사고능력을 지니고 있기 때문에, 더 좋은 것을 알아차릴 수 있는 역량을 지니고 있다. 이런 사고 과정에서 아쉬움을 포함하여 경험하는 감정을 후회regret라 한다. 고객은 '내가 선택한 것보다 다른 어떤 것이 더 나을 수 있었다는 것'을 알아차릴 수 있기 때문에, "나는 다른 선택 대안들과 그것들의 가능한 결과를 알았기 때문에 더 좋은 선택을 할 수 있었는데"라는 한탄을 내포하고 있다.

후회와 관련된 개념에 뒷궁리가 있다. 뒷궁리hindsight는 초기에 예상했던 것과 동일한 결과를 갖고 비교를 하게 되는데, 일반적으로 부정적인 비교로 고객은 "나는 이것이 발생할 줄 알았어."라고 탄성을 지르게 된다. 결과적으로, 고객은 "나는 나의 행동이 이런 부정적인 결과를 가져올 것을 알고 있었어. 그러니까 나는 다르게 행동해서 그것을 피했어야만 해."라고 말한다.

후회는 행동을 취하지 않는 경우를 포함하여 가능한 비교준거가 많지만, 뒷궁리는 오로지 하나의 비교준거 즉, 성과에 대한 관찰을 통하여 형성된 재구성된 기대만을 갖는다는 점에서 차이가 있다는 것을 주목해야 한다. 고객은 자신의 잘못에 대하여 느끼는 개인적인 책임personal responsibility의 정도에 따라서 그 결과가 후회, 뒷궁리, 혹은 죄책감을 결정한다. 뒷궁리는 소비자가 그 사실 이후에 자신이 부정적인 결과가 발생할 수 있다는 것을 알고 있었지만 그것이 발생하지 않기를 바랐었다고 강하게 느낄 때 나타난다. 후회는 대안적인 결과들이 발생할 가능성이 있지만, 한 선택 대안을 확실하게 알 수 없는 다른 선택 대안보다 더 선호하게 될 때 나타난다. 고객이 결과를 어떤 이성적인 가정하에서 예측할 수 없다고 느낄 때는 후회도 나타나지 않고 뒷궁리도 나타나지 않으며, 오히려 놀람, 충격, 혹은 분노를 표현하게 된다.

3.3. 인지부조화에 따른 불만

대부분의 경우 고객은 두 개 이상의 선택 대안들 중 한 가지를 선택하게 된다. 고객은 한 가지를 선택하여 이루어진 결과에 만족·불만족을 느끼기에 앞서 자신의 선택이 과연 옳은 것이었는가에 대한 불안감을 가질 수 있다. 이처럼 고객은 선택 행동 이후 가질 수 있는 심리적 불편함을 느낄 수 있는데, 이를 페스틴저(Festinger, 1957)는 인지부조화cognitive dissonance라 하였다. 고객이 취하게 되는 의사결정이란 두 가지 이상의 대안들 중 한 가지를 선택하는 행위로서, 선택한 대안을 선택하지 않은 대안과 비교할 때 선택 대안이 갖고 있는 상대적 단점 혹은 선택되지 않은 대안의 상대적 장점 때문에 의사결정 이후 인지부조화가 발생한다.

무엇보다도 선택 이후에 생겨나는 인지부조화는 각각의 선택 대안이 지니는 상대적 장점이나 단점이 상충되기 때문에 발생한다. 특히, 고객이 돈을 지불하는 선택 행동 후에 경험하는 인지부조화는 그 결정을 취소할 수 없을 때, 선택한 대안이 갖지 않은 장점을 선택하지 않은 대안이 가지고 있을 때, 마음에 드는 대안이 여러 개 있을 때, 관여도가 높을 때, 그리고 고객이 전적으로 자기 의사에 따라 결정을 하였을 때 발생할 가능성이 높다.

3.4. 고객 불만의 해결

고객이 귀인이나 후회 혹은 인지부조화와 같은 심리 과정을 통하여 불만을 가지게 되면 이를 적극적으로 해결하기 위해 노력해야 한다.

첫째, 고객의 불만을 줄일 수 방법은 태도 유포attitude spread를 하는 것이다. 고객이 선택한 대안의 장점을 의식적으로 강화시키는 반면에 단점을 의식적으로 약화시키거나, 고객이 선택하지 않은 대안의 장점을 의식적으로 약화시키는 반면에 단점은 의식적으로 강화시키는 식의 입소문이나 태도 혹은 사례를 유포시킨다.

둘째, 고객의 선택적 정보 추구selective information seeking를 활용한다. 불만을 경험한 고객은 자신의 선택을 지지하는 정보를 탐색하고 반박하는 정보를 회피하는 경향이 있다. 따라서 고객에게 자신의 선택에 대하여 호의적인 정보를 제공하는 촉진물이나 광고를 제공하여 선택적 정보 추구를 도와주어야 한다. 실제적인 방법으로 강화광고reinforcement advertising에 의하여 자사 제품의 좋은 면을 강조함으로써 고객의 선택이 현명하였음을 확인시켜 주는 것이다. 고객에게 감사의 뜻과 함께 서신, 안내책자, 혹은 전화 등으로 고객에게 선택의 올바름을 확인시켜 줌으로써 선택 행동에 발생하는 불만을 감소시키는 데 도움을 줄 수 있다.

끝으로, 불만을 경험한 고객은 자신의 심리적인 불편함을 경감시키기 위하여 타인들에게 자신의 선택이 옳았음을 주장하는 의견을 피력하고, 타인들에게 영향을 미치는 경향이 있는데, 이것을 동기화된 의견 제공motivated opinion giving이라 한다. 이런 경향성은 고객이 자신이 선택한 것에 대해 몰입되는 결과를 낳을 수 있고, 나아가 영향력행사자influencer 혹은 의견선도자opinion leader로서의 역할을 할 수 있다. 따라서 긍정적이며 정확한 정보를 제공함으로써 동기화된 의견 제공 행동을 강화할 필요가 있다.

4. 불평 고객

고객의 재선택과 재방문 행동은 선택 전 태도 및 사용 후의 경험인 만족 · 불만족으로부터 영향을 받게 된다. 만족한 경우에는 긍정적인 재선택과 재방문 의도로 연결되어 재선택과 재방문 행동이 나타나지만, 불만족한 경우에는 부정적인 재선택과 재방문 의도로 연결되어 재선택과 재방문 행동이 나타나지 않는다. 불만족한 고객은 부정적인 재선택과 재방문 의도를 가질 뿐만 아니라, 다양한 형태의 불평행동complaining behavior을 보일 수 있으며, 아예 거래를 끊고 떠나갈 수 있다. 그런데 떠나는 이유를 살펴보면, 불평행동에 대하여 긍정적이고 적극적인 접근이 필요하다는 점을 알 수 있다. 고객이 떠나는 이유 중에 3%는 다른 지역으로 이사를 가기 때문이고,

5%는 다른 친밀한 거래관계가 생겨나기 때문이며, 9%는 경쟁적인 이유들 때문이다. 그리고 14%는 제품이나 서비스에 불만족하기 때문이고, 64%는 고객에게 보이는 소유자, 관리자, 혹은 종업원의 무관심 때문에 떠난다. 이처럼, 고객의 이탈을 가장 많이 차지하는 것은 고객에 대한 무관심 때문이다. 따라서 불평 고객에 대한 관심과 신속한 문제 해결 및 환대가 무엇보다도 필요하다.

4.1. 불평행동의 분류

불평행동은 행동의 유무와 구현된 행동의 형태 등 두 가지 차원에 의해 분류될 수 있다(Day & Landon, 1977). 고객은 불만족의 심각성에 따라서 다양한 불평행동을 취할 수 있는데, 무행동, 사적 행동 그리고 공적 행동으로 구분할 수 있다. 첫째, 무행동이란 공개적으로 불평행동을 보이지 않고 그냥 지나쳐버리는 경우로, 고객은 덜 호의적인 태도를 지니게 될 것이다. 둘째, 사적 행동은 친구나 친척에게 부정적 구전을 하거나, 특정 제품에 대한 재선택, 매장 재이용의 거부 등이 포함된다. 셋째, 공적 행동은 제품의 교환이나 환불 등을 판매자나 제조업자에게 요구하거나, 소비자단체, 정부기관을 통해 고발하거나 법적 조치를 취하는 것을 의미한다. 일반적으로 고객들은 사적 행동을 공적 행동보다 훨씬 많이 하는 것으로 밝혀졌다. 그리고 고객은 제품에 불만족한 경우 비교적 가격이 저렴한 식품이나 생활용품의 불만족에 대해서는 그냥 지나치는 비율이 높으나, 내구재와 같이 비교적 고가품에 대해서는 적극적인 불평행동을 취하는 것으로 나타났다.

4.2. 불평행동의 결정요인

고객의 불평행동에 영향을 미치는 요인은 불만 정도, 제품의 중요성, 불평행동의 손익, 개인적 특성, 책임소재에 대한 귀인으로 구분할 수 있다(Wilkie, 1990). 첫째, 불만족 수준level of dissatisfaction에 따라 불평행동이 달라진다. 가벼운 불만의 경우에는 대부분 아무런 행동을 취하지 않지만, 불만 정도가 증가함에 따라 소비자가 불만에 대해 어떤 반응을 보일 가능성이 점차 커지게 된다. 둘째, 중요성importance에 따라 불평행동이 달라진다. 고객이 불만을 경험한 제품이나 서비스의 중요성 정도는 불평행동의 유형을 결정하는 데 많은 영향을 주는데, 제품의 중요성이 커질수록 강한 불평행동을 보이게 된다. 셋째, 행동의 손익cost/benefits of actions에 따라 불평행동이 달라진다. 고객은 자신의 불평행동으로부터 기대되는 이익과 비용을 고려하여 불평행동의 유형을 선택한다. 불평행동에 따른 이익이 시간과 노력과 같은 비용보다 많은 경우에는 불평행동을 표시하게 된다. 넷째, 개인 특성personal characteristics에 따라 불평행동이 달라진다. 학력이 높거나 시간적 여유가 많은 고객일수록 더 많은 불평행동의 빈도를 보이는 것처럼, 개인적 특성이 불평행동에 영향을 미칠 수 있다. 끝으로, 귀인attribution of blame의 결과에 따라서 불평행동이 달라진다. 불만족의 책임소재가 누구에게 있는가에 대한 고객의 귀인 결과에 따라 불평행동의 유형이 달라질 수 있다. 고객이 불만족의 책임에 대해 외적 귀인(판매업자나 제조업자)을 하면 할수록 보다 강한 불평행동이 나타나게 된다.

4.3. 불평 고객의 접대방법

다양한 유형의 고객이 존재하는데, 대부분의 고객들은 마음속에 원하는 특별한 유형의 제품이나 서비스가 있다. 고객은 긍정적이고, 유쾌하고, 전문적인 사람에게 도움을 받고자 한다. 개인적인 자신의 인생관, 태도, 습관 혹은 배경으로 인하여 여러 유형의 고객이 있을 수 있는데, 불만에 가득 차거나, 요구사항이 많거나, 우유부단하거나, 무례하거나 경솔한 고객은 특히 까다로운 고객들이다. 이런 고객들과의 만남은 좌절을 느끼게 만들기도 하고 부가적인 노력을 필요로 할 수 있다. 해결책은 고객들이 어떻게 행동할 것인가를 예상해 보고 최선을 다하여 그들에게 서비스를 제공하는 것이다. 부가적으로, 까다로운 고객들과 만나게 되면 침착함을 유지해야 하고, 프로의식을 지니고 있어야만 한다.

효과적인 문제 해결을 위해서는 다음과 같은 방법들을 사용해야 한다. 첫째, 문제의 심각성 정도를 신속하고 엄격하게 판단하라. 둘째, 고객은 불만사항에 누군가 책임지기를 원한다. 불만의 원인에 대해서 사과하라. 셋째, 문제가 있는 다른 직원, 정책, 절차 혹은 다른 요인들을 비난하지 마라. 넷째, 문제 해결을 위한 파트너라는 인상을 심어주라. 다섯째, 충분한 이해를 위하여 경청하라. 여섯째, 객관적인 제3자의 관점을 취하라. 일곱째, 해결을 돕도록 기회를 준 것에 감사하다고 말하라. 고객들은 어떻게 혹은 누구와 상대해야 하는지를 알지 못한다. 또한 고객들은 불평을 하는 데 들이는 노력이나 시간은 가치가 없다고 느낀다. 고객들은 어디에도 불평을 할 사람이 없다고 느껴왔다. 끝으로, 불평사항에 대한 정보 수집을 위하여 구체적이고 개방형의 정확한 질문을 하라.

자기 진단

당신의 고객과 핵심 고객은 누구인가요?

당신은 고객에게 어떤 가치를 제공할 수 있나요?

고객과 함께 행복하기 위하여 당신은 무엇을, 어떻게 하려고 하나요?

Chapter 08

우주

• *Universe* •

Chapter 08

우주

우리는 여섯 단계만 거치면 모든 사람들과 연결될 수 있다.

Six Degrees of Separation

– 하버드 대학교 심리학과 교수 스탠리 밀그램(Stanley Milgram) –

인간관계의 지평은 무한한 우주와 같다. 오프라인에서 이루어지는 인간관계뿐만 아니라 온라인에서 이루어지는 인간관계 그리고 지구촌이라는 세계와 지구 너머 위치한 머나먼 우주까지 인간관계가 만들어지고 있다. 우리의 삶은 다양한 방식으로 유니버스라는 새로운 삶과 연결되어 있다. 우리는 학업을 함께하는 시간 속에서 '학연'이라는 새로운 관계를 맺기도 하고, 태어나고 성장하는 공간 속에서 '지연'이라는 관계가 형성된다. 다양한 취미활동과 동호회 혹은 독서모임 등을 통해서 또 다른 인간관계를 만들 수 있다. 세계 곳곳을 여행하면서 지구촌에 있는 모든 사람들과 더불어 새로운 인간관계를 만들 수도 있다. 인터넷과 가상공간이라는 새로운 우주universe 속에서도 특별한 관계를 만들 수 있다.

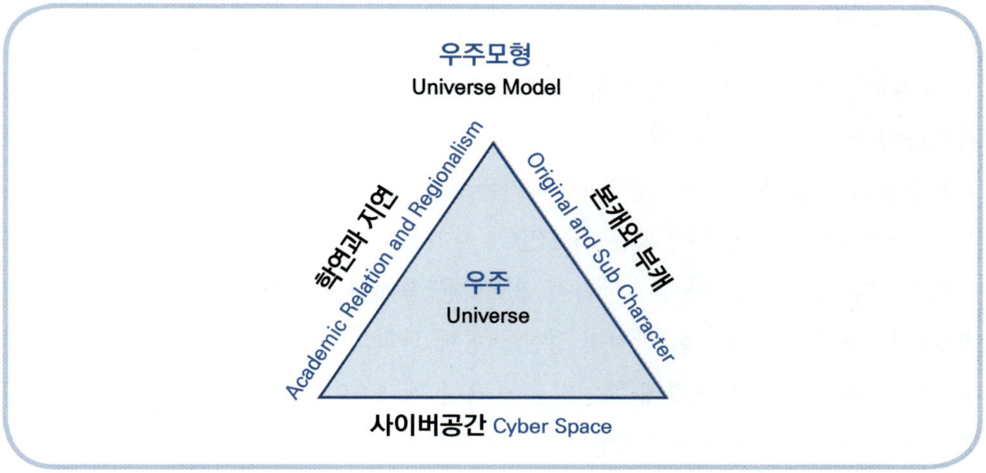

1. 본캐와 부캐

우리가 만들어가는 인간관계 속에서 사람들은 다양한 모습을 취할 수 있다. 캐릭터는 주로 사이버공간의 게임에서 사용되었는데, 게임에서 설정된 가상공간에서의 자신의 분신을 캐릭터로 설정하여 자신의 욕구를 표출한다. 캐릭터는 현실의 자신과 유사할 수도 있지만, 전혀 다를 수도 있어서, 자신의 성별과 달리 설정할 수도 있고 신체적 제약을 포함한 현실적인 제한에서 벗어나 다양하고 변화된 모습의 자신을 창조해낼 수도 있다. 역할 또한 현실 속의 사회적 역할이 아닌 캐릭터에게 요구되는 역할을 자유자재로 수행할 수 있어서 현실 속 자신과는 다른 자유롭고 새로운 존재로서의 자기를 나타낸다. 현실 세계에서나 가상 세계에서 본래의 모습이 아닌 부가적인 모습을 만들어낸다. 흔히 본래의 모습을 '본캐Original Character'라고 하는데, 심리학에서는 자기self라는 개념으로 설명할 수 있고, 연예인들이나 게임상에서 사용하는 캐릭터처럼 부가적인 모습을 '부캐Sub Character'라고 하는데, 심리학에서는 다른 자기other self라 한다.

1.1. 자기

심리학 분야에서 '본캐'를 말하는 개념이 자기self이다. 자기는 사람들이 스스로의 참모습이라고 여기는 심리적 구성 개념이고, 타인과의 교류라는 사회적 상호작용과 사회생활의 산물이다. 다시 말하면, 자기는 개인이 자신을 대상으로 파악한 것으로서 자신에 대한 평가, 규정, 혹은 태도인데, 자기는 개인적이지만 그 본질적인 속성은 사회적이다. 왜냐하면, 자기는 사회적 상호작용 속에서 이루어지는 다양한 역할 수행 과정에서 자기 자신에 대한 반성적 성찰을 통해 파악되고 구성되기 때문이다. 따라서 자기는 개인과 사회를 연결해주는 가장 중요한 매개체이고, 심리학의 가장 핵심적인 연구주제이다. 자기는 자기정체성과 자기존중감뿐만 아니라, 자기신뢰, 자기만족, 자기역할, 자기이해, 자기해석 등 다양한 이름으로 연구자의 관심을 끌고 있다.

1.2. 자기정체성

인간관계에서 자신의 실체를 파악하는 것은 매우 중요하다. 이와 관련된 심리적 구성 개념이 자기정체성이다. 자기정체성Self Identity은 에릭 에릭슨(Erik Erikson, 1980)이 자신의 자아심리학Ego Psychology을 정립하면서 "'나는 누구인가?'에 대한 답을 찾는 것으로, 개인이 다양한 사회적 관계 속에서 일관성과 동일성을 가지고 자신의 존재에 대한 안정적이고 확고한 자각"이라고 처음으로 자아정체성ego identity을 개념화하였다. 에릭슨에 의하면, 자기정체성은 청소년기에 획득되어야 하는 심리적 구성 개념이다. 만약에 자기정체성이 확립되지 않으면, 자신의 역할이 무엇인가를 제대로 인식하지 못하는 역할혼미에 빠지게 되는 문제가 발생한다고 보았다. 그런데 현대사회에서 청소년기에 확립되어야 하는 자기정체성은 전 생애에 걸쳐서 우리의 삶에서 문제가 되고, 삶에 전반적으로 중요한 영향을 미친다.

자기정체성은 다섯 개의 하위요인으로 구성된다. 자기수용성, 미래 확신성, 목표 지향성, 주도성 및 친밀성이 그것이다(박아청, 2003). 첫째, 자기수용성은 자기 자신을 소중하고 가치 있는 존재로 생각하며, 자신에 대한 믿음이 있으며 자신의 유능성에 자부심이 있는 정도를 말한다. 둘째, 미래 확신성은 장래에 어떤 직업을 갖게 될지, 무엇이 되고 싶은지 분명히 알고 있으며, 나의 진로에 대한 구체적인 계획을 가지고 장래의 직업관이 뚜렷하며 삶의 목표가 분명한 정도를 의미한다. 셋째, 목표 지향성은 어떤 일이든 시작하면 끝까지 열성을 보이며 한 가지 일에 꾸준히 몰두하고 계획한 일을 끝까지 실행하며, 시간을 낭비하지 않고 일하는 것을 즐기며 어렵거나 힘든 일도 기꺼이 해내는가를 말한다. 넷째, 주도성은 타인의 충고에 무턱대고 따르지는 않으며 다른 사람이 하자는 대로 잘 이끌리지 않으며, 어떤 상황이든 남의 말에 영향을 받기보다는 스스로 생각하고 판단하는 정도를 말한다. 끝으로, 친밀성은 낯선 사람을 만나는 것을 부담스러워하지 않으며 여러 사람과 함께 있을 때에도 마음이 편안하여 앞에 나서기가 두렵지 않으며, 모임에서 리더의 역할을 할 기회가 되면 기꺼이 하는 정도를 의미한다.

1.3. 자기존중감

인간관계에서 개인이 어떤 자기상self image을 갖고 있느냐를 파악하는 것은 매우 중요한데, 어떤 자기상을 갖고 있는가에 따라서 인간관계를 포함한 다양한 사회생활에서 많은 영향을 미치기 때문이다. 원만한 인간관계를 정립하기 위해서는 상대방에 대한 존중도 중요하지만, 자기 자신에 대한 존중도 매우 중요한데, 이와 관련된 심리적 구성 개념이 자기존중감이다. 자기존중감Self Esteem은 자기 자신을 존중하고 바람직하게 여기며 가치 있는 사람이라고 생각하는 정도로, 한 개인이 스스로를 얼마나 가치 있는 존재로 생각하고 있는지에 대한 개인적인 판단이다. 자기존중감은 중요성, 유능성, 미덕 및 영향력으로 구성되고, 자기존중감이 높은 사람은 수용적이고, 자기 한계를 알며, 적절한 목표를 세워 나아가고, 성공에 대한 자기충족예언self fulfillment prophecy의 태도를 가진다. 또한, 자기존중감은 삶의 태도에 긍정적인 영향을 미치고, 삶을 의미 있고 중요하게 받아들이도록 만드는 중요한 요인이고, 자기존중감이 높은 사람은 자기에 대한 믿음이 높아져 자신에게 주어진 일에 대해 자신감을 갖고 대응하며 꾸준히 목표를 추구해나가는 경향이 있기에 삶의 질이 높다.

1.4. 자기 다양성

요즘 '부캐'가 대세이다. 사회생활을 하면서 동일한 사람이 여러 가지 모습을 보일 수 있다. 왜냐하면, 우리는 다양한 사회생활 장면에서 여러 가지 사회적 역할을 수행하며 살아가기 때문이다. 우리의 자기상은 단일한 구성체가 아니라 다양한 것들로 구성된 복합체이다. 이미 오래전에 『심리학의 원리』에서 윌리엄 제임스(William James, 1890)는 객관적 탐구의 대상이 되는 자기를 세 가지로 분석하였다. 첫째는 물질적 자기이다. 물질적 자기material self는 개인이 지니고 있는 신체, 의상, 가족, 집 그리고 소유물들로 구성되어 있다. 이것들은 내가 누구인지 알려주는 대표적인 것들이다. 우리는 타인의 특성을 그의 소유물들이 지닌 속성을 통해 파악하려고 한다. 둘째는 사회적 자기이다. 사회적 자기social self는 우리와 접촉하는 타인들로부터 받게 되는 자기에 대한 인상과 평가들이다. 우리는 단순히 다른 사람들과 어울리는 것이 아니라, 남들에게 자신을 내보이고 싶어 하고 가능한 한 좋게 인정받으려는 욕구가 있다. 이것은 사람들이 자신이 원하는 평가를 받으려는 주위 사람의 수에 해당하는 만큼 사회적 자기가 존재한다는 것이다. 셋째는 정신적 자기이다. 정신적 자기spiritual self는 자기의 구성요소 중 가장 중요한 부분으로, 개인이 지닌 내면의 주관적인 성격, 취향, 정서 등의 심리적 속성들이고, 생의 의미를 생각하고 만물의 원리를 모색하는 등 사색적인 면모를 지니고 있으며, 자기조망의 능력을 지니고 있다.

성격심리학 분야에서 자기에 대한 개념을 처음으로 정립한 사람은 카렌 호나이(Karen Horney)이다. 그녀는 자기를 주관적 현실자기, 객관적 실제자기 및 이상적 자기로 구분하였다. 첫째, 주관적 현실자기real self는 자기 자신에 대한 지각의 산물로, 자신이 누군가에 대한 자신 스스로의 해석이다. 현실자기는 자아실현을 추구하는 것인데, 자신만의 가치와 삶의 목표를 달성하는 것이다. 이런 의미에서 현실자기는 현실적으로 표출할 수 있는 '가능한 자기'를 의미한다. 둘째, 객관적 실제자기actual self는 타인에 의해 관찰된 그 사람에 대한 객관적 총합이다. 객관적 실제자기는 자신의 지각 내용과는 상관없이 '있는 그대로의' 신체적 그리고 정신적인 자기의 모든 것을 의미한다. 셋째, 이상적 자기idealized self는 자신이 되어야만 하는 자기로 잠재력을 개발하고 자아실현을 성취하도록 돕는 모델 역할을 한다. 자아실현을 도모하는 이상적 자기를 형성하는 것은 인간의 보편적인 특징이기 때문에, 정상적인 사람에게는 이상적 자기와 주관적 현실자기가 대체로 일치한다. 왜냐하면, 이상적 자기가 자신의 능력과 잠재력에 대한 현실적인 평가에 근거하여 형성되기 때문이다.

사람들이 자신을 성찰하는 과정에 초점을 맞출 때, 자기를 세 가지로 구분할 수 있다. 히긴스(Higgins, 1998)의 자기차이 이론Self discrepancy Theory에 따르면, 현실자기actual self는 자기의 모습이라고 여기고 있는 자기인데, 이 현실자기를 이상자기와 의무자기에 비교하여 각기 다른 정서와 동기를 경험하게 된다. 이상자기ideal self란 스스로가 되고 싶은 이상적 자기의 모습이다. 이상자기가 촉발되거나 생각되는 경우에 사람들은 그 모습에 다가서려 하고, 긍정적인 수행과 결과를 거두는 것에 민감하며, 긍정정서를 경험하면서 의식의 초점도 향상과 변화에 맞추어지고, 잘 해내려고 하며, 성취해내는 활동에 관심을 갖는다. 의무자기ought self란 자신 및 주위 사람들이 부과

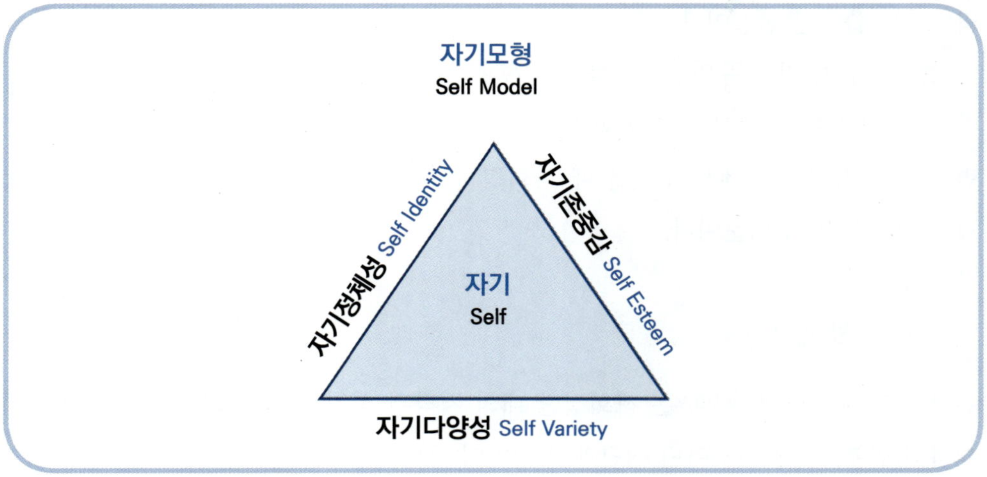

하는 의무나 책임처럼 자신이 맞추어가겠다고 여기는 자기 모습이다. 이 의무자기가 환기되는 경우에 사람들은 부정적인 결과가 나타날 것에 민감하며, 의무자기에 부응하지 못하는 불안감이나 죄책감을 경험하면서 의식의 초점도 예방과 안전에 맞추어진다.

2. 학연과 지연

시간과 공간 속에서 학연과 지연이라는 아주 특별한 관계가 만들어진다. 혈연관계가 아님에도 아주 끈끈한 인간관계를 말할 때, 자주 언급되는 것은 해병, 고려대, 호남향우회이다. 생사를 넘나드는 군대생활을 함께한 사람들은 많지만, 유독 해병은 '한 번 해병은 영원한 해병'이라는 말과 다방면에서 특별한 인간관계를 보인다. 생사를 함께한 것도 아니고, 시간적으로 함께한 것도 아닌데, 같은 공간을 공유했다는 이유만으로 특별한 인간관계를 보이는 것이 학연과 지연이다. '국적은 바꿀 수 있어도 학적은 바꿀 수 없다'는 말처럼, 학연은 우리의 인간관계에서 매우 강력한 영향을 미친다. 하다못해 교도소에서도 동문회를 한다고 하는데, 교도소에서 동문회를 하면 가장 많은 인원이 모이는 동문회가 S대라는 얘기는 노블레스 오블리주noblesse oblige를 역행하는 씁쓸한 현실이다.

혈연, 학연, 지연은 인간관계를 굳건히 하는 데 지대한 영향을 미치는 연결고리이다. 우리의 생활 속에서 혈연과 학연 및 지연의 영향은 쉽게 사라지지 않는다. 왜냐하면, 심리학적인 관점에서 보았을 때 사회정체성과 편견이라는 심리적 개념이 밀접하게 관련되어 있기 때문이다.

2.1. 사회정체성

사회정체성Socal Identity은 사회집단 내의 지각된 성원 의식에 의하여 유래된 자기 개념의 일부로, 개인이 어떤 집단에 소속하여 동일시함으로써 지니게 되는 자기 개념이다. 타지펠(Tajfel, 1979, 1981)의 사회정체성 이론Social Identity Theory에 의하면, 사람들은 타인을 남자와 여자, 젊은이와 늙은이 등 어떤 집단의 일원으로 범주화해서 지각하는 경향이 강하다. 범주화하면 정보를 신속하게 처리할 수 있는 장점이 있는 반면에 범주화된 집단을 고정관념적으로 처리하여 오류를 범할 우려가 있다. 특히, 사람들을 '우리 편'인 내집단ingroup과 '너희 편'인 외집단outgroup으로 범주화하게 되면 내집단 구성원을 무조건적으로 더 호의적으로 평가하고 대우하는 내집단 편애 현상이 나타난다. 내집단 편애ingroup bias는 결과적으로 외집단 구성원들에 대해서 편견을 갖고 차별대우를 하도록 만든다.

2.2. 편견

편견prejudice은 어떤 집단이나 집단 구성원에 대한 비합리적인 부정적 평가로 정의되는 선입견이다. 현대사회에서 편견은 꾸준하게 감소하고 있지만, 유색인종에 대한 편견이나 전 세계적으로 주목받고 있는 여성에 대한 편견, 지방과 지역에 대한 편견이 여전히 대표적인 예이다. 편견은 객관적인 사실보다 누가 어떤 집단에 소속하고 있다는 점에 근거하여 발생되기 때문에 때로는 근거 없는 폐해를 초래하기도 한다. 편견을 지니면 개인의 판단, 귀인 및 행동 전반에 영향을 미치게 된다.

우리는 타인을 처음 대면하게 되는 상황에서 체형과 얼굴 생김새를 보는 즉시 상대방에 대한 인상을 형성하게 된다. 매력적인 외모는 더 많은 호감을 받는다. 실제로 그렇지 않은데도 불구하고 매력적이지 않은 외모의 사람은 성격도 별로이고 덜 행복하고 인생도 성공적이지 않을 것으로 왜곡된 생각을 하는 경향이 있는데 이것이 편견이다. 편견은 특정 집단의 성원이라는 이유로 그 사람에 대해 가지는 부정적인 태도이다. 고정관념stereotype은 주로 인지적인 데 비해 편견은 좋다거나 또는 싫다는 정서적인 평가라는 점에서 차이가 있다.

편견은 여러 과정에 걸쳐서 생겨나게 된다.

첫 번째 원인은 사회적 학습social learning 때문이다. 편견은 당시의 사회상을 반영하는 일종의 사회적 규범이다. 편견은 아동기부터 부모나 교사 등 주위 인물들과 다양한 매체 등의 영향으로 사회화 과정을 통해 학습된다. 서울에서 성장한 대학생이 부모가 전라도 또는 경상도 출신인 경우 본인은 인식하지 못하더라도 전라도와 경상도에 대한 고정관념과 편견을 유사하게 보이면서 지역편견이 후속 세대까지 전수되는 경향이 있다.

두 번째 원인은 범주화categorization이다. 인간은 인지적 구두쇠로 가능한 한 인지 노력을 최소화하고자 한다. 우리는 세상을 단순화하고자 하며, 이를 위해 사람이나 사물을 범주화하는 경향이 있다. 범주화를 통해 세상을 단순화함으로써 다른 사람의 행동을 손쉽게 예측할 수 있는 장점도 있지만, 이것이 편견의 씨앗이 되기도 한다. 범주화는 집단에 속한 개인들의 개인적 특징보다는 지각된 집단성을 토대로 사람을 판단하는 경향을 강화한다. 의식적이건 무의식적이건 우리가 집단에 부여하는 명칭은 그들에 대한 고정관념을 활성화하는 데 많은 영향을 미친다. 고정관념은 좀처럼 변하지 않는 경향이 있다.

세 번째 원인은 경쟁competition으로 인한 갈등 때문이다. 현실갈등 이론Realistic Conflict Theory은 제한된 자원을 서로 차지하기 위한 경쟁에서 편견이 비롯된다고 본다. 현실갈등 이론을 지지하는 좋은 예가 소수인종에 대한 적대적 행위인데, 특히 경제 상황이 악화될 때 더 잘 나타난다. 외집단이 실제적인 원인 제공자가 아닌 것을 알더라도 편견은 수그러들지 않을 수 있다. 만약 백인이 어떤 일로 분노하게 되었으며 흑인이 원인 제공자가 아닌 것을 알더라도 흑인에 대한 암묵적인 편견은 증가한다. 분노는 집단 간 갈등, 경쟁과 너무나도 밀접하게 관련되기 때문에, 분노 그 자체가 외집단에 대한 편견을 자동적으로 활성화하는 경향이 있기 때문이다(Pettigrew & Meertens, 1995).

네 번째 원인은 불필요한 자존감self esteem 때문이다. 편견은 자존감을 향상하고자 하는 욕구에서 비롯된다. 자존감이 위협을 받을 때 편견은 더욱 강하게 나타나지만 다른 사람을 폄하할 기회가 주어지면 자존감이 회복되고 편견도 덜 나타난다. 자존감은 개인정체성과 집단정체성의 두 요인에 근거한다. 스스로가 잘났음을 인정하는 것뿐만 아니라 자신을 자신이 속한 내집단의 공적으로 연결시킴으로써 자존감이 향상될 수 있다. 반대로 내집단에 대한 위협은 곧 나에 대한 위협이기 때문에 위협적인 외집단을 폄하하게 된다.

2.3. 편견과 차별의 해소방안

편견은 차별을 낳는다. 차별을 없애는 시작점은 편견을 없애는 것이다. 편견을 해소시키기 위해서는 적대적 집단 간의 직접적인 접촉이 가장 중요하다. 그러나 단순한 접촉만으로는 성과를 기대하기 어렵다. 적어도 네 가지 조건이 충족되어야 한다. 첫째, 일회적이거나 가끔씩 만나기보다는 지속적이고 정기적이며 친밀한 접촉이 이루어져야 한다. 편견을 줄이려는 노력은 단기적 관점이 아니라 장기적 관점에서 접근해야 한다. 둘째, 공동의 위협에 대처하거나 공동목표를 달성하기 위하여 협력하고 상호 의존적이어야 한다. 하지만 함께 무엇인가를 하겠다는 마음으로 집단 간에 축구경기나 내기를 하는 등 경쟁을 통한 접촉은 오히려 역효과를 낳을 수 있다. 셋째, 동등한 수평적인 관계로 접촉이 이루어져야 한다. 팔도 사나이들이 다 모여 있는 군대생활이 지역 편견을 해소하는 데 별 도움이 되지 않았다면 군대가 엄격한 계급사회이어서 동등한 지위의 상호작용이 어려웠다는 점이 그 이유가 될 수 있다. 넷째, 사회적 규범이 편견 해소를 위한 평등을 지지하고 후원해야 한다. 편견을 은연중에 부추기고 수평적인 접촉을 반대하는 사회적 분위기에서 강요된 접촉과 상호작용은 효과를 거두기 어렵다.

무엇보다도 중요한 것은 지역감정의 불합리성과 개선 필요성을 계몽하는 사회운동이 지속적으로 전개되어야 하고, 차별 금지를 위한 제도적인 장치를 마련하여야 하며, 지역감정의 실상을 지속적으로 파악하고, 해소방안을 모색할 수 있는 과학적 연구활동을 진행하여야 한다.

3. 사이버공간과 인간관계

정보통신망을 통해 물리적 세계의 현실에서의 시공간적 제약을 뛰어넘어 언제 어디서나 의사소통이 가능한 공간을 사이버공간Cyber space이라 한다. 사이버공간이란 물리적 공간이 아닌 가상의 공간을 의미한다. 과거에는 주로 컴퓨터를 통해 이루어지는 온라인 접속에 의한 가상공간이 대표적인 사이버공간을 의미하였으나, 모바일 기기의 발달로 인해 이제는 사이버공간을 체험하는 것은 더욱 일상화되고 있다.

3.1. 사이버공간

사회적 공간에서의 인간관계는 사회적 예절을 지키면서 상대방을 존중하는 태도를 갖추게 되어 감정을 있는 그대로 드러내기보다는 상황과 예절, 사회적 규범과 관습에 맞도록 조절하고 억제하게 된다. 인간관계는 사회적 규범이나 사회적 관행 등과 같은 외부체계와 더불어 자신만의 내적 기준이나 체면, 책임의식, 자기조절 등의 내부적인 심리적 기제가 함께 작용하여 이루어진다.

사이버공간상에서 인간관계를 형성하는 것은 사회적 공간에서의 인간관계를 형성하는 것과는 다소 다른 기제가 작용한다. 사이버공간에서는 상대방에게 자신을 노출시키지 않은 채 소통이 이루어질 수 있기 때문에 적극적인 자기개방을 하지 않고도 대인관계를 형성할 수 있는 소극적이고 수동적인 인간관계가 이루어진다. 사회적 공간에서 작용하는 다양한 규제와 기제가 그대로 작용하지 않는다. 그래서 자신의 감정을 있는 그대로 드러내기 쉽고 욕구에 충실한 반응을 하기 쉽다. 그런 점에서 사이버공간에서의 인간관계는 다른 사람들의 시선으로부터 자유로우면서도 자신의 감정에 충실하여 다소 과장된 표현이나 행동이 나타나는 경향이 있다.

인터넷이 우리 생활의 일부분으로 기능하고 있는 요즘 사이버상에서의 대인관계는 피할 수 없는 현실일 수 있으나, 사이버공간에 빠져드는 경향이 있는 사람들의 경우 대인관계 상호작용에 부정적인 결과를 초래할 위험이 있다. 사이버공간에서 보내는 시간이 지나치게 많은 경우에는 현실 세계에서의 대인관계 상호작용의 시간이 상대적으로 줄어들게 되면서 현실의 사회적 지지를 낮게 지각하게 된다. 사이버공간에서의 대인관계에 빠지게 되면 가상공간의 익명성과 현실에서 금지된 욕구의 해제 효과로 인하여 사이버공간에서의 인간관계를 훨씬 더 매력적이고 만족스럽게 지각하게 되기 때문에, 현실 세계의 상호작용에 굳이 시간을 할애할 필요성을 느끼지 못하게 되어 자발적인 사회적 고립이 생겨날 수도 있다.

하지만, 인터넷과 모바일 그리고 유비쿼터스 환경과 사물인터넷과 같은 변화는 과거에 우려했던 제한적이고 비인간적인 가상적인 인간관계의 한계를 넘어설 수 있게 만들었다. 오히려 사이버공간을 이용한 인간관계는 우리의 인간관계를 전체적으로 확장하고 증가시키는 현상으로 이어져 새로운 인간관계의 형태와 방식이 다양하게 펼쳐지고 있다. 개인화가 강한 추세를 보이는 21세기이지만, 인간관계의 지평은 오히려 우주로 확장되는 것이 자연스럽다.

3.2. 디지털 인맥

인터넷이 처음으로 소개된 이후 인터넷을 매개로 하는 소통방식은 디지털 인간관계를 시작하게 만들었고, 컴퓨터를 포함한 미디어의 발전은 '디지털 인맥'이라는 새로운 개념을 등장시켰으며, 인터넷을 통한 단순 인간관계 맺기를 넘어서 관계를 유지해나가는 방식까지 디지털 인간관계가 변화하고 있다. 디지털 인간관계에서 나타나는 자기의 모습은 현실 세계의 자기와 다른 모습으로 나타나는 경우가 많으며, 현실 속에서 자신이 가진 모든 구속으로부터 벗어난 탈구조적인 자기의 모습을 가지고 있다. 사이버공간에서 드러나는 자기는 디지털 인간관계로서 성별, 인종, 사회계층, 외모, 신체조건 등에 따른 구속이 적용되지 않는다. 사이버공간 속 게임 세계에서는 절반 이상이 자신의 성별을 바꾸어서 활동하기도 한다(Hussain & Griffiths, 2008). 사이버공간에서 나타나는 자기의 모습은 현실 속 자기에 기반을 두고 있는 확장적 자아의 의미를 가지고, 새롭고 비현실적인 자기가 아닌 더욱 풍요로운 자기로서의 의미를 갖는다.

사이버공간에서 대부분은 실명이 아니면서 자신을 표현할 수 있는 자신만의 아이디ID를 통해 상대방과 소통을 한다. 아이디는 자신의 존재를 표현할 수 있는 방법이면서 다른 사람들에게 자신의 존재를 부각시키고 관심을 끌 수 있도록 하는 방법으로서 자신의 표현이자 정체성을 포함하고 있다. 사람들은 아이디를 통해 자신이 다른 사람과 뚜렷이 구분되기를 원하고 자신의 개성을 표현하고 다른 사람의 시선과 관심을 끌 수 있도록 흔하지 않은 이름을 사용하는데, 현실에서의 자신이 할 수 없었던 이상적인 자신의 모습을 아이디를 통해서 드러내기도 한다. 자신의 아이디를 사이버공간의 특성에 따라 자신의 아이디를 달리 설정하고 여러 개의 아이디를 가지고 활동하기도 한다. 아이디를 통해 갖게 되는 이미지에 맞추어 다른 사람들과 소통하고 인간관계가 이루어지는 것이다.

디지털 인간관계는 몇 가지 특징을 지니고 있다.

첫째, 시공간을 초월한 인간관계가 가능하기 때문에 인간관계의 융통성이 크다는 장점이 있다. 현실 세계의 물리적 공간에서 개인 간 만남이 이루어지기 위해서는 시간과 공간이 정해져야 하는 제약이 있다. 그러나 사이버공간의 디지털 인간관계에서는 시공간에 따른 제약이 없기 때문에 언제 어디서나 소통이 가능하다. 따라서 신속하고 융통성 있는 상호 간 의사소통이 가능하다. 그러나 사이버공간에서는 비언어적 요소가 배제된 언어적 메시지를 통해서 의사소통이 이루어지기 때문에 서로의 심리상태에 대한 정보를 제공해 줄 수 있는 제한점을 지닌다.

둘째, 인간관계의 지평을 확장할 수 있는 장점이 있다. 현실 세계와 유사하게 사이버 커뮤니티를 형성할 수 있는데, 다양한 관심사와 정체성에 기반을 둔 커뮤니티에 모든 국가에 있는 사람들이 참여한 범인류적이고 세계적인 커뮤니티를 구성하는 것이 가능하다. 예를 들어, 한류의 전면에 서 있는 방탄소년단(BTS)의 공식 팬클럽인 '아미'는 전 세계적으로 군복무를 마치고 완전체로 공식활동을 다시 시작하려는 2025년 7월 기준 3,000만 명이 활동하고 있다.

셋째, 디지털 인간관계는 평등화된 속성을 기반으로 관계가 형성된다. 디지털 인간관계에서는 성별, 연령, 외모, 목소리, 사회적 지위가 중립적으로 작용하기 때문에 서로 평등한 입장에서 상호 교류가 이루어진다. 다만, 온라인 데이트나 사이버 인간관계에 대해 눈으로 확인할 수 없는 상황이 악용되어 상대방에 대한 기만과 과장이 이루어질 수 있다는 위험을 내포하고 있다.

넷째, 인간관계의 질적 측면에서 깊이가 부족할 수 있다는 단점이 있다. 디지털 인간관계는 언제나 연결이 가능하다는 생각에 사회적 관계에서 깊은 관계로 참여적인 경험을 갖기보다는 피상적이고 방관적인 경험을 하게 되며, 지속적이고 장기적이기보다는 일회적이고 피상적인 관계에 그치는 경우가 많다.

끝으로, 디지털 인간관계는 직접적인 대화를 통한 인간관계가 줄어드는 문제를 야기할 수 있다. 문자 메시지를 통한 소통은 시공간에 구애받지 않고 전달할 수 있다는 장점이 있지만, 통화보다는 문자메시지를 선호하는 경향성은 얼굴을 맞대고 대화하는 기회를 줄이기 때문에 상호 간 교류가 약화될 가능성이 있다.

3.3. 사이버공간 속 바람직한 인간관계

사이버공간에서의 인간관계가 중독과 같은 부적응적 행동으로 이어지거나 탐닉적 인터넷 사용으로 인한 현실도피와 같은 부정적 결과로 이어지지 않도록 우리 스스로 바람직한 자세를 갖추어야 할 필요가 있다.

첫째, 사이버공간은 인간관계를 위한 수단도 아니고 목적도 아니라는 점을 기억해야 한다. 사이버공간의 활용이 다양해졌다 하더라도 가상 세계에서의 인간관계는 현실 세계의 관계를 대체할 수 없다. 현실 속에서 이루어지는 인간관계를 통한 정서적 교감이나 포옹과 스킨십과 같은 사회적 교감은 사이버공간에서 대체할 수 없다.

둘째, 정보 교환에 있어 문자 정보의 제한점을 인식해야 한다. 컴퓨터나 모바일을 통한 인터넷상의 정보 교환은 문자라는 수단을 통해 교환이 이루어진다. 이모티콘을 활용하여 자신의 감정을 표현하고 정서적 교환을 하기도 하지만, 문자를 통해 소통하게 되면 비언어적 정보, 표정이나 억양, 제스처나 신체 반응 등의 정보는 온라인상의 문자 교환에서는 나타나기 어렵기 때문에 상호 간 오해가 발생할 소지가 있다.

셋째, 가짜 정보와 저질 정보를 구분할 줄 알아야 한다. 현대는 디지털 시대로 정보의 홍수를 경험할 수 있는 시대인데, 양질의 정보보다 가짜 정보가 막대한 양으로 유통되기 시작하면 '악화가 양화를 구축하는' 것처럼 저질 정보의 범람은 사람들이 양질의 정보를 선별적으로 접하고 선택할 시간적 여유를 주지 않기 때문에 피해를 초래할 수 있다. 심지어 양질의 정보가 설 자리가 없도록 몰아내기도 한다.

넷째, 윤리의식을 갖추어야 한다. 사이버공간에서의 정보는 좋든 나쁘든 무차별적으로 전파될 수 있기 때문에 검증되지 않은 정보의 무작위적 전파로 인해 선의의 피해자가 속출할 위험이 있다. 누군가를 중상하고 비방하는 내용으로 생길 수 있는 피해를 예방하고 사람들에게 도움이 되는 유익할 정보를 교환하는 장으로서 존재할 수 있도록 사이버공간을 이용하는 것에 대한 책임 있는 윤리의식을 갖추고 윤리강령을 제정하고 실천할 필요가 있다.

다섯째, 사이버공간이 개인의 사생활 침해로 이어지지 않도록 대비해야 한다. 개인정보가 해커들에 의해 무작위로 노출되거나 신용정보가 악용되는 것처럼 개인 사생활 침해가 매우 문제가 되고 있는 현실이다. 개인정보와 사생활 보호를 위해 각종 규정과 법규가 제정되고 있으나 사용자들 스스로 자신의 정보관리에 신경을 쓰는 것이 중요하며, 각종 대칙이나 법령 제정에 대한 내용을 잘 알고 기본적인 윤리를 실천하는 것이 중요하다.

끝으로, 우리 자신이 공간의 주인이라는 점을 인식하여야 한다. 사이버공간 속에서 자신을 드러내는 과정에서 극단적인 감정으로 치닫거나 극단적인 발언이 나올 수 있는 위험성을 내포하고 있다고 하더라도, 사이버공간에서도 주체의식을 가지며 다른 사람도 자신과 마찬가지로 매우 소중한 존재라는 것을 인식하고 상대방에 대한 존중과 예의를 갖추고 상대방을 배려하는 것이 중요하다.

4. 여가생활과 인간관계

'남을 여(餘)'와 '겨를 가(暇)'로 구성된 여가leisure는 '남는 겨를'이다. 여기서 '겨를'은 바쁜 가운데서 달리 활용할 수 있는 시간이나 또는 다른 행동을 할 만한 기회라는 뜻이다. 여가는 그리스어로 스콜레(scole), 로마어로 오티움(otium), 라틴어로 리세레(licere)에서 어원적 의미가 비롯되었다. 스콜레는 '정지, 중지, 평화, 평온'을 의미하고, 오티움은 '아무 것도 하지 않는 것'을 의미하며, 리세레는 '허락되다, 자유롭게 되다'라는 의미를 지닌다. 이런 어원들은 여가라는 것이 정지 상태와 평화 상태를 내포하고 있으며, 자기를 위한 자유시간이란 의미를 포함하고 있다. 이것은 일보다는 여가를 상위 개념으로 생각하고 있음을 보여주는 것이다. 과거에는 일을 하지 않을 경우에 나태와 게으름으로 규정하였으나 오늘날에는 자유시간과 여가를 향유하는 것이 게으름이 아니라 오히려 노동을 위한 재충전 또는 자기계발을 위한 창조적 활동으로 간주된다.

여가생활은 인간관계의 우주를 확장하는 데 유용하다. 여가생활은 다양한 측면에서 긍정적인 효과가 있다.

첫째, 여가생활은 긍정적인 기분을 갖게 만든다. 여가는 지친 심신을 휴식하고 회복시켜준다. 여가는 일상생활의 반복에서 오는 권태에서 벗어날 수 있도록 기분전환을 해준다. 휴식과 재미를 줌으로써 생동감을 증대시킨다. 다양한 긍정적인 감정을 유도할 수 있으며 경쾌한 흥분감과 차분한 안락감을 느낄 수 있다. 또한, 여가는 해방감을 준다. 의무와 구속으로부터 해방을 해주는 여가는 개인이 차원 높고 정신적 가치를 추구하며 인간다운 삶을 가능하게 하는 자유의 영역이다.

둘째, 여가생활은 기본적인 내재적 욕구를 충족시켜준다. 인간은 자율성 · 유능성 · 관계성의 내재적 동기를 지닌다(Ryan & Deci, 2000). 취미로 몰두하던 활동이 직업적으로 전환되는 경우가 흔하듯이, 여가는 개인의 잠재능력을 발견하고 확장하며 발휘하게 하는 성장적인 기능도 지니고 있다. 또한, 여가는 자기표현활동으로 아무런 제약 없이 자기를 있는 그대로 충분히 표현함으로써 만족을 느끼게 되는 활동이며 개성을 살릴 수 있는 활동이다.

셋째, 여가생활은 대인관계를 촉진한다. 여가활동을 하게 되는 주된 이유 중 하나는 다른 사람과 함께할 수 있는 기회를 만든다는 점이다. 집단적인 여가활동은 정서적 교감, 협동적 활동, 소속감 등의 사회적 욕구를 잘 충족시켜줄 수 있다. 또한, 여가활동은 개인의 사회적 정체성을 형성하는 데도 도움을 준다. 취미와 관련된 특정 행위에서 각별한 묘미와 의미를 공유하는 사람들만의 세계가 존재하고, 그런 세계에 동참함으로써 자신의 인간관계의 지평을 넓힐 수 있다.

끝으로, 독서모임이나 명상과 같은 여가생활은 자기실현에 기여할 수 있다. 건전하고 발전적인 여가활동을 체험하는 것은 기본적인 욕구충족과 사회적 의무 및 책임완수 그리고 충실한 삶의 영위에 도움을 줄 수 있다. 자발적 선택과 자기발전적 여가활동은 만족감과 성취감을 북돋우며 발전적인 미래관과 창조적인 사고력을 키우는 데 도움이 된다.

자기 진단

자신의 본캐와 부캐는 무엇인가요?

여가생활에서 가장 중요시하는 것은 무엇인가요?

삶의 지평을 넓히기 위하여 무엇을 하려고 하나요?

Part 03

인간관계의 본질

• *the nature of human relations* •

Chapter 09 공감

Chapter 10 신뢰

Chapter 11 소통

Chapter 12 배려

Chapter 13 감사

Chapter 14 행복

Chapter 09

공감

• *Empathy* •

Chapter 09

공감

공감은 우리의 차이점을 이해하고, 그 안에서 서로를 존중하는 능력이다.

Empathy is the ability to understand our differences and respect each other within them.

– 『정의란 무엇인가』의 저자, 하버드 대학 교수 마이클 샌델(Michael J. Sandel) –

공감은 인간이 가진 공통된 특성 중의 하나이다. 공감은 우리 뇌 속의 신경회로에 존재하는 것이고, 아주 어린 시기부터 계발되는 능력이다. 어떤 문화에서도 공감은 늘 인간관계의 핵심이 되어왔다. 다른 누군가의 처지가 되어보고 그들이 어떤 기분인지, 무엇을 필요로 하는지를 이해하는 능력은 우리가 상대방에게 반응하고 그들과 소통하며 궁극적으로는 우리의 삶이 그들의 삶과 연대할 수 있도록 도와준다. 갓난아기의 울음, 돌봐주고 필요한 일을 해드려야 할 연로한 부모님, 도움이 필요한 친구, 함께 작업을 해야 하는 동료에게 우리는 자연스럽게 공감한다.

공감은 우리와 타인을 연결하는 비상한 힘을 갖고 있고, 일상생활의 수많은 영역에서 발전을 이끌어낸다. 가까운 사람과의 관계에서 공감은 타인의 기분과 필요에 집중하여 다툼을 방지할 수 있고, 새로운 대화를 시작하며 상호 이해를 증진시킬 수 있다. 거리에서 마주친 사람과 눈을 맞추고 공감하는 마음으로 대화를 나눌 때 스스로 성장하는 놀라움을 맛볼 수도 있다. 직장에서 공감을 실천하면 동료들과의 팀워크를 개선할 수 있고, 어떤 상황에서도 효과적으로 반응하고 조율하는 능력이 더 뛰어난 사람이 되는 데 도움이 된다. 사회와 세상을 향해 공감하는 마음으로 나아갈 때 사회정의에 대한 감각을 키울 수 있다. 이처럼 공감은 우리 자신의 개인적 행복이, 나아가 우리가 살아가는 사회와 인류의 행복이 궁극적으로는 우리가 맺는 인간관계의 질에 달려 있다는 사실을 깨닫도록 도움을 준다.

문제는 우리 속에 잠재된 공감 능력이 모든 경우에 충실하게 발달하지도 않고 발현되지도 않는다는 점이다. 경험과 맥락에 따라서 차이가 발생한다. 부와 지위를 얻기 위한 세속의 사다리를 올라가느라 바쁘다면 개인적 야심 때문에 다른 사람의 삶에 눈길을 주기도, 생각해 볼 시간을 내지도 못하게 된다. 그래서 우리 앞에 놓인 문제는 어떻게 하면 공감을 타인에게 건너가는 다리로 활용하여 인간관계의 질을 높여주고, 우리의 삶을 행복한 삶으로 이끌어 갈 수 있을까 하는 점이다.

1. 공감의 본질

공감empathy은 단순히 부드럽고 따뜻하며 친절한 마음을 넘어서서 우리 자신의 삶을 바꾸어 놓고 근본적인 사회 변화를 이루어낼 힘을 가진다. 공감은 인간관계의 혁명을 일으킬 수 있다. 공감은 상상력을 발휘해 다른 사람의 처지에 서보고, 다른 사람의 느낌과 시각을 이해하며, 그렇게 이해한 내용을 활용해 자신의 행동지침으로 삼는 기술로서 사회성의 핵심요소이다.

1.1. 호모 엠파티쿠스

인간은 '지혜로운 인간' 호모 사피엔스homo sapiens이면서 '공감하는 인간' 호모 엠파티쿠스homo empathicus이다. 인간은 대부분 공감 능력을 갖추고 태어난다. 공감하는 마음은 거의 누구에게나 있는 인간의 가장 위대한 숨은 재능 가운데 하나이다. 임상심리학자 사이먼 배런코언(Simon Baron-Cohen)이 공감제로zero degrees of empathy라고 부른 특성을 보인 사람은 극히 일부일 뿐이다. 그런 특성을 가진 사람의 범주에는 타인의 심리를 파악할 수는 있지만 그 어떤 감정적 연대도 맺지 못하는 사이코패스라든가, 아스퍼거증후군 같은 자폐스펙트럼장애를 가진 사람들이 해당하는데, 이런 사람의 비율은 전체 인구의 2퍼센트를 넘지 않는다. 나머지 98퍼센트는 천성적으로 공감할 수 있으며 사회적 연대를 맺을 수 있다. 우리가 호모 엠파티쿠스라는 사실과 함께, 고립될 때보다 사람들과 연결될 때 더 잘 살아가는 사회적 동물임을 깨달아야 한다. 우리의 행복은 각자 자신의 경계를 넘어서서 다른 사람들의 삶 속으로, 가까운 사람은 물론 멀리 있는 낯선 사람의 삶 속으로 들어가는 데 달려 있다.

1.2. 공감회로

신경과학자들은 우리 두뇌 속에서 10개 구역으로 이루어진 공감회로를 밝혀냈다. 공감회로가 손상되면 남들이 무엇을 느끼는지 이해하는 능력이 줄어든다. 진화생물학자들은 우리가 영장류 사촌들과 똑같이 공감하고 협력하는 사회적 동물로 자연스럽게 진화해왔음을 보여주었다. 그리고 아동심리학자들은 세 살짜리 아이도 자신 밖으로 나가 타인의 관점에서 설 수 있음을 밝혔다. 이런 연구들은 우리 본성에 이기적인 내적 충동 못지않게 강력한 이타적인 공감적 측면이 내재함을 보여주는 것이다.

2000년대 이후 신경과학은 공감연구의 가장 창조적인 분야로 자리매김했다. 이탈리아 파르마 대학교의 신경과학자 자코모 리졸라티(Giacomo Rizzolatti)가 이끄는 연구팀은 마카크 원숭이가 공감반응을 보일 때 전운동피질pre-motor cortex의 특정 부위가 활성화된다는 것을 발견하였는데, 그것이 '거울뉴런mirror neuron'이다. 거울뉴런은 우리가 뭔가를 경험할 때나 다른 사람이 같은 일을 겪는 것을 볼 때 작동한다. 거울뉴런을 많이 가진 사람은 공감 능력, 특히 정서적 공감 능력이 더 뛰어난 경향이 있다.

케임브리지 대학교의 심리학자이자 자폐증 전문가인 사이먼 배런코언은 거울뉴런 시스템은 그저 공감을 위한 건축자재에 지나지 않을 수 있다고 비판하면서, 공감은 아기에게 밥을 먹일 때 우리가 입을 벌리면 아기도 입을 벌리는 것과 같은 자동적인 모방 이상의 일을 하는 것이라고 주장한다. 그에 의하면, 거울뉴런은 독립적으로 작동하는 것이 아니라, 최소 열 개 이상의 뇌 부위가 연결된 보다 복잡한 공감회로의 일부분이다. 편도체amygdala가 손상된 사람들은 정상적인 지적 능력을 가졌으면서도 타인의 얼굴에 나타난 공포감을 알아차리지 못한다. 경계성 성격장애를 지닌 사람들은 공감 능력 수준이 낮다는 특징이 있는데, 이들은 편도체가 평균 크기보다 작고, 안와전두피질orbital frontal cortex과 측두피질temporal cortex에서의 신경활동이 상대적으로 적다.

1.3. 공감 결핍과 공감 과잉

공감은 인간관계의 핵심 역량이지만, 항상 적절하게 유지되는 것은 아니다. 어떤 사람은 공감이 부족한 상태를 보이고, 또 어떤 사람은 과도한 공감으로 인해 정서적으로 지치거나 심리적인 어려움을 겪는다.

공감 결핍empathy deficit은 타인의 감정이나 입장을 제대로 인식하거나 이해하지 못하는 상태를 말한다. 이들은 타인의 고통에 무관심하거나, 감정적 신호를 무시하고, 관계에서 반복적으로 갈등을 일으킨다. 공감 결핍은 반사회적 성향이나 자기애적 성격장애narcissistic personality disorder, 또는 경계성 인격장애borderline personality disorder와 연관되기도 한다. 공감 결핍은 단순한 성격적 특성으로만 보기 어려우며, 때로는 어린 시절의 애착 손상이나 외상 경험, 혹은 신경학적 이상에서 비롯되기도 한다. 이런 사람들은 타인의 감정을 읽는 데 어려움을 겪으며, 종종 타인의 고통에 무감각하거나 상황을 자기중심적으로 해석한다.

반대로, 공감 과잉empathy excess은 타인의 감정에 지나치게 몰입하여 자신의 감정이나 에너지를 소진하게 되는 상태를 말한다. 이는 공감 피로empathy fatigue 또는 이차 외상 스트레스second-hand trauma로 이어질 수 있다. 특히 교사, 상담사, 간호사, 사회복지사 등 타인의 고통을 지속적으로 접하는 직업군에서 자주 나타난다. 공감 과잉 상태에 있는 사람은 타인의 감정을 자신의 것처럼 느끼기 때문에 정서적으로 쉽게 지치고, 심리적 경계psychological boundary를 설정하는 데 어려움을 겪는다. 결국 자신을 돌보지 못하게 되고, 타인을 도우려는 본래의 의도조차 유지하기 힘든 상황에 이르게 된다.

이처럼 공감은 부족해도 문제지만, 지나쳐도 어려움을 만든다. 공감을 건강하게 유지하기 위해서는 자기인식self-awareness과 심리적 거리 조절emotional regulation이 필요하다. 공감은 단지 타인을 향한 감정이 아니라, 나와 타인 사이의 경계를 지키며 조율하는 과정이기도 하다.

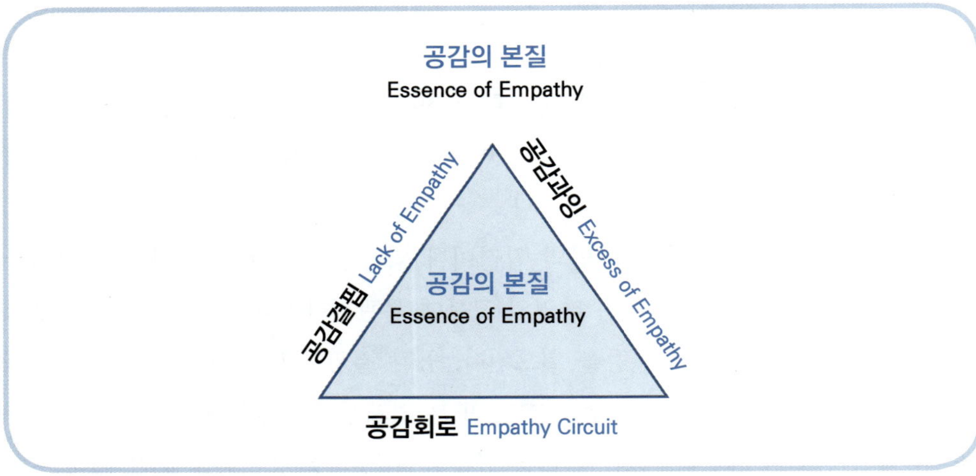

2. 공감의 구성요소

공감empathy을 제대로 이해하고 실천하기 위해서는 공감 능력, 공감 방식 및 공감 화법을 포함하여 적어도 세 가지 측면을 종합적으로 고려해야 한다. 이 세 가지 요소는 각각 따로 떨어져 작동하기보다는 서로 밀접하게 연결되어 작용하면서 공감의 넓이와 깊이를 더해준다. 공감은 단순히 타인을 이해하는 데서 멈추는 것이 아니라 감정을 함께 나누고 그것을 관계 속에서 서로의 생각과 느낌을 표현하고 소통하는 하나의 흐름이자 과정으로 이어지게 된다.

2.1. 공감 능력

공감 능력empathy capability은 어느 정도 타고난 성향일 수 있지만, 대부분은 교육과 경험을 통해 길러지는 기술에 가까운 능력이다. 사회적 관계 속에서 공감은 필수적인 역량이다. 이를 위해서는 먼저 자신의 생각을 분명히 인식하고, 타인의 생각과 행동을 이해하며, 그 감정을 함께 나누는 과정이 필요하다. 공감 능력은 인지, 정서 및 행동의 세 가지 측면을 함께 이해하는 것이 중요하다. 공감 능력은 머리로 이해하고, 마음으로 느끼며, 말과 행동으로 표현하는 통합적인 능력이고, 누구나 훈련과 실천을 통해 충분히 성장시킬 수 있다.

첫째, 인지적 공감 능력은 타인의 입장에서 사고하거나 역할을 대리하며, 사회적 관계 속에서 공감을 이해하는 능력을 의미한다. 이는 사실 여부에 대한 인지를 중심으로 한 인지적 사고 과정으로, 객관적 근거를 바탕으로 타인의 생각, 감정, 고통, 바람을 종합적으로 파악하고 그들의 감정이나 동기를 이해하는 과정을 포함한다. 인지적 공감 능력은 타인의 관점에서 현상을 바라보고 대안적 관점을 취하는 관점 수용 능력과 타인의 감정 상태를 인식하고 반응하는 사고 조절 능력이 있다.

둘째, 정서적 공감 능력은 타인의 정서 상태를 자신의 경험처럼 느끼고 공유하는 것으로, 타인의 관점을 수용하여 유사한 감정을 경험하는 것을 의미한다. 인지적 공감이 타인의 의도와 바람을 사고적으로 이해하는 능력이라면, 정서적 공감은 타인의 감정을 느끼고 이에 적절히 반응하는 능력이다. 정서적 공감 능력은 타인의 감정을 자신의 감정처럼 표현하는 정서 표현 능력과 타인의 감정을 대리 경험하는 정서 몰입 능력이 있다.

셋째, 행동적 공감 능력은 타인과의 의사소통을 중시하는 공감으로, 타인의 감정을 이해하고 이를 언어로 표현하며, 나아가 그 감정을 수치화할 수 있는 능력을 의미한다. 의사소통 기능으로서의 공감은 정량화가 가능하다는 점에서 훈련과 교육을 통해 향상될 수 있다. 행동적 공감 능력은 타인의 내면세계를 이해하고 표현하는 의사소통 능력과 타인과의 친밀한 관계를 형성하는 관계형성 능력이 있다.

2.2. 공감 방식

히긴스(Higgins)의 조절초점 이론Regulatory Focus Theory에 따르면, 개인이 목표를 추구하는 동기는 현재 상태와 이상 상태 간의 차이를 줄이기 위한 방향으로 작동하는데, 이때 조절초점을 어디에 두는가와 조절초점이 일치하는가에 따라서 차이가 발생할 수 있다고 보았다. 조절초점은 향상초점과 예방초점으로 구분된다. 향상초점promotion focus은 성장과 발전을 추구하고 이성을 실현하려는 열정으로 목표에 접근하는 방식인 반면, 예방초점prevention focus은 보호와 안전을 위해 책임과 의무를 다하며 위험을 최소화하는 방식으로 목표에 접근한다. 사람들이 교류를 하는 과정에서 서로 간의 조절초점이 들어맞을 때 훨씬 더 많은 영향을 미친다.

조절초점과 마찬가지로, 사람들이 공감을 하는 방식도 서로 간의 공감 방식이 일치할 때 더 큰 공감을 이끌어 낼 수 있다. 공감 방식empathy module은 모든 사람이 공감을 경험할 때 사용하는 기본적인 심리적 틀로, 개인이 주로 사용하는 공감 방식에 따라서 크게 인지적 공감 방식, 정서적 공감 방식, 행동적 공감 방식으로 나눌 수 있다. 각각의 공감 방식은 개인과 상대방의 동기 및 정보처리 방식에 영향을 미칠 수 있다.

첫째, 인지적 공감 방식cognitive module은 불만족스러운 목표나 결과를 피하기 위해 이성적 정보 처리 방식과 예방 초점이 결합될 때 활성화된다. 인지적 공감 방식을 활용하는 사람들은 의무와 안정성을 중시하며, 신중한 의사결정을 내린다. 또한 타인의 생각, 바람, 신념, 의도 등 마음의 표상을 강조한다. 이 방식을 사용하는 사람들은 부정적인 결과나 손실을 피하려는 자기조절 전략을 갖고 있으며, 책임과 의무를 다하려는 태도 속에서 공감을 실천한다. 따라서 인지적 공감 방식을 취하는 사람들은 공감을 통해 위험을 예방하고 관계를 보호하고자 한다.

둘째, 정서적 공감 방식emotional module은 긍정적인 목표와 바람직한 결과를 달성하기 위해 감성적 정보처리 방식과 향상초점이 결합될 때 활성화된다. 정서적 공감 방식을 활용하는 사람들은 이상과 성장뿐 아니라 이익에 주목하며, 열정적이고 적극적인 의사결정을 내리는 경향을 보인다. 이 방식을 사용하는 사람은 타인의 기쁨에 함께 웃고, 슬픔에 함께 아파하는 정서교감 능력이 뛰어나다. 정서적 공감 방식은 자아실현이나 성취, 향상 등을 추구하는 도전적인 자기조절 전략과 깊은 관련이 있고, 정서적 공감 수준을 더욱 풍부하고 깊이 있게 만드는 역할을 한다.

셋째, 행동적 공감 방식behavioral module을 취하는 사람들은 공감을 행동과 실천 중심으로 처리하는 경향이 있다. 행동적 공감은 신체활동과 함께한 경험을 통한 정보처리를 선호하기 때문에 타인의 감정을 인식하고 느끼는 것을 넘어서서 실제 행동으로 옮기는 과정에 집중한다. 누군가 슬픔에 빠져 있을 때 말없이 따뜻한 차를 건네는 행위는 행동적 공감 방식이 활성화된 공감 표현이다. 행동적 공감 방식은 비언어적 소통이 중요한 역할을 한다. 비언어적 소통이란 언어가 아닌 표정, 제스처, 억양, 리듬 등을 통하여 표현하는 것으로 언어보다 감정을 더 직관적이고 정확하게 전달한다. 행동적 공감 방식은 공감의 깊이를 확장하고, 건강하고 행복한 인간관계 형성에 기여한다.

2.3. 공감 화법

공감 화법empathy talk은 '공감하게' 혹은 '공감되게' 말하는 것을 말한다. 공감 화법에서 중요한 것은 '무엇을 말하느냐'보다 '어떻게 말하느냐'이다. 공감을 보다 잘 일으키도록 말하는 공감 화법은 긍정적이고, 해결적이며, 대화를 지속하려는 특성을 보인다. 사람들은 부정 화법보다는 긍정 화법에, 문제 중심 화법보다는 해결 중심 화법에, 그리고 단절 화법보다는 대화 화법을 취할 때 상대방으로부터 더 많은 공감을 얻을 수 있으며, 이를 통해 신뢰와 만족, 행복을 이끌어 낼 수 있다(김정희, 2022).

첫째, 긍정 화법positivity talk은 상대에게 따뜻하고 부드러우며 긍정적인 측면을 강조하는 말하기 방식이다. 긍정적인 언어를 사용하면 자신감이 자연스럽게 높아지고 듣는 이로 하여금 편안함과 신뢰 그리고 호감을 불러일으킬 수 있다. 건강한 인간관계를 오래 유지하려면 서로를 존중하며 긍정 에너지를 주고받아야 한다. 상대의 이야기를 깊이 경청하고 나와 다른 관점도 있는 그대로 받아들이는 태도가 중요하다. "물이 반이나 남았다"와 같은 표현은 어려움 속에서도 가능성과 희망을 비추어준다. 긍정적인 생각을 말로 표현하는 것은 스스로에게 가능성을 불러일으키고 주변 사람들에게 열정과 희망을 전할 수 있다.

둘째, 해결 화법solution talk은 문제의 원인과 책임소재를 밝히는 것이 목적이 아니라, 문제를 해결하기 위한 방법과 절차에 중점을 두고 대화와 타협으로 해결방안을 찾아내는 말하기 방식이다. 상대의 감정과 관점을 이해하고 인정하면 불편한 마음이 가라앉고 문제를 바라볼 여유가 생긴다. 그리고 서로의 요구를 명확히 정리하고, 함께 실현 가능한 대안을 찾아본다. 해결방안은 두 사람 모두에게 이익이 되는 방향이어야 하며, 이 과정에서 작은 양보는 상호 신뢰를 더욱 깊게 만드는 데 기여한다. 실행 계획을 함께 결정하면 "우리가 함께 해냈다."는 긍정적 메시지로 마무리하며 협력 의지를 높이는 화법이다. 해결 화법에서 중요한 것은 끝까지 따뜻한 태도를 유지하고, 비난보다 해결에 초점을 두어야 한다는 것이다. 긍정적인 감정 상태에서 열린 대화가 어우러질 때 복잡한 생각은 줄어들고, 명확한 해답이 눈에 들어올 수 있다.

셋째, 대화 화법dialogue talk은 언어와 행동으로 상대에게 관심을 표현하고, 상대의 말을 경청하면서 대화를 계속 이어가려는 말하기 방식이다. 대화 화법은 상호 존중과 배려를 바탕으로 상대의 이야기를 듣고 이해하는 것이며, 대화를 상호 협상의 과정으

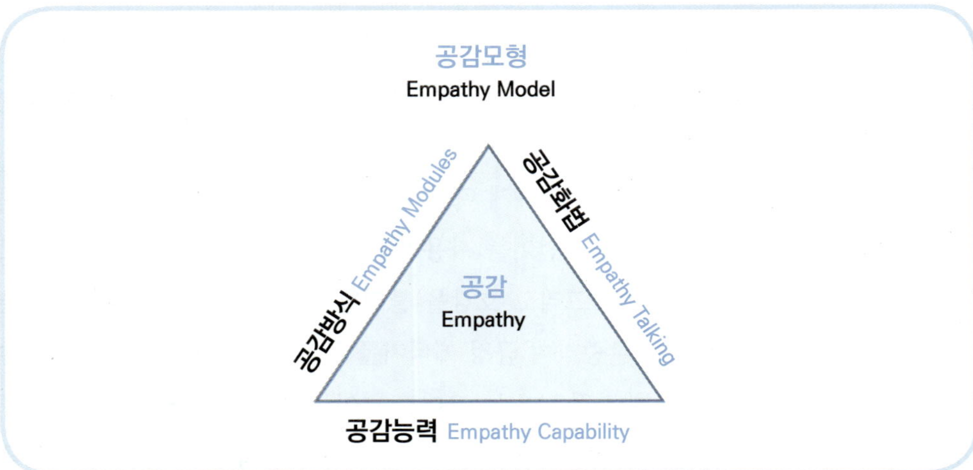

로 인식한다. 대화에 소극적으로 임하기보다 적극적으로 귀 기울이고 반응하여, 상대의 생각을 파악하고 지지하며 대화가 끊기지 않도록 애쓰기 때문에 대화의 흐름을 자연스럽게 이어주어 참여자 간의 원활한 소통을 가능하게 한다.

3. 공감과 인간관계

공감은 타인의 감정과 생각을 깊이 헤아려 인간관계에 온기를 불어넣는다. 공감이 오갈 때 신뢰와 친밀감이 자라나고, 갈등은 부드러워지며, 협력은 한층 원활해진다. 그러나 모바일과 SNS 중심의 소통이 늘어날수록 표정, 목소리, 몸짓과 같은 미묘한 단서들은 희미해지고, 인간관계의 온도 또한 함께 식어간다. 이럴수록 우리는 상대를 더욱 존중하고, 감정을 세심하게 읽으며, 진심으로 귀 기울이는 공감을 실천할 필요가 있다. 서로 교감하고 공감하는 과정 속에서 차갑고 불편했던 관계를 다시 따뜻하고 편안하게 만들고, 사람과 사람을 이어주는 연결 고리를 만들 수 있다.

3.1. 공감의 효과

공감은 단순한 이해를 넘어, 사람과 사람을 연결하는 정서적 다리이자 심리적 연결 고리이다. 우리는 모두 서로 다른 경험, 감정, 가치관을 가지고 살아간다. 그 차이로 인해 소통이 어긋나고, 관계마저 멀어지기도 한다. 그러나 공감은 그 다름을 인정하면서도 상대의 마음을 있는 그대로 이해하고자 하는 따뜻한 마음가짐에서 시작된다. 이러한 공감은 단순한 감정이입이 아니라, 삶 속에서 반복적으로 실천할 수 있는 태도이자 능력이다. 공감은 말보다 더 깊은 울림을 전한다. 상대가 말로 설명하지 않아도, 그의 표정, 눈빛, 침묵 속에서 마음을 읽고 다가가는 순간, 관계는 새로운 지점으로 나아간다. 이처럼 공감은 마음을 열고, 관계를 단단하게 만들며, 나와 타인의 삶을 변화시키는 힘이 된다.

공감은 사람의 마음을 여는 열쇠이며, 관계를 지탱하는 중심이고, 변화의 출발점이다. 진심으로 누군가의 감정을 이해하려는 태도는, 때로는 말 한마디 없이도 삶을 위로하고 회복하게 만든다. 공감이 있는 곳에는 신뢰가 자라고, 갈등은 줄어들며, 상처는 회복된다. 공감 없는 관계는 얇은 유리처럼 쉽게 깨질 수 있지만, 공감이 중심에 있는 관계는 시간이 지날수록 더욱 단단해진다. 공감은 기술이 아니라 사람을 대하는 태도이며, 함께 살아가는 삶의 방식이다. 조금 더 귀 기울이고, 조금 더 다정하게 반응하고, 조금 더 진심으로 다가가는 작은 실천이 나와 타인의 삶을 따뜻하게 바꾸는 첫걸음이 된다. 공감의 효과는 다음 세 가지 측면에서 살펴볼 수 있다.

첫째, 공감은 마음의 열쇠이다. 사람의 마음은 쉽게 열리지 않는다. 특히 상처받은 경험이 있는 사람일수록 자신의 감정을 쉽게 드러내지 않고 방어적인 태도를 보인다. 하지만 누군가가 나의 감정을 진심으로 수용해주고, 비판 없이 받아들여줄 때, 마음은 서서히 열린다. 한 직장인이 회의 중 중요한 발표를 맡았는데 긴장한 나머지 실수를 하고 말았다. 발표를 마친 뒤, 그는 낙담한 채 자리를 지켰다. 그때 상사가 다가와 "긴장했을 텐데도 끝까지 해내느라 수고했어. 누구에게나 그런 순간은 있어."라고 말한다면, 그 말 한마디는 직원의 굳게 닫힌 마음을 천천히 열어준다. 그는 '나의 상황을 이해해주는 사람이 있다'는 감정을 느끼며, 자책 대신 다시 도전할 용기를 얻게 된다. 이처럼 공감은 상대방의 방어를 낮추고, 신뢰를 자라게 하는 열쇠가 된다. 설명이 부족해도 진심이 전달되면 마음은 반응한다. 공감은 관계의 문을 여는 가장 부드럽고 확실한 방법이다.

둘째, 공감은 관계의 중심이다. 관계는 서로 다른 두 사람이 만나 끊임없이 조율해가는 과정이다. 이때 서로에 대한 이해 없이 의무적으로만 이어지는 관계는 오래 지속되기 어렵다. 표면적으로는 괜찮아 보일지 몰라도, 내면에는 오해와 피로가 쌓이고 결국 관계는 금이 간다. 반대로, 공감이 중심에 있는 관계는 견고하다. 작은 오해나 갈등이 생겨도, 상대의 감정을 이해하려는 태도 하나가 문제 해결의 출발점이 된다. 친구가 약속에 자주 늦고 연락도 잘 안 되자 실망한 마음에 불만을 쏟아내는 경우가 있다. 하지만 "요즘 많이 지쳐 보이던데, 혹시 무슨 일 있어?"라고 먼저 물어본다면 상황은 달라진다. 친구는 "사실 요즘 집안일 때문에 너무 정신이 없어"라며 이야기를 털어놓고, 그동안의 거리감이 오히려 공감 속에서 좁혀진다. 공감은 상대방의 내면을 먼저 바라보려는 따뜻한 태도에서 시작되며, 그 태도는 곧 관계의 깊이와 안정성으로 이어진다. "내가 잘못했어"라는 한 마디가 갈등을 녹이고, "이해해줘서 고마워"라는 말이 관계를 다시 세운다. 이처럼 공감은 관계를 단단하게 이어주는 정서적 중심축이다.

셋째, 공감은 변화의 출발점이다. 공감은 관계를 유지하는 것을 넘어 삶의 방향을 바꾸는 강력한 힘이 있다. 타인의 감정을 진심으로 이해하게 되면 우리는 자연스럽게 그 사람을 돕고 싶어지고, 나의 태도 또한 변화하게 된다. 공감은 행동의 변화를 이끄는 내적 동기로 작용한다. 자녀가 시험에서 낮은 점수를 받고 "난 바보야"라며 좌절할 때, "그러니까 공부를 더 열심히 해야지"라고 반응한다면 아이는 자신의 감정을 이해받지 못했다고 느끼고 더욱 위축된다. 하지만 "많이 속상했겠다. 나도 그런 기분 느껴본 적 있어. 그동안 정말 노력했는데 결과가 아쉽구나."라고 말해준다면, 아이는 자신이 받아들여졌다고 느끼고 다시 일어설 힘을 얻는다. 공감은 이렇게 상대의 감정에 다가가는 동시에, 나의 관점을 전환하게 만든다. 이러한 관점 전환은 행동의 변화를 유도하고, 나와 타인의 삶에 긍정적인 영향을 미친다. 공감은 단지 이해에 머물지 않고, 관계와 삶을 변화시키는 시작점이 된다.

3.2. 공감을 높이는 방법

공감은 일부 사람들만 타고나는 특별한 능력이 아니다. 누구나 가지고 있는 잠재적인 심리적 자질이며, 반복되는 실천과 노력으로 키울 수 있는 힘이다. 근육이 운동을 통해 길러지듯이, 공감도 매일의 작은 실천을 통해 조금씩 자라난다. 특히 사람들과의 관계가 중요한 사회 속에서 공감은 관계의 온도를 따뜻하게 유지해주는 핵심 요소가 된다. 갈등을 줄이고 신뢰를 쌓으며, 진심이 통하는 관계로 나아가는 데 공감은 필수적인 힘을 발휘한다. 공감은 거창한 기술이 아니라 상대와 나 자신을 이해하려는 따뜻한 시도들의 모음이다. 작은 실천이 쌓여 관계는 회복되고, 대화는 이어지며, 마음은 연결된다. 공감은 타인의 감정을 존중하는 동시에 나의 감정도 함께 살피는 이중적인 시선이며, 그 시선이 점점 확장될수록 우리는 더 깊은 인간관계를 경험하게 된다. 나의 하루를 들여다보고, 상대의 하루를 상상해보는 것, 그 작지만 깊은 전환이 바로 공감의 시작이다.

공감을 높여주는 첫 출발점은 타인을 향한 마음이기도 하지만, 더 근본적으로는 자신을 향한 공감, 즉 자기 공감self-empathy에서부터 시작된다. 자신의 감정을 인정하고 이해할 수 있어야 타인의 감정에도 진심으로 반응할 수 있기 때문이다. 자기 자신과의 관계가 단절된 상태에서는 어떠한 공감도 피상적으로 흐르기 쉽다. 그러므로 진정한 공감은 나의 내면을 먼저 바라보고, 나에게 귀 기울이는 태도에서 출발해야 한다.

공감을 키우기 위한 두 번째 방법은 진심으로 '경청'하는 태도를 갖는 것이다. 우리는 흔히 타인의 말을 들으면서도 머릿속에서는 다음에 무슨 말을 할지 계산하거나, 이미 판단을 내리고 있는 경우가 많다. 그러나 공감적 경청이란 상대의 말 그 자체에 집중하며 판단 없이 끝까지 들어주는 것을 의미한다. 가벼운 고개 끄덕임, 눈 맞춤, 짧은 반응("그랬구나", "정말 힘들었겠네")만으로도 상대는 "내 이야기를 진심으로 들어주는구나"라는 따뜻함을 느낄 수 있다. 하루를 마무리할 때, "오늘 나는 어떤 일이 힘들었나?", "어떤 말이 나를 기쁘게 했지?"와 같은 질문을 통해 나의 마음에도 귀를 기울이는 습관을 들이면, 자신과의 관계 또한 공감적으로 변해간다.

세 번째로 중요한 실천은 성급한 판단을 멈추는 것이다. 우리는 누군가의 행동을 겉모습만 보고 해석하려는 습관을 지니고 있다. 하지만 그 행동 이면에는 다양한 정서적 맥락이 숨어 있다. 친구가 갑자기 연락을 피했다고 해서 "날 싫어하나 보다"라고 단정하기보다는, "요즘 그 친구에게 어떤 어려움이 있는 건 아닐까?"라고 한 번 더 생각해보는 태도가 필요하다. 이러한 태도는 감정적 반응을 완화시키고, 관계의 긴장을 부드럽게 만들어준다. 마찬가지로 나 자신에게도 성급한 평가를 내리지 않는 것이 중요하다. 실수를 했을 때 “나는 왜 이렇게 못하나”라고 자책하기보다는 “그만큼 이 일을 중요하게 생각했던 거야”, “지금 내가 긴장했구나”라고 감정을 알아차리는 것이 자기 공감의 출발점이자, 자신을 이해하고 격려하는 첫걸음이 된다.

네 번째는 입장을 바꾸어 생각하는 연습, 즉 ‘역지사지’의 태도다. 공감은 감정이 아니라 시선의 전환이다. 내 시각에서 벗어나 상대의 상황과 감정에 몰입해보려는 노력은 서로의 세계를 연결하는 강력한 다리가 된다. 친구가 실수했을 때 그 상황에 내가 어떤 기분이었을지를 상상해보는 것이다. 혹은 과거의 나에게 “왜 그렇게 했어?”가 아니라, “그때의 너는 정말 최선을 다했어”라고 말해주는 것이다. 이러한 작은 시도들이 모여, 타인과 나 자신을 따뜻하게 이해하는 힘을 키운다.

다섯 번째는 상대의 삶에 진심으로 관심을 가지는 태도이다. 공감은 표면적인 대화에서 깊은 이야기로 들어가는 순간에 꽃핀다. “그때 어땠어?”, “그때 어떤 기분이 들었어?”와 같은 질문은 상대의 감정에 자연스럽게 접근하게 해준다. 동시에, 나 자신에게도 “나는 요즘 어떤 일을 하면서 웃고 있지?”, “어떤 상황에서 가장 편안함을 느꼈지?”와 같은 질문을 던짐으로써 나의 감정을 보다 뚜렷하게 인식할 수 있다. 질문은 연결의 시작이며, 진심 어린 관심은 마음의 문을 여는 열쇠가 된다.

마지막으로는 공감의 롤모델을 통해 배우는 것이다. 공감은 단순히 지식으로 배울 수 있는 것이 아니다. 오히려 공감을 삶으로 실천한 사람들의 모습을 통해 더욱 깊이 이해할 수 있다. 공감하는 사람들은 말투와 표정, 행동 하나하나에 진심을 담으며, 그 존재 자체가 공감의 언어가 된다.

미국의 오바마 전 대통령은 연설을 통해 공감적 리더십의 본보기를 자주 보여주었다. 그는 청중의 삶과 고통을 진심으로 이해하려는 태도를 갖고 있었으며, 그의 진정성 있는 메시지는 많은 이들의 마음을 울렸다. 그의 따뜻한 시선과 사려 깊은 언어는 공감적 리더십의 대표적인 예로 평가받는다.

마더 테레사는 공감을 행동으로 옮긴 대표적인 인물이다. 그녀는 병들고 굶주린 이들과 함께하며, 손을 잡고 눈을 맞추며 “당신은 소중한 존재입니다”라고 전했다. 그녀의 공감은 단순한 감정적 동정을 넘어, 고통받는 이들과 함께하려는 깊은 연대와 일상적 실천에서 비롯되었다. "작은 일에도 큰 사랑을 담으라"는 그녀의 말처럼, 일상의 사소한 행동 속에 공감의 진정한 의미를 담아냈다.

마틴 루터 킹 주니어 역시 공감의 힘으로 세상을 변화시킨 인물이다. 그는 인종차별과 불의에 맞서 비폭력과 사랑의 메시지를 전하며 미국 인권 운동을 이끌었다. 그의 대표 연설 "I Have a Dream"은 억압받는 사람들의 고통을 정면으로 마주하고, 사랑과 용서를 바탕으로 한 평화로운 공존을 꿈꾸게 했다. 그는 증오에 폭력으로 맞서는 대신, 지속적인 공감과 연대를 통해 공동체의 존엄을 회복하고자 했다.

이처럼 공감을 실천한 이들의 삶과 태도를 지켜보는 것만으로도 우리는 자연스럽게 공감의 언어를 익히게 된다. 그들의 말과 행동, 존재 방식은 우리가 더 나은 인간관계를 맺고 살아가는 데 있어 소중한 길잡이가 된다

자기 진단

공감 능력과 관련하여 자기진단을 해 볼까요? 공감 능력은 크게 세 가지 차원과 여섯 개의 하위요인으로 구성되어 있습니다. 세 개의 차원은 인지적 공감 능력, 정서적 공감 능력 및 행동적 공감 능력이고, 각 차원은 다시 두 개의 하위요인으로 구성되어 있습니다. 솔직하게 자신의 공감 능력을 확인해 볼까요?

공감 능력

No.	문항	전혀 그렇지 않다	그렇지 않다	반반 이다	그렇다	매우 그렇다
01	나는 다른 사람을 비판하기 전에 내가 그들의 처지였다면 어떠할지를 생각해 보려고 노력한다.	1	2	3	4	5
02	내가 누군가에게 화가 났을 때, 나는 대개 잠시 동안이라도 그 사람의 입장을 이해하려고 노력한다.	1	2	3	4	5
03	나는 해로운 갈등을 피하기 위해 친한 친구에게(그것이 정당화되더라도) 내 감정을 폭발하지 않는 것을 잘한다.	1	2	3	4	5
04	나는 어떤 결정을 내리기 전에 나의 결정에 반대하는 모든 사람의 입장을 고려하려고 노력한다.	1	2	3	4	5
05	나는 친한 친구와 싸울 때 내 감정을 참을 수 있는 것을 잘 한다.	1	2	3	4	5
06	나는 친구에게 화가 났을 때, 동의하지 않더라도 그(녀)가 타당한 관점을 가지고 있다는 것을 받아들이는 것을 잘한다.	1	2	3	4	5
07	나는 위급한 상황에서 자신을 잘 통제하지 못하는 편이다.	1	2	3	4	5
08	나는 급박한 상황에서 걱정스러워하며 어쩔 줄 몰라 한다.	1	2	3	4	5
09	나는 도움을 절실히 필요로 하는 응급상황에 처한 사람을 보면 어쩔 줄 몰라 한다.	1	2	3	4	5

No.	문항	전혀 그렇지 않다	그렇지 않다	반반 이다	그렇다	매우 그렇다
10	나는 때때로 매우 감정적인 상황에서 아무것도 할 수 없다는 무력감이 든다.	1	2	3	4	5
11	나는 긴장되는 상황이 두렵다.	1	2	3	4	5
12	때때로 나는 곤경에 처한 타인을 보고도 많이 측은해 하지 않는다.	1	2	3	4	5
13	나는 데이트 상대나 지인이 당신이 하고 싶지 않은 어떤 것을 하도록 요청했을 때 "NO"라고 말하는 것을 잘 한다.	1	2	3	4	5
14	나는 친구의 합리적이지 않은 요청을 거절하는 것을 잘 한다.	1	2	3	4	5
15	나는 친구에게 그(녀)가 내 기분을 상하게 하는 말을 했다고 말하는 것을 잘한다.	1	2	3	4	5
16	나는 친구가 약속을 지키지 않았을 때 친구에게 맞서는 것을 잘한다.	1	2	3	4	5
17	나는 친구가 내가 원하지 않는 운동을 같이 하자고 할 때, 친구에게 분명하게 거절을 할 수 있다.	1	2	3	4	5
18	나는 친구가 나를 무시하거나 배려하지 않을 때 나의 권리를 지키는 것을 잘한다.	1	2	3	4	5
19	나는 영화를 볼 때, 아주 쉽게 주인공의 입장이 되어 생각할 수 있다.	1	2	3	4	5
20	때때로 나는 곤경에 처한 타인을 보고도 측은해하지 않는다.	1	2	3	4	5
21	나는 흥미로운 이야기나 소설을 읽으면서, 이야기속의 사건이 나에게 일어난다면 어떨지 상상한다	1	2	3	4	5
22	나는 연극이나 영화를 보고나서 내가 마치 극중에 나오는 한 인물이 된 듯한 느낌이 든다.	1	2	3	4	5
23	나는 나보다 불행한 사람들에 대해서 흔히 동정심을 가진다.	1	2	3	4	5
24	나는 흔히 일어나는 것으로 생각될 일에 대해서도 쉽게 감동을 받는다.	1	2	3	4	5

No.	문항	전혀 그렇지 않다	그렇지 않다	반반이다	그렇다	매우 그렇다
25	나와 친구들은 서로의 개인적인 일에 대하여 자주 이야기한다.	1	2	3	4	5
26	나는 친구들과 자주 터놓고 이야기를 잘한다.	1	2	3	4	5
27	나는 친구들과 나의 감정에 대하여 종종 대화를 통해 감정을 나눈다.	1	2	3	4	5
28	나는 그 날 있었던 유쾌한 일에 대하여 가족과 친구들에게 자주 이야기한다.	1	2	3	4	5
29	친구들은 나에게 말하기 힘든 이성 문제에 대하여도 종종 이야기한다.	1	2	3	4	5
30	나는 다른 사람들이 이야기하는 것을 잘 듣는 편이다.	1	2	3	4	5
31	나는 새로운 사람에게 함께 모이거나 무엇인가를 같이 하자고 요구하거나 제안하는 것을 잘한다.	1	2	3	4	5
32	나는 새로운 관계를 시작하기 위해 잘 모르는 사람들이 있는 모임에 가는 것을 잘한다.	1	2	3	4	5
33	나는 사람들을 처음 알게 될 때, 함께 하면 흥미롭고 유쾌한 사람이라는 걸 알리는 것을 잘한다.	1	2	3	4	5
34	내가 알고 싶은 새로운 사람과 대화를 이끌어가는 것을 잘한다.	1	2	3	4	5
35	나는 흥미를 느끼거나 매력적이라고 생각하는 새로운 사람과 함께 할 것을 찾거나 제안하는 것을 잘한다.	1	2	3	4	5
36	나는 알고 싶은 사람(혹은 데이트하고 싶은 사람)에게 스스로를 소개하는 것을 잘한다.	1	2	3	4	5

자기진단	하위 요인	문항 수	문항 번호	채점 및 해석
공감 능력	관점 수용 능력 사고 조절 능력 감정 표현 능력 감정 몰입 능력 관계 형성 능력 의사 소통 능력	6 6 6 6 6 6	1-6 7-12 13-18 19-24 25-30 31-36	해당 요인의 반응을 합산 후에 해당 문항 수로 나누어서 평균을 구한다.
전체	공감 능력	36	1-36	

전국 300명을 대상으로 전문조사기관을 통해 수집된 자료(김정희 외, 2022)에 의하면, 전체 공감 점수는 평균이 5점 척도상에서 3.68점(표준편차=0.48)으로 중간 수준 이상이었다. 인지적 공감 점수는 평균이 3.91점(표준편차=0.53), 정서적 공감 점수는 평균이 3.84점(표준편차=0.58), 행동적 공감 점수는 평균이 3.29점(표준편차=0.70)으로 모두 중간 수준 이상으로 나타났다.

Chapter 10

신뢰

• *Trust* •

Chapter 10

신뢰

누군가를 믿을 수 있는지 알아보는 가장 좋은 방법은 그 사람을 신뢰하는 것이다.

The best way to find out if you can trust somebody is to trust them.

– 어니스트 헤밍웨이(Ernest Hemingway) –

우리는 수많은 관계 속에서 살아간다. 누구도 혼자서 세상을 살 수는 없다. 1960년대에 미국 사회심리학자 스탠리 밀그램(Stanly Milgram)은 중간 단계를 여섯 번만 거치면 모든 사람이 누구와도 아는 사이가 된다는 '작은 세상small world' 아이디어를 펼쳤다. 우리가 모든 사람을 다 알 수는 없지만, 우리가 아는 어떤 사람은 또 다른 사람을 알 수도 있다. 원하든 원치 않든, 우리는 누군가와 항상 연결된 존재이고 작은 세상에서 살고 있다. 그래서 믿을 수 있는 관계를 만드는 것은 삶의 중요한 과제인데, 인간관계의 근간이자 바탕이 되는 중요한 핵심 요인 중의 하나가 신뢰다. 우리가 건강하고 행복한 관계를 만드는 데 신뢰는 필수불가결하다. 세계행복보고서(World Happiness Report, 2025)에 따르면, 핀란드는 8년 연속 세계에서 가장 행복한 나라로 선정되었는데, 그 이유는 핀란드 사회 전반에 뿌리내린 근본적인 신뢰였고, 굳건한 신뢰를 통해 개인이 느끼는 안전함과 편안함이 핀란드를 세계에서 가장 행복한 나라로 만들었다.

"나는 나를 믿어요", "나는 당신을 믿어요", "나는 이 사회를 믿어요" 우리는 살면서 이런 말을 종종 하거나 듣곤 한다. 신뢰는 누군가에 대한 기대와 믿음으로 시작된다. 불확실성이 난무한 세상에서 누군가를 신뢰한다는 것은 말처럼 쉽지 않다. 누군가를 믿는다는 이 말처럼 사람을 든든하게 만드는 말이 있을까? 우리는 경험을 통해 신뢰를 바탕으로 한 관계와 그렇지 않은 관계의 차이가 크다는 것을 깨닫고 있으며, 그 차이가 극명하다는 사실을 이미 잘 알고 있다. 또한, 우리는 살아가면서 누군가에게 강한 확신을 주기도 하고 때로는 자신조차도 의심하는 신념과 믿음을 타인을 통해 단단하게 만들기도 한다. 이처럼 우리는 누군가를 신뢰할 때 그의 진정성과 능력을 믿는다. 반면, 신뢰가 부족하면 자연스럽게 의심이 생겨난다. 신뢰하지 않으면 상대의 성실함, 의도, 능력, 그리고 성과까지도 끊임없이 의구심을 갖게 된다.

1. 신뢰의 조건

'명성을 쌓는 데는 20년, 명성을 무너뜨리는 데는 5분'이라는 워렌 버핏(Warren Buffet)의 말처럼, 신뢰를 구축하는 과정은 많은 시간과 더불어 믿을 수 있는 말과 행동이 필요하지만, 신뢰를 잃는 데는 한순간일 수 있다. 인간관계에서 신뢰가 무엇보다 중요한 이유는 신뢰가 관계의 시작에도 중요하지만, 그 관계가 지속적으로 유지되기 위해서도 신뢰가 바탕이 되어야 하기 때문이다. 신뢰가 부족한 인간관계는 의문과 의심이 파고들고 서로에게 마음의 상처를 주면서 결국에는 갈등과 파국에 이르게 된다.

신뢰(信賴)는 '믿을 신(信)'과 '힘입을 뢰(賴)'로 구성된 한자이고, 영어로는 'Trust'라는 단어를 사용하며, 사전적으로 "굳게 믿고 의지함"이라는 뜻을 지니고 있다. 신뢰가 깊이 자리 잡은 관계는 서로에게 안정적으로 긍정적인 영향을 미치고, 상대방을 믿고 의지할 수 있으며, 갈등이 발생하더라도 해결 방법을 함께 모색할 수 있다. 신뢰가 있는 관계는 감정과 생각을 자유롭게 표현할 수 있어서 소통이 원활해지고, 서로의 성장과 발전을 지원하는 역할을 한다. 신뢰가 있는 관계에서는 상대방이 나의 말과 행동을 존중할 것이라는 확신이 있기 때문에 보다 솔직하게 대화할 수 있고, 긍정적인 에너지를 유지할 수 있으며, 불신으로 발생하는 감시와 통제에 따르는 비용 또한 줄

일 수 있다. 신뢰는 보이지 않는 자본으로, 신용credit 사회의 가장 기본이 된다고 할 수 있다.

신뢰가 부족한 관계에서는 불안과 의심이 끊이지 않는다. 상대방의 말이나 행동에 대해 끊임없이 의구심을 품게 되고, 작은 오해가 쉽게 갈등으로 번질 가능성이 높다. 또한, 신뢰가 부족한 관계는 소통이 원활하지 않고, 서로의 의도를 곡해하는 일이 빈번하게 발생하며, 감정적인 안정감을 느끼기 어렵고, 시간이 지날수록 관계가 악화될 가능성이 크다. 신뢰가 없는 관계는 지속적으로 긴장과 갈등을 유발하고, 서로에게 부정적인 영향을 미칠 수 있다. 불신의 악순환은 기존의 관계를 해체시킬 뿐만 아니라, 신뢰를 회복하기 위해 막대한 비용을 지불해야 한다.

인간관계에 있어 신뢰는 마치 집을 지탱하는 주춧돌과도 같다. 집의 세련된 외관이나 화려한 장식보다 그 관계가 오래 잘 지속될 수 있는가를 결정짓는 것은 바로 그 기초가 얼마나 단단한가에 달려 있다. 신뢰는 하루아침에 생겨나지 않는다. 신뢰가 제대로 확립되기 위해서는 다음과 같이 TRUST라는 단어에 기초하여 진실성, 현실성, 유용성, 안정성 및 전형성을 포함한 다섯 가지 필요조건을 갖추어야 한다고 볼 수 있다.

1.1. 진실성

신뢰는 진실성truth이 있어야 한다. 개인 간의 관계에서나 조직과의 관계에서 신뢰를 만들기 위해서는 진정성을 느낄 수 있도록 진실성이 있어야 한다. 진실성과 정직함은 신뢰의 가장 기본적인 조건이다. 거짓말이나 속임수로 당장의 위기는 모면할 수 있어도 사실이 발각되었을 때 신뢰를 심각하게 훼손하게 된다. 감당하기 어려운 진실이라도 솔직하게 말하는 것이 장기적으로는 신뢰관계에 더 도움이 된다. 때로는 불편한 진실을 말하는 것이 쉽지 않을 수 있지만, 정직한 소통은 궁극적으로 더 강한 신뢰관계를 형성한다. 진실한 사람은 자신의 실수도 숨기지 않는다. 오히려 솔직하게 털어놓고 책임지려는 자세를 보인다. 솔직함이야말로 신뢰의 강력한 토대가 된다.

1.2. 현실성

신뢰는 현실성reality이 있어야 한다. 신뢰할 수 있는 관계는 사실과 현실에 기반을 둔 현실성에 바탕을 두어야 한다. 현실적인 기대와 실현 가능한 약속만을 하고, 자신의 능력과 한계를 정직하게 인정할 때 신뢰가 쌓인다. 과장된 약속이나 비현실적인 기대로 결국 이행하지 못한다면 신뢰를 더 손상시키게 된다. 추상적이고 낙관적인 약속보다는 구체적이고 현실적인 약속이 신뢰 구축에 더 도움이 된다. 즉, 현실성이란 이상과 현실 사이의 건강한 균형을 찾는 것이다. 이는 자신과 타인, 그리고 관계의 본질에 대한 정직한 인식에 기반하며, 현실에 근거한 진정성 있는 상호작용을 추구하는 것을 의미한다.

1.3. 유용성

신뢰는 유용성usefulness이 있어야 한다. 건강하고 행복한 신뢰관계가 구축되기 위해서는 해당 관계를 구성하는 모두에게 쓸모 있고 도움이 되는 유용성을 갖추어야 한다. 우리는 보통 신뢰를 도덕적이고 감정적인 개념으로 여긴다. 하지만, 우리는 생각보다 자주, 그리고 무의식중에 상대방이 나에게 유용한 존재인지 생각한다. 여기서 유용성이란 단순히 이익을 가져다주는 수단적인 의미만 있는 것은 아니다. 그것은 그 사람이 나의 삶에 실질적으로 도움이 되는지, 내가 의지할 수 있는지, 함께 있을 때 내가 성장하거나 안정을 느낄 수 있는지 하는 실질적인 관계의 '작동 여부'를 말한다. 즉, 유용성은 상호 간의 실질적 도움과 지원을 의미한다. 신뢰관계에서 서로에게 필요할 때 실질적인 도움을 제공하고, 그 도움이 실제로 가치 있을 때 신뢰가 강화된다. 건강한 신뢰관계는 일방적인 이익이 아닌 양쪽 모두에게 가치가 있어야 하기 때문이다.

1.4. 안정성

신뢰는 안정성stability이 있어야 한다. 건강한 신뢰관계는 오랜 시간 지속되는 안정성을 갖추어야 한다. 신뢰는 불확실성 위에 세워질 수 없다. 그것은 끊임없이 흔들리는 땅 위에 집을 짓는 것과 같다. 겉보기엔 아름다워도 작은 진동 하나에 무너질 수 있는 구조물처럼, 관계도 쉽게 무너지고 만다. 그래서 신뢰에는 반드시 오랜 시간 함께하면서 유지되는 안정성이 필요하다. 안정성은 신뢰의 숨은 기둥이다. 겉으로는 잘 보이지 않지만, 그 존재 없이는 전체가 유지되지 않는다. 안정성은 본질적으로 예측 가능성을 지니고, 일관된 행동 패턴을 통해 표현된다. 내가 이 사람에게 어떤 말을 했을 때 어떤 반응이 올지 어느 정도 짐작할 수 있어야 하고, 평소에 보여준 모습이 오늘도, 내일도 별로 달라지지 않을 것이라는 기대와 믿음처럼 한결같음은 안정성의 핵심이다.

1.5. 전형성

신뢰는 전형성typicality이 있어야 한다. 세상에서 만들어진 관계는 많은 공통점을 갖기도 하지만, 저마다 자기 색깔을 갖고 영역별로 특성화하고 차별화할 수 있는 전형성을 갖추어야 한다. 신뢰는 모든 관계의 핵심이지만 모든 신뢰가 같은 방식으로 형성되는 것은 아니다. 우리가 누군가를 신뢰하게 되는 방식은 그 관계의 성격에 따라 달라지고, 그 차이를 가르는 결정적인 요소 중 하나가 바로 전형성이다. 전형성이란 어떤 대상이 우리가 기대하는 특정 범주의 대표적인 이미지에 얼마나 부합하는가를 말한다. 친구, 연인, 가족, 동료와 같은 대인관계에서 신뢰의 전형성은 감정에 뿌리를 두고 인간적인 따뜻함과 정서적 안정감에 기반을 둔다. 반면 조직, 비즈니스, 서비스와 같은 거래적 관계에서의 신뢰는 정서보다 기능과 성과에 의해 형성된다. 인간관계의 결은 전형성에 따라 특성화되어야 한다.

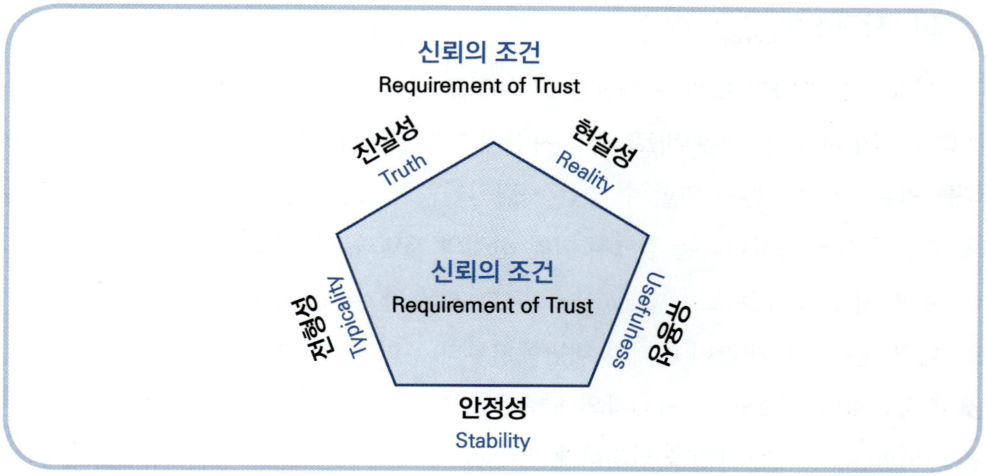

2. 신뢰의 유형

모든 관계는 신뢰라는 토대 위에 세워진다는 점에서 인간관계의 중심축은 신뢰라고 할 수 있다. 흔히 신뢰를 '타인을 향한 마음' 혹은 '타인에 대한 믿음'으로 생각한다. 하지만 신뢰는 그보다 훨씬 더 복합적이고 다층적이다. 신뢰의 조건 중 전형성에 입각할 때, 적어도 신뢰는 자기신뢰, 타인신뢰, 조직신뢰 및 고객신뢰를 포함한 네 개의 차원으로 나누어서 살펴보아야 한다. 여기서 자기신뢰는 말 그대로 자기 자신에 대한 믿음을 말하며, 타인신뢰는 타인에 대한 믿음으로 우리가 신뢰를 말할 때 쉽게 연상할 수 있는 신뢰이다. 조직신뢰는 조직에 대한 신뢰로 조직 구성원들인 내부 고객이 해당 조직에 대해 갖고 있는 믿음을 말하는데, 여기서 조직은 기업이 될 수도 있고 병원이 될 수도 있으며, 정부가 될 수도 있다. 고객신뢰는 조직신뢰와는 달리 외부 고객이 해당 조직의 브랜드나 상품 혹은 서비스를 포괄하여 사용하면서 경험하게 되는 고객으로서 갖는 믿음을 말한다.

2.1. 자기신뢰

"자신을 신뢰하지 못하는 사람은 그 누구도 신뢰하지 못한다."라는 말처럼, 모든 신뢰의 기초가 되는 것은 바로 자기 자신에 대한 신뢰인 자기신뢰Self Trust다. "나는 나를 믿는가?", "나는 신뢰할 수 있는 사람인가?"처럼, 자기신뢰는 신뢰의 주체와 객체 모두가 자기 자신이라는 점에서 다른 신뢰의 개념과는 뚜렷하게 다른 특성을 갖는다. 랠프 월도 에머슨(Ralph Waldo Emerson, 2015)은 자기신뢰가 성공의 첫 번째 비결이고, 다른 사람들의 생각이 아니라 내면에서부터 우러나오는 자기 자신의 생각을 믿는 것이 중요하다고 보았다. 자신과의 약속을 지키거나 의미 있는 목표를 정하고 그것을 실행할 때 우리는 자신을 신뢰하게 된다(Covey, 2009). 모든 신뢰는 자기신뢰에서 시작되기 때문에, 타인을 믿고 싶다면 먼저 나를 믿을 수 있어야 한다. 그래서 건강하고 행복한 인간관계를 만들려면 자기 자신에 대한 신뢰부터 높이는 것이 중요하다.

최근 연구(남윤주, 2020)에 의하면, 자기신뢰는 자기개념Self Concept에 기초한 것으로 자신감, 자기효능감, 자기존중감, 및 자기만족을 포함하여 구성되어 있다. 자기신뢰가 높은 사람은 무엇이든 할 수 있다는 자신과 자신의 경험에 대한 신뢰인 자신감Self Confidence을 갖고 있고, 자신이 무슨 일이든 효과적으로 할 수 있는 능력에 대한 믿음인 자기효능감Self Efficacy을 높은 수준으로 유지하고 있으며, 자기 스스로의 가치를 존중하는 자기존중감Self Esteem이 높고, 현재의 자신의 모습에 만족하는 경향인 자기만족Self Contentment이 높다. 신뢰의 기초인 자기신뢰는 동양철학에서 만물을 생성하는 근원이 되는 기운이라는 '기(氣)'와 유사하다. '기를 살려주라'는 말이 스스로를 믿게 만들라는 뜻인 것처럼, 자기신뢰를 높이면 '기'가 살아나고, 자신이 만들어가는 관계와 삶에서도 진심을 다하게 된다.

2.2. 타인신뢰

우리가 매일 부딪히는 관계 속에서 가장 흔히 마주하는 신뢰는 바로 타인에 대한 신뢰다. 타인신뢰trust to others는 말 그대로 타인을 믿는 것이다. 우리는 살아가면서 마주치는 사람들에 대한 기대와 불안을 동시에 품고 있다. "이 사람은 좋은 사람일까?", "이 사람은 믿을 수 있는 사람일까?", "이 사람은 약속을 지킬까?", "내 비밀을 지켜줄까?", "필요할 때 내 편이 되어줄까?" 등 이런 질문들 속에, 타인에 대한 신뢰가 시작된다. 타인신뢰는 타인의 의도나 행동에 대해 긍정적인 기대를 함으로써 스스로 그들을 믿고자 하는 태도이다. 타인신뢰는 반복되는 행동과 경험 속에서 자라나고, 일관성과 진심을 통해 뿌리를 내리지만, 한번 배신당하면 쉽게 복구되지 않는다. 타인신뢰는 늘 시간을 필요로 하는데, 느리게 자라고, 빠르게 무너진다. 그래서 우리는 신뢰를 쌓는 것보다 신뢰를 지속적으로 유지하는 데 더 많은 에너지를 써야 한다.

하이머(Heimer, 2001)는 타인신뢰를 '자신의 이해관계와 관련하여 위험부담이 있는 상황하에서 상대방이 자신의 이해관계에 해가 되는 결과를 가져오지 않을 것이라고 기대하고, 자신의 이해관계를 상대방에게 믿고 맡기는 것'이라고 하였다. 이처럼, 타인신뢰는 상대방의 행동으로 인해 입을 수 있는 위험까지도 기꺼이 수용한다는 뜻을 포함하고 있다. 그래서 좋은 사람을 만나지 못하거나 건강한 관계가 만들어지지 않으면, 우리는 자주 그리고 많이 아프고 다칠 수 있다.

2.3. 조직신뢰

조직신뢰trust to organization란 조직에 대한 조직 구성원의 신뢰를 말한다. 조직에 대한 신뢰는 자연스럽게 구성원의 조직에 대한 몰입과 애착 및 충성을 이끌어내고, 조직의 체질과 전통이라는 조직문화와 조직윤리로 자리매김하게 된다. 사회가 전보다 투명해지고 글로벌 경제환경이 상호 의존적으로 바뀌면서, 조직신뢰는 그 어느 때보다 중요한 요소로 자리 잡고 있다. 조직신뢰의 핵심은 투명한 의사소통, 공정한 정책 실행, 직원 역량 강화, 그리고 리더의 윤리적 행동을 통해 구축된다. 조직신뢰는 구성원들이 그 조직이 공정하게 운영될 것이라는 믿음을 갖고, 노력이 제대로 보상받을 것이라는 기대를 하며, 리더가 일관되고 책임 있게 행동할 것이라는 확신에서 비롯된다. 위기 상황에서 조직이 보이는 반응도 구성원들의 신뢰 형성에 큰 영향을 미친다.

조직신뢰가 무너지면 사람들은 눈치를 보기 시작하고, 방어적으로 움직이며, 결국 심리적 이탈이 일어난다. 조직신뢰가 낮으면 개인과 조직 모두 큰 비용 부담을 감수해야 한다. 구성원 간에 솔직하지 않게 되고, 사무실 정치가 생겨나며, 개인 간의 갈등과 부서 간의 경쟁이 생기고, 자기보호적인 의사소통을 낳는다. 그리고 이 모든 것은 부메랑이 되어 다시 신뢰를 악화시킨다. 눈에 보이지 않지만 조직 전체를 지탱하는 것은 시스템이 아니라 신뢰다. 신뢰받는 조직은 사람들이 남고 싶어 하는 조직이다. 복지나 급여가 아닌 '함께할 수 있다는 믿음'이 사람을 붙들어 놓는다.

2.4. 고객신뢰

현대사회에서 가장 중요한 키워드 중 하나가 고객이다. 고객이 없으면 비즈니스도 불가능하다. 고객은 고객을 필요로 하는 모든 분야의 생존과 성장의 근원이고, 비즈니스는 고객의 신뢰를 얻어야만 굴러간다. 고객신뢰customer trust는 말 그대로 고객의 믿음이고, 소비상황에서 고객과의 우호적이고 장기적인 관계를 형성할 때 매우 중요한 요인이다. 현대사회에서 브랜드와 서비스, 그리고 제품은 모두 고객의 신뢰 위에 존재한다. 고객신뢰는 단순히 "좋은 물건을 팔겠지"라는 기대를 넘어선다. 적어도 "내가 거래하는 브랜드는 나를 실망시키지 않을 것", "문제가 생기면 책임을 질 것", "내 시간을 낭비하지 않을 것"이라는 믿음을 포함하는 복합적인 신뢰다.

고객신뢰는 쌓는 데는 수년이 걸리지만, 단 한 번의 거짓이나 무성의함으로 무너진다. 그래서 기업은 늘 신뢰를 마케팅하는 것이 아니라, 실천해야 한다. 진정한 브랜드 가치는 '신뢰의 총량'으로 측정된다. 고객과의 관계 형성은 기업의 존립뿐만 아니라 성장에도 절대적인 영향을 가지며, 고객신뢰는 경제학적인 관점에서 거래비용의 감소 효과를 가져올 수 있고, 고객을 영업사원으로 만들 수 있다. 신뢰하는 고객은 누구보다도 탁월한 홍보인력으로 제품과 기업을 다른 사람들에게 추천한다. 그러므로 고객신뢰는 고객과의 관계를 선순환구조로 만드는 데 중요하다. 광고보다 후기에, 설명보다 체험에, 약속보다 실행에 더 많은 관심과 투자를 함으로써 고객신뢰를 제고할 필요가 있다.

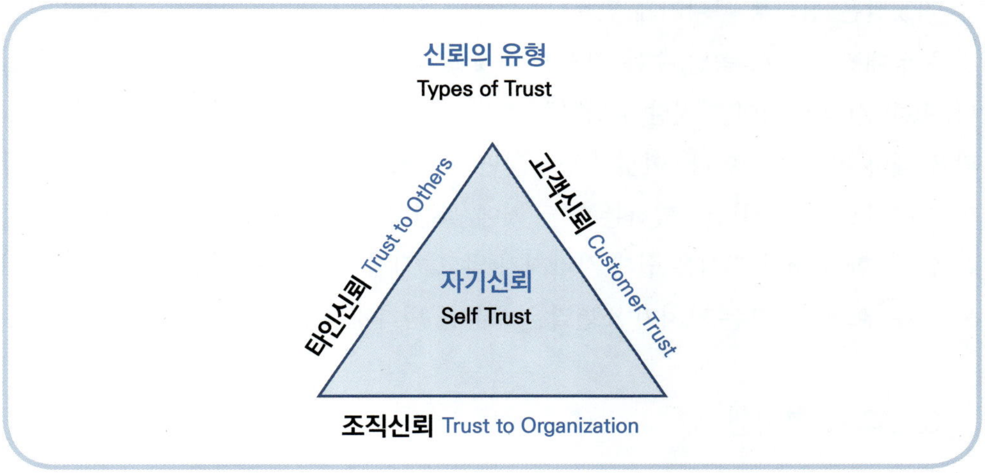

3. 신뢰의 파괴

신뢰는 보이지 않는 도자기와 같다. 단단해 보이지만 한번 금이 가면 본래의 모습으로 되돌리기는 쉽지 않다. 신뢰가 깨지는 순간은 인간관계에서 가장 치명적인 순간이며, 이는 다양한 형태로 나타난다. 우리는 친구, 가족, 연인, 직장 동료 등 다양한 관계 속에서 신뢰를 쌓아가지만, 한순간의 실수나 배신으로 그것이 무너질 때 관계는 깊은 상처를 입는다. 신뢰가 무너질 때 발생하는 감정적 반응은 다양하다. 상대방에 대한 실망, 분노, 상실감, 배신감 등이 복합적으로 작용하며, 이러한 감정은 관계를 더욱 소원하게 만든다. 특히 신뢰가 중요한 역할을 하는 깊은 관계일수록, 깨진 신뢰가 가져오는 충격과 고통은 더욱 크다. 그로 인해 관계를 지속하기 어려워지고, 결국 파국과 절교로 이어지는 경우도 많다. 신뢰가 깨지는 이유는 다양한데, 그중 대표적인 이유를 살펴보자.

3.1. 거짓말

거짓말은 신뢰를 무너지게 만든다. 순간의 위기를 모면하기 위해 거짓말을 하는 것은 상대방을 잠시 속일 수는 있지만 거짓말이 드러나는 순간 신뢰는 무너지게 된다. 특히 신뢰에 있어 거짓말이 위험한 것은 하나의 거짓말을 덮기 위해 또다른 거짓말을 해야 한다는 것이다. 이것이 반복되면 아무리 진실을 얘기한다고 해도 더 이상 믿기도 어렵고 그 사람이 말하는 모든 것에 불신이 생기기 때문이다. 영원한 거짓말은 없다. 한번 생긴 의심은 쉽게 사라지지 않고, 점점 더 관계를 어렵게 만든다. 적어도 이솝 우화에 나오는 양치기 소년같은 오류를 범하지는 말아야 한다.

3.2. 약속 불이행

약속을 지키지 않는 것이다. 사소한 것부터 중요한 것까지 약속을 이행하지 않으면 신뢰가 깨지게 된다. 약속은 자기 자신과의 약속부터 타인과의 약속, 국가가 국민에게 하는 약속까지 다양하다. 매년 초가 되면 새해 결심, 어학 공부, 운동, 다이어트 등 새로운 목표를 세우곤 한다. 하지만 어느 순간이 되면 시간이 없어서, 귀찮아서 미루고 미루다 흐지부지되는 경우가 다반사이다. 자기 자신과의 약속부터 지켜야 한다. 타인과의 약속의 경우 매번 약속시간을 지키지 않거나 잦은 말바꿈은 상대방이 하는 말의 가치를 의심하게 한다. '나와의 약속이 중요하지 않나? 그럼 약속을 왜 하지? 또 안 지키겠지' 하는 생각과 함께 더 이상 그 사람과는 무슨 일이든 지속적인 관계 유지를 어렵게 만든다. 행동과 말이 일치하지 않고, 상황이나 상대방에 따라 다른 모습을 보일 때 신뢰는 약해진다.

3.3. 역할 불성실

역할을 제대로 이행하지 않는 것이다. 우리는 여러 관계에서 각자에게 주어진 특정한 역할과 책임을 기대하게 된다. 부모-자녀 관계든 연인관계든 직장 내 관계든 기대된 자기 역할을 수행하지 않을 때 관계의 기반은 약해지고 신뢰는 흔들린다. 가정에서 내 역할을 다하는 것, 연인으로서 서로에게 정서적 지지자, 동반자의 역할을 다하는 것, 직장에서 주어진 내 임무를 다하는 것, 사회에서 구성원으로서 역할을 다하는 것은 매우 중요하다. 어느 한쪽만 역할을 다하고 다른 쪽은 그렇지 못할 때, 우리는 불균형과 불공정함을 느끼게 된다. 이는 점차 원망과 분노로 이어질 수 있다. 상대방이 기대에 미치지 못하고 자신의 역할을 수행하지 않으면, 관계의 안정성과 예측가능성이 떨어져 안전감을 감소시키고 불안을 증가시키는 원인이 된다.

4. 신뢰의 회복

한번 무너진 신뢰를 다시 회복하는 것은 결코 쉬운 일이 아니다. 배신과 상처 이후에 신뢰를 회복하기 위해서는 이전보다 더 많은 시간이 필요하며, 진정한 노력과 행동 변화가 수반되어야 한다. 신뢰 회복은 단순한 사과나 변명이 아닌, 상처받은 상대방이 다시 믿음을 갖고 마음을 열도록 돕는 과정이다. 신뢰는 한번 무너지면 마치 깨진 도자기처럼 조각을 다시 맞춘다고 해도 금이 생기고, 매끈했던 자리엔 이음새가 생긴다. 그래서 신뢰 회복은 단순한 복구가 아니다. 완전히 새로운 방식으로 관계를 다시 시작하는 것과도 같다. 그럼에도 불구하고 신뢰는 다시 회복될 수 있으며, 그 과정은 관계를 더욱 단단하게 만들 수 있는 기회가 되기도 한다. 중요한 것은 진정한 반성과 지속적인 노력을 통해서만 가능하다는 것을 잊지 말아야 한다. 신뢰의 조건에 입각하여 다시 관계를 구축하기 위해서는 다음과 같은 노력이 필요하다.

4.1. 원인 파악

신뢰를 회복하는 첫 번째 단계는 왜 신뢰가 깨졌는지 이유를 파악하고 깊이 이해하는 것이다. 신뢰가 깨진 것에 대한 상대방의 감정을 단순히 무마하려는 것이 아니라, 사실과 현실을 기반으로 내 말과 행동이 상대방에게 어떤 영향을 미쳤는지를 진지하게 고민해야 한다. 자신의 실수를 변명하려 하거나 상대방의 감정을 과소평가해서는 안 된다. 상대가 왜 마음에 상처받았고, 어떤 점에서 배신감을 느꼈는지를 명확히 알고 인정하는 것이 신뢰 회복의 출발점이다. 때때로 신뢰가 깨지는 이유가 단순한 오해에서 비롯되기도 한다. 상대방이 나의 의도를 잘못 해석했거나, 불충분한 소통으로 인해 문제가 발생했을 수도 있다. 하지만 이런 경우라도 "그건 네가 오해한 거야"라고 단정 짓기보다는, 상대의 감정을 존중하며 충분히 설명하는 과정이 필요하다. 왜냐하면, 신뢰가 깨진 사람은 상처받았고, 그 감정을 완전히 극복하는 데 시간이 필요하기 때문이다. "언제까지 그렇게 화내고 있을 거야?"와 같은 말로 상대방을 재촉하는 것은 오히려 관계를 더 악화시킬 뿐이다. 상대방이 충분히 감정을 표현할 수 있도록 시간을 주고 상대의 말을 경청하며, 이해하려는 태도를 유지해야 한다. 때로는 그들의 분노나 실망이 지나치게 보일 수도 있지만, 그것조차도 신뢰를 회복하는 과정의 일부라고 생각해야 한다.

4.2. 진정성 있는 자기성찰

신뢰가 무너졌다면 사과하는 것이 필요하지만, 단순히 "미안해"라고 말하는 것만으로는 부족하다. 진실함과 정직을 느낄 수 있는 진실성을 바탕으로 한 진정성 있는 사과는 상대방의 감정을 공감하는 태도에서 비롯된다. 상대방이 느꼈을 상처와 배신감을 이해하고, 그 감정을 가볍게 여기지 않는다는 것을 보여주는 것이 중요하다. "내가 그런 행동을 해서 너에게 상처를 줬다는 걸 알게 되었어. 정말 미안해. 앞으로는 같은 실수를 반복하지 않도록 신중하게 행동할게."와 같이 구체적으로 자신의 실수를 인정하고, 같은 잘못을 반복하지 않겠다는 의지를 보여주는 자기성찰이 신뢰 회복의 시작이다. 만약 상대방이 쉽게 용서하지 않는다고 해도 조급해하지 말고, 상대가 감정을 정리할 시간을 충분히 주어야 한다. 신뢰는 무너지는 순간은 짧지만, 다시 쌓는 데는 더 긴 시간이 걸린다. 사람마다 상처를 회복하는 속도가 다르며, 누군가는 쉽게 용서할 수도 있지만 누군가는 오랜 시간 동안 불안감을 가질 수도 있다. 중요한 것은 상대방이 신뢰를 회복할 준비가 될 때까지 기다려주는 것이다. 조급한 마음으로 상대방이 빨리 용서해주길 바라거나, 신뢰를 강요해서는 안 된다. 신뢰는 강요로 얻어지는 것이 아니라, 상대방이 자연스럽게 다시 믿음을 가질 때 회복되는 것이다.

4.3. 행동 변화

신뢰가 깨졌다는 건, 말의 무게가 사라졌다는 뜻이다. 그래서 회복은 말로만 하지 않는다. 말보다 그 사람이 지켜보는 앞에서 지켜지는 행동들이 더 중요하다. 아무리 진심 어린 사과를 해도, 이후의 행동이 변하지 않는다면 상대방은 다시 믿음을 가지기 어렵다. 예를 들어, 약속을 어겨 신뢰가 깨졌다면, 이후에는 약속을 철저히 지키는 모습을 보여야 한다. 거짓말로 인해 신뢰가 깨졌다면, 항상 솔직하게 소통하는 태도를 유지해야 한다. 행동의 변화는 단기간에 이루어지는 것이 아니라, 오랜 시간에 걸쳐 반복되면서 상대방의 마음을 다시 열게 만든다. 서로의 관계에 있어 도움이 되는 유용성을 위해 작은 약속을 꾸준히 지키고, 신뢰를 쌓을 수 있는 작은 행동부터 시작하는 것이 중요하다.

행동으로 보여주기 위해서는 꾸준한 소통이 필요하다. 신뢰가 깨졌을 때 사람들은 서로의 감정을 숨기고 대화를 피하려는 경향이 있다. 하지만 오히려 서로의 감정을 솔직하게 나누고, 오해가 쌓이지 않도록 지속적인 대화를 유지하는 것이 필수적이다. 상대방이 걱정하는 부분을 이해하고, 그에 맞춰 소통하는 것이 중요하다. 필요하다면 관계의 새로운 규칙을 정하거나, 서로의 기대치를 조정하는 것도 한 가지 방법이다. 다시 구축된 신뢰가 오랜 시간 지속되기 위해서는 안정성을 바탕으로 하는 것이 필요하다. 상처받은 사람의 고통을 인정하고, 그들이 다시 다가올 수 있는 시간과 공간적 여유를 주고 내가 먼저 다가가야 한다. 그것은 상대방에 대한 존중과 자기성찰을 동반해야 하며, 앞으로의 행동이 예측 가능하도록 일관된 모습을 보이려고 노력해야 한다.

4.4. 지속적인 노력

신뢰를 회복하는 과정은 힘들고 고통스러울 수 있다. 하지만 비가 온 뒤에 땅이 더 굳어지듯이 이 과정을 통해 관계는 더욱 단단해질 수 있다. 어려운 시기를 함께 극복하면서 서로의 중요성을 다시 깨닫고, 이전보다 더 깊은 유대감을 형성할 수 있다. 완벽한 사람은 없다. 실수를 했을 때 이를 숨기거나 변명하는 대신, 솔직하게 인정하고 책임지는 태도를 보이는 것이 신뢰를 지키는 데 도움이 된다. 책임감 있는 태도는 상대방이 나를 더욱 신뢰할 수 있도록 만든다. 신뢰를 다시 쌓는 것은 결코 쉬운 일이 아니지만, 그 노력은 분명 값진 결과로 돌아올 것이다. 신뢰를 기반으로 한 건강한 관계는 삶의 만족도를 높이고, 행복한 삶을 만들어준다. 신뢰가 있는 관계에서는 서로의 존재 자체가 안정감을 주며, 감정적으로도 편안함을 느끼고 행복한 순간순간을 만끽하게 해준다. 또한, 갈등이 발생하더라도 신뢰를 바탕으로 해결책을 찾아갈 수 있기 때문에 관계가 더욱 깊어지고 단단해진다. 이러한 신뢰관계는 가족, 친구, 연인, 직장 동료 등 모든 인간관계에서 긍정적인 영향을 미친다. 평생 신뢰를 유지하기 위해서는 지속적인 노력과 성찰이 필요하다. 신뢰를 지키는 것은 결코 쉬운 일이 아니지만, 이를 위해 꾸준히 노력한다면 더욱 건강하고 행복한 인간관계를 유지할 수 있을 것이다. 신뢰를 기반으로 한 관계는 우리 삶의 질을 높이는 가장 중요한 요소 중 하나임을 기억하고 실천해야 한다. 신뢰는 인간에 대한 애정과 존중의 또 다른 이름이기 때문이다.

자기 진단

신뢰와 관련하여 자기진단을 해 볼까요? 신뢰는 크게 자기신뢰, 타인신뢰 및 고객신뢰를 포함하여 세 가지 측면에서 살펴볼 수 있습니다. 솔직하게 자신의 신뢰 수준을 확인해 볼까요?

신뢰 척도 (Trust Scale)

No.	문항	전혀 그렇지 않다	그렇지 않다	반반이다	그렇다	매우 그렇다
01	나는 나 자신을 믿을 수 있다.	1	2	3	4	5
02	나는 내가 맡은 일을 잘 처리할 수 있는 능력이 있다고 믿는다.	1	2	3	4	5
03	나는 내가 다른 사람들에게 존중받고 있다고 생각한다.	1	2	3	4	5
04	나는 내가 가치 있는 사람이라고 생각한다.	1	2	3	4	5
05	나는 나 자신에게 만족한다.	1	2	3	4	5
06	나는 대부분의 사람들이 기본적으로 정직하다고 생각한다.	1	2	3	4	5
07	나는 대부분의 사람들이 깨끗하고 올바른 삶을 산다고 생각한다.	1	2	3	4	5
08	나는 대부분의 사람들이 다른 사람들과 솔직하게 소통한다고 생각한다.	1	2	3	4	5
09	나는 대부분의 사람들이 약속한 일을 잘 지킨다고 생각한다.	1	2	3	4	5
10	내가 가입한 기업은 고객과의 약속을 성실히 지킨다고 생각한다.	1	2	3	4	5
11	내가 가입한 기업은 고객들을 친절하게 대한다고 생각한다.	1	2	3	4	5
12	내가 가입한 기업은 정직하다고 생각한다.	1	2	3	4	5
13	내가 가입한 기업의 업무처리는 정확하다고 생각한다.	1	2	3	4	5

No.	문항	전혀 그렇지 않다	그렇지 않다	반반 이다	그렇다	매우 그렇다
14	내가 가입한 기업은 고객들과 적극적으로 소통하려고 노력한다고 생각한다.	1	2	3	4	5
15	내가 가입한 기업을 전반적으로 신뢰한다.	1	2	3	4	5
16	내가 가입한 기업은 고객이 만족할 때까지 최선의 노력을 다할 것이라고 생각한다.	1	2	3	4	5

자기 진단	하위 요인	문항 수	문항 번호	채점 및 해석
신뢰	자기신뢰 타인신뢰 고객신뢰	5 4 7	1-5 6-9 10-16	해당 요인의 반응을 합산 후에 해당 문항 수로 나누어서 평균을 구한다.
전체	신뢰	16	1-16	

전국 300명을 대상으로 전문조사기관을 통해 수집된 자료(남윤주 외, 2018)에 의하면, 전체 신뢰점수는 평균이 5점 척도상에서 3.37점(표준편차=0.64)으로 중간 수준 이상이었다. 자기신뢰 점수는 평균이 3.56점(표준편차=0.73), 타인신뢰 점수는 평균이 3.20점(표준편차=0.82), 고객신뢰 점수는 평균이 3.35점(표준편차=0.69)으로 모두 중간 수준 이상으로 나타났다.

Chapter 11

소통

• *Communication* •

Chapter 11

소통

좋은 리더는 많은 말을 하지 않는다. 대신 필요한 때에 올바른 말을 한다.

A good leader doesn't talk the most. They speak at the right time

– 미국 44대 대통령, 버락 오바마(Barack Obama) –

인간은 근본적으로 관계를 통해 살아가는 존재다. 나이가 들수록 인간관계는 수가 아니라 '깊이'가 중요해진다. 깊은 관계는 하루아침에 만들어지지 않는다. 진심 어린 말 한마디, 솔직한 표현, 그리고 일관된 관심과 신뢰를 통해 서서히 쌓여간다. 건강하고 행복한 인간관계를 만드는 출발점은 소통이다. 소통communication은 특별한 기술이 아니라 마음을 여는 용기와 상대를 향한 진정한 관심에서 시작된다. 인간관계는 나 혼자가 아닌 '우리'가 되는 과정이고, 소통은 우리의 마음 길을 열어준다. '우리'라는 공감대와 유대감을 만들어 주는 힘이 바로 소통이다. 우리의 삶을 구성하는 인간관계는 소통으로 시작되고, 공감으로 깊어지며, 신뢰로 이어진다. 지금 우리가 해야 할 일은 간단하다. 먼저 말을 건네고, 진심으로 듣고, 있는 그대로 표현하는 소통을 하는 것이다. 그렇게 우리는 서로의 마음에 닿을 수 있고, 함께 건강하고 행복하게 살아갈 수 있는 관계를 만들어갈 수 있다. 소통은 인간관계의 본질이고, 우리가 하루하루를 살아가면서 배워야 할 가장 중요한 삶의 지혜이다.

1. 소통의 본질

소통은 단순한 말의 주고받음이 아니라, 서로의 마음을 이해하고 연결하는 깊은 과정이다. 무엇을 말하느냐보다 어떻게 말하고 어떻게 듣느냐가 더 중요하며, 진심 어린 표현과 경청은 관계를 여는 열쇠가 된다. 말뿐 아니라 표정, 눈빛, 침묵도 모두 메시지이며, 이 모든 요소가 인간관계의 깊이를 만든다. 소통은 나와 타인을 연결하는 다리이자, 관계의 생명선이다. 그래서 소통이 끊기면 관계는 메말라가고, 소통이 살아 숨 쉴 때, 관계도 함께 살아난다.

1.1. 소통의 정의

소통(疏通)은 '트일 소(疏)'에 '통할 통(通)'이라는 한자의 합이고, 영어로는 communication이라는 단어를 사용하는데, '교환하다' '공유하다'의 뜻을 지닌 라틴어 communicare가 어원이고 '통신' 혹은 '의사소통'으로 번역된다. 다시 말해서, 소통은 막힌 것을 트고 서로 통하게 하여 교환하고 공유하는 과정이자 결과라 할 수 있다. 인간관계는 함께 시간을 보내는 것만으로 형성되지 않는다. 그 핵심에는 '소통 communication'이 자리 잡고 있다. 소통이란 단순한 정보 전달이나 말의 주고받음을 넘어 감정, 가치, 의미를 상호 교환하고 해석하며, 관계를 형성하고 유지하는 전인적 과정을 의미한다. 심리학적으로 소통은 인지, 정서, 행동의 통합적 작용이다.

철학자 마르틴 부버(Martin Buber)는 인간관계를 '나-너 I-Thou'의 관계와 '나-그것 I-It'의 관계로 구분했다. '나-너' 관계는 상대를 하나의 인격체로 대하며 소통하는 관계이고, '나-그것'은 도구처럼 대하는 관계이다. 소통은 '나-너'의 관계에서만 가능하며, 이때 비로소 깊은 인간관계가 형성된다고 보았다. 미국의 심리학자 폴 바츨라빅(Paul Watzlawick)은 소통에 대해 "소통하지 않을 수는 없다 One cannot not communicate"라고 말했다. 이는 인간은 의식적이든 무의식적이든, 말이나 행동을 통해 항상 메시지를 전달하고 있다는 사실을 강조한 말이다. 침묵조차도 하나의 메시지이며, 모든 인간관계에는 필연적으로 소통이 개입된다는 뜻이다. 또한, 사회심리학자 앨버트 메러비언(Albert Mehrabian)은 메시지 전달에서 말의 내용은 7%, 음성 톤은 38%, 표정과 몸짓 등과 같은 시각적 요소가 55%를 차지한다고 주장하면서, 우리가 무엇을 말하느냐보다 어떻게 말하느냐, 어떤 태도로 전달하느냐가 소통의 질을 좌우한다고 보았다. 작가 어니스트 헤밍웨이(Ernest Hemingway)는 "듣는 훈련을 하라. 대부분의 사람들은 듣지 않는다"라고 말했다. 사람들은 말하는 데 집중하느라 정작 중요한 것을 놓치곤 한다. 그러나 누군가를 진심으로 경청하는 순간, 관계는 열리고 소통이 시작된다. 말하는 것보다 듣는 것이 더 중요할 수 있으며, 진정성 있는 경청은 상대방의 존재를 인정하고 관계의 가치를 높이는 소통의 핵심이다.

1.2. 소통의 7요소

소통은 단순한 기술이 아니라, 서로를 이해하고자 하는 태도이며 관계를 살아 있게 하는 생명력이다. 인간관계에서의 소통은 오해를 줄이고 신뢰를 쌓으며, 정서적 유대감을 강화하는 기반이 된다. 우리가 누군가에게 진심으로 말하고, 그 사람의 이야기에 귀 기울일 때, 관계는 비로소 살아 숨 쉬게 된다. 인간관계를 건강하게 유지하고 발전시키기 위해서는 말하는 연습뿐만 아니라, 듣는 연습, 공감하는 태도, 감정을 솔직하게 표현하는 용기가 필요하다. 소통은 선택이 아니라, 함께 살아가기 위한 필수조건이다. 그리고 그 소통이 있는 곳에서 인간관계는 성장하고, 삶은 더욱 풍요로워진다.

소통을 위해서는 몇 가지 기본적인 구성요소가 있으며, 각각은 인간관계의 질과 방향에 중요한 영향을 미친다.

첫째, 발신자sender는 소통의 출발점이다. 발신자는 자신의 생각, 감정, 의도를 말, 표정, 몸짓, 말투 등 다양한 방식으로 표현한다. 이때 중요한 것은 단순한 전달이 아니라, 상대방이 이해할 수 있도록 메시지를 구성하는 능력과 배려하는 태도이다. 발신자의 성숙하고 진정성 있는 표현은 신뢰할 수 있는 인간관계를 형성하는 첫걸음이 된다.

둘째, 메시지message는 발신자가 전달하고자 하는 내용이다. 메시지에는 단순한 정보뿐 아니라 감정, 가치, 태도 등이 포함된다. 메시지는 언어적 표현(말, 글)뿐만 아니라, 비언어적 표현(표정, 시선, 몸짓, 말투 등)까지 포함된다. 앨버트 메러비언의 연구에 따르면, 메시지 전달의 대부분은 비언어적 요소를 통해 이루어진다고 한다. 따라서 진심이 담긴 표현이 소통에서 매우 중요하다.

셋째, 채널channel은 메시지가 전달되는 경로를 의미한다. 말, 전화, 문자, 이메일, 영상통화 등 다양한 채널이 있으며, 상황과 관계의 특성에 따라 적절한 채널을 선택해야 한다. 특히 가까운 관계일수록 대면 대화나 음성 기반 채널이 감정을 전달하는 데 더 효과적이다. 어떤 채널을 선택하느냐는 관계의 친밀도와 목적에 영향을 미친다.

넷째, 수신자recipient는 메시지를 받아들이는 또 다른 소통의 주체이다. 수신자의 지각, 감정 상태, 경험, 기대 등은 메시지 해석에 영향을 준다. 따라서 효과적인 소통을 위해서는 메시지를 단순히 전달하는 데서 멈추지 않고, 상대가 어떻게 받아들일지를 고려하는 자세가 필요하다. 또한, 수신자의 개방성은 소통의 질을 좌우하는 중요한 요인이다.

다섯째, 피드백feedback은 수신자가 메시지를 받은 후에 보이는 반응이다. 질문, 끄덕임, 표정, 침묵, 감정 표현 등이 모두 피드백에 해당한다. 피드백은 소통이 일방적인 전달이 아닌 상호작용적 과정임을 보여주는 중요한 요소다. 공감하며 경청하거나, 자신의 생각을 정중하게 전달하는 피드백은 인간관계와 삶의 질을 더욱 깊게 만든다.

여섯째, 맥락context은 소통이 일어나는 환경과 배경이다. 물리적 맥락(시간, 장소)뿐 아니라 심리적 맥락(감정 상태, 관계의 역사), 사회문화적 맥락까지 포함된다. 같은 말이라도 언제, 어디서, 누구에게 하느냐에 따라 의미가 달라질 수 있다. 모든 인간관계에서는 상대방의 상황적인 측면들을 고려하고, 이해하며 존중하는 소통 태도가 중요하다.

일곱째, 소음noise은 메시지 전달을 방해하거나 왜곡하는 모든 요소를 말한다. 시끄러운 환경 같은 물리적 소음뿐 아니라 감정적 피로, 선입견, 오해 등 심리적 소음도 포함된다. 과거의 감정적 상처나 오해는 현재의 대화를 왜곡시킬 수 있다. 따라서 소음을 줄이고, 명확하게 소통하는 능력은 성숙한 인간관계와 삶을 유지하는 핵심 역량이다.

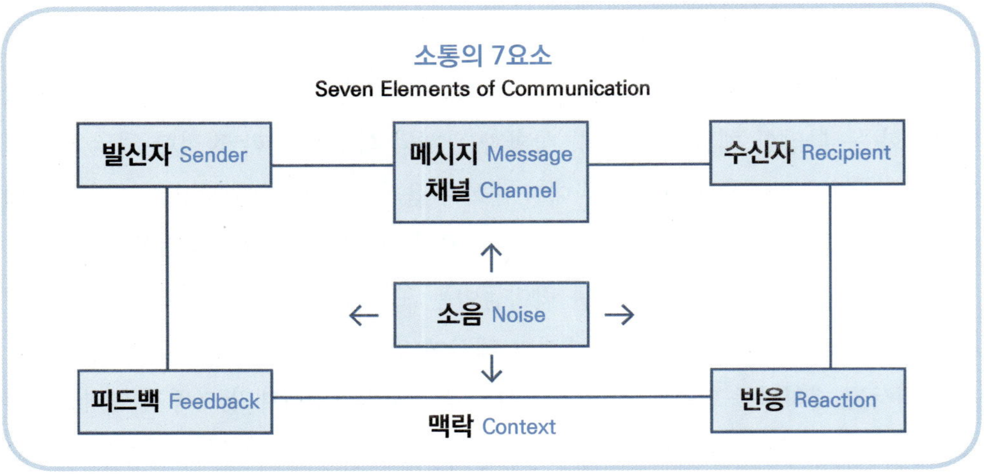

2. 소통의 벽

우리는 직장, 가정, 사회 속에서 수많은 사람들과 관계를 맺지만, 정작 마음을 나누는 진정한 소통은 점점 줄어들고 있다. 수없이 많은 말은 오가지만 감정은 닿지 않고, 함께 있어도 외로운 시대를 살고 있는 것이다. 이로 인해 혼밥, 혼영, 혼행 등 '혼자 하는 일상'이 보편화되었고, 타인의 시선이나 접촉에 불안을 느끼는 '콜포비아call phobia' 현상까지도 나타나고 있다. 독일 동서 갈등의 상징이었던 베를린 장벽처럼, 소통에도 장벽이 세워지고 있는 것이다.

2.1. 관계를 멀어지게 하는 소통

우리는 매일 누군가와 대화를 나눈다. 친구와 웃으며 수다를 떨고, 연인과 감정을 주고받고, 가족과 일상을 공유하고, 직장 동료와 업무를 조율한다. 겉보기엔 늘 말이 오가는 것처럼 보이지만, 그 속에서 마음이 어긋나는 순간들은 생각보다 자주 일어난다. 말이 오갔음에도 불구하고 서로가 이해받지 못했다고 느끼는 일, 사실 그것이 인간관계를 멀어지게 만든다. 친구와의 관계 속에서는 "괜찮아"라는 말이 대표적이다. 속으로는 무너질 듯 힘든데, 겉으로는 아무렇지 않은 척 말한다. 걱정할까 봐, 괜히 어색해질까 봐 솔직한 말을 삼키고 만다. 하지만 그렇게 감정을 감출수록, 진짜 내 마음을 알아주는 사람은 사라지고, 우리는 점점 겉돌게 된다. 친구란, 내 이야기를 들어주는 사람보다 내가 솔직해질 수 있는 용기를 주는 사람이라는 걸 잊지 말아야 한다.

연인 사이에서는 말보다 말투가 문제일 때가 많다. "왜 연락 안 했어?"라는 말도 부드럽게 건네면 관심의 표현이 되지만, 날카롭게 말하면 따지거나 비난하는 말처럼 들린다. 마음이 상해도 차라리 아무 말도 하지 않고 넘기는 순간들과 그 침묵이 쌓이면, 언젠가 상대는 더 이상 말할 마음이 없는 사람이라고 오해하게 된다. 연인 사이의 미묘한 감정은 말로 설명하지 않으면 제대로 전해지지 않는다.

가족 간에는 너무 익숙하다는 이유로 오히려 쉽게 상처를 주곤 한다. "네가 뭘 알아", "또 시작이야" 같은 말은 의도 없이 내뱉지만, 듣는 사람에게는 깊은 무시로 다가온다. 가족이니까 말 안 해도 알 거라고 생각하지만, 정작 가까운 사이일수록 말로 확인해야 할 것들이 많다. 배려 없는 말은 가족이라는 이유만으로 괜찮아지지 않는다.

직장 내 소통은 대부분 격식 속에 묻혀 있다. "네, 알겠습니다"라는 말 속에 꾹 눌러 담은 감정은 표현되지 못한 채 쌓이기 마련이다. 진심이 담기지 않은 인사, 피곤이 묻어 있는 회의, 눈치를 보는 말투 속에서 우리는 서로를 동료가 아닌 '업무 상대'로만 대하게 된다. 말은 하지만 마음은 사라진 소통, 바로 그것이 조직 내 관계를 메마르게 만든다.

이처럼 관계 속에서 말은 늘 있지만, 그 말이 마음에 닿지 않을 때 관계는 서서히 멀어진다. 감정을 담지 않은 말, 형식적으로만 반복되는 표현, 말하지 않아도 알 거라는 착각은 결국 우리를 단절로 이끈다. 반대로, 말에 마음을 담고, 들을 준비가 되어 있는 사람과의 대화는 그 자체로 연결이 된다. 우리는 소통이 어렵다고 느낄 때 말의 양을 늘리기보다는, 말의 질을 돌아볼 필요가 있다. 어떻게 말하고, 어떻게 듣는지, 그리고 내 말 속에 진심이 있는지를 자문하는 것만으로도 관계는 조금씩 달라질 수 있다. 소통은 특별한 기술이 아니라, 일상 속 작은 태도에서 시작된다. 그리고 그 태도는 우리를 사람답게, 관계를 따뜻하게 만들어준다.

2.2. 소통하지 못하는 사람들

인간관계에서 소통은 단순한 정보 전달을 넘어, 사람과 사람 사이를 이어주는 정서적 · 심리적 다리 역할을 한다. 그러나 모든 사람이 원활하게 소통하는 것은 아니며, 의사소통에 어려움을 겪는 사람들과의 관계에서는 오해가 반복되고 심리적 피로가 누적되기 쉽다. 이러한 사람들은 공통적으로 몇 가지 특징을 보이며, 이로 인해 친구, 연인, 가족, 직장 등 다양한 인간관계에서 갈등이 발생한다. 다음은 대표적인 다섯 가지 유형과 그에 따른 실제 사례들이다.

첫째, 자기표현이 부족한 사람이다. 이들은 자신의 감정이나 생각을 명확히 드러내지 않아 상대방이 불안과 혼란을 겪는다. 직장 동료가 반복적으로 무표정한 얼굴로 "괜찮습니다"라고 말하지만 표정은 분명히 불쾌한 기색을 보일 때, 함께 일하는 사람은 불편함을 느끼고 상황을 오해하게 된다. 이런 표현 부족은 친구관계에서도 나타난다. 누군가가 힘들어 보여 걱정하는 말을 건넸을 때, "아무 일도 아니야"라며 마음을 닫아버리면 정서적 단절이 생기기 쉽다.

둘째, 자기중심적으로 말하는 사람이다. 이들은 대화에서 자신의 이야기만 늘어놓고, 상대의 반응에는 관심을 기울이지 않는다. 오랜만에 만난 친구가 자신의 일만 30분 넘게 이야기하고 상대의 근황은 묻지 않는다면, 대화는 소통이 아닌 독백이 되고 만다. 연인관계에서는 더 큰 문제를 낳는다. 한 사람이 자신의 스트레스나 계획만 이야기하고 상대의 이야기를 흘려듣는다면, "나는 이 관계에서 소외되고 있구나"라는 생각이 들게 된다.

셋째, 불편한 상황을 회피하는 사람이다. 갈등을 두려워하거나 감정을 드러내는 것을 꺼리며, 문제 상황에서 대화를 피한다. 가족 간의 갈등이 발생했을 때, 한 사람이 "지금 피곤하니까 나중에 얘기하자"라는 말만 반복하며 대화를 미루면 문제는 해결되지 않고 감정만 쌓이게 된다. 직장에서도 피드백이 필요한 상황에서 아무 말 없이 묵묵부답으로 일관한다면 팀워크는 무너지게 된다.

넷째, 방어적인 태도를 보이는 사람이다. 이들은 사소한 말도 비난으로 받아들이고, 쉽게 상처를 입거나 감정적으로 반응한다. 직장에서 "이 부분은 다음에 조금 더 꼼꼼히 해보자"라고 조언했을 때 "제가 대충 했다는 말씀이신가요?"라고 반문한다면, 단순한 피드백도 갈등의 씨앗이 될 수 있다. 연인관계에서도 "요즘 연락이 뜸해진 것 같아"라는 말에 "내가 바쁜 것도 이해 못 해?"라고 반응하면, 서로 감정을 나누기 어려워진다.

다섯째, 표현이 모호한 사람이다. 이들은 말과 행동의 일관성이 부족하고, 말투나 표정이 애매해 상대에게 혼란을 준다. "아무나 이 업무 맡아도 돼요"라고 말하면서도 특정인을 바라본다면, 동료는 눈치를 보며 압박감을 느끼게 된다. 연인관계에서도 "알아서 해"라는 말을 자주 쓰면서 실제로는 특정한 기대가 있을 경우, 상대는 눈치를 보며 위축되거나 불만을 느낀다.

이와 같이, 의사소통이 어려운 사람들과의 관계는 반복적인 갈등을 낳고 정서적 거리감을 만든다. 하지만 이러한 특성은 타고난 고정된 성격이 아니라, 인식과 훈련을 통해 개선될 수 있는 관계 기술이다. 상대방의 입장을 존중하고, 자신의 감정을 명확히 표현하며, 불편한 감정도 회피하지 않고 진솔하게 마주하려는 노력이 필요하다. 인간관계의 질은 말의 기술보다 마음가짐의 태도에서 비롯되며, 진심을 담은 소통이야말로 건강하고 지속적인 관계의 출발점이 된다.

3. 소통의 회복

3.1. 소통의 효과

우리는 살아가며 수많은 관계를 맺고, 그 안에서 말하고 듣고 바라보며 연결된다. 이 연결의 중심에는 항상 '소통'이 있다. 소통은 단순히 정보를 주고받는 기능을 넘어서, 사람과 사람 사이를 이어주는 정서적 · 심리적 다리이며, 관계의 방향을 바꾸고 삶의 질을 결정짓는 핵심요소이다. 인간관계에서 소통이 미치는 대표적인 효과는 다음과 같이 다섯 가지로 나눌 수 있다.

첫째, 소통은 정서적 안정감을 만들어낸다. 심리학자 애덤스(Adams)는 개인이 타인에게 공정하게 대우받고 있다고 느낄 때 정서적으로 안정된다고 보았다. 이때 핵심은 "들어줌"과 "이해받음"이다. 상대방이 나의 말을 귀 기울여 듣고, 내 감정에 반응할 때, 뇌는 세로토닌과 옥시토신을 분비하여 심리적 안정감을 느끼게 된다. 이러한 정서적 안정은 관계의 기반이 되며, 스트레스를 줄이고 신뢰 형성의 첫 단계로 작용한다. 즉, 소통은 단순한 대화가 아니라 심리적 안식처를 제공하는 과정이다.

둘째, 소통은 신뢰를 형성하고 유지하는 힘이 된다. 심리학자 에릭 에릭슨(Erik Erikson)은 인간 발달의 첫 단계에서 중요한 것은 '기본적 신뢰basic trust'라고 보았다. 이 신뢰는 성인기까지 지속되며, 대부분 반복적이고 안정적인 상호작용을 통해 형성된다. 소통이 안정적으로 반복되면 우리는 상대를 예측할 수 있게 되고, 그에 따라 신뢰가 자라난다. 정서적 일관성과 언어적 표현의 진정성이 확보될 때 상대방은 방어를 내려놓고 관계에 더 깊이 참여하게 된다. 신뢰는 말의 양이 아니라 말의 일관성과 태도의 진실성에서 비롯된다.

셋째, 소통은 오해를 줄이고 갈등을 예방한다. 인간의 인지 체계는 제한적이며, 상황을 해석할 때 자기중심적 편향egocentric bias을 갖기 쉽다. 이로 인해 타인의 의도와 다르게 해석하거나 감정적으로 반응하면서 갈등이 생긴다. 그러나 소통은 이런 왜곡된 인식을 수정할 수 있는 기회를 제공한다. 상대방의 관점을 다시 듣고, 감정을 직접 확인하는 과정을 통해 공감empathy과 재구성cognitive reframing이 이루어진다. 심리학자 칼 로저스(Carl Rogers)가 말한 "무조건적인 긍정적 존중"은 이러한 갈등 상황에서 상대의 존재 자체를 수용하며, 방어를 낮추고 오해를 줄이는 핵심 소통 전략이 된다.

넷째, 소통은 관계의 지속성과 만족도를 높인다. 사회심리학에서는 사회적 지지social support가 삶의 질에 미치는 영향을 강조한다. 이때 핵심은 지속적인 관심 표현과 피드백이다. 관계가 오래 유지되기 위해서는 긍정적 상호작용의 빈도가 중요하며, 이는 소통을 통해 이루어진다. 심리학자 고트만(John Gottman)은 "긍정 대 부정 상호작용 비율이 5:1 이상일 때 관계가 안정된다"고 설명했다. 즉, 따뜻한 말과 관심을 표현하는 소통은 관계를 지지하고, 갈등을 회복시키며, 관계의 지속성과 만족도를 높이는 데 기여한다.

다섯째, 소통은 자기이해와 성장을 촉진한다. 말은 생각의 거울이다. 심리학자 빅토르 프랭클(Viktor Frankl)은 "말은 의미를 정리하는 행위"라고 보았고, 소통 과정에서 우리는 자신의 감정, 욕구, 가치관을 더 명확히 인식하게 된다. 특히, 말로 감정을 표현하고 상대의 피드백을 받을 때, 메타인지metacognition가 활성화되며 자신의 내면을 객관화하고 성찰할 수 있는 기회가 된다. 이러한 소통은 단지 관계를 위한 것이 아니라, 자기 성장을 위한 내적 훈련의 과정이기도 하다.

3.2. 소통을 높이는 방법

소통은 마음을 이어주고 관계를 건강하게 만드는 과정이다. 감정이 따뜻하게 오가고, 서로를 이해하려는 태도가 말 속에 담길 때, 사람 사이의 연결은 더 단단해진다. 그렇다면 일상에서 어떻게 소통을 실천할 수 있을까? 지금부터 소개할 다섯 가지 방법은 누구나 시도할 수 있는 작지만 효과적인 소통의 기술이다.

첫째, 상대의 말을 끝까지 듣는 태도는 관계의 문을 여는 열쇠가 된다. 경청은 단순히 소리를 듣는 것이 아니라, 말 속에 담긴 감정과 의미를 함께 받아들이는 것이다. 고개를 끄덕이거나 "응"이라고 반응하는 것만으로는 부족할 때가 많다. 상대가 "요즘 좀 지쳐"라고 말했을 때, "왜? 무슨 일 있었어?"라고 자연스럽게 되묻는 순간, 그 사람은 자신이 이해받고 있다고 느끼며 마음을 조금씩 열게 된다. 신뢰는 이렇게 조용한 듣기에서 시작된다. 전 미국 대통령 버락 오바마는 "우리는 누군가의 이야기를 듣기 위해 시간을 낼 때, 진정한 변화를 만들 수 있다"고 말했다. 인간관계에서도 마찬가지다. 말하는 것만큼 중요한 것이 '듣는 것'이다. 경청은 단순한 예의가 아니라, 상대의 존재를 존중하는 소통의 첫걸음이다.

둘째, 자신의 감정을 솔직하게 표현할 수 있어야 한다. 생각이나 불편한 마음을 감추지 않아도 된다. "그 말이 조금 마음에 걸렸어" 또는 "오늘은 피곤해서 말이 적을지도 몰라"와 같은 표현은 상대를 비난하지 않으면서도 자신의 상태를 부드럽게 전달할 수 있는 좋은 방법이다. 심리학에서는 이를 '자기노출'이라고 하며, 관계의 친밀감을 높이는 데 매우 효과적이라고 본다. 감정을 표현하는 것 자체가 상대를 신뢰하고 있다는 의미이기도 하다. 영화 〈인사이드 아웃Inside Out〉에서는 감정 캐릭터들이 인간 내면의 정서를 상징적으로 표현한다. 그중 '기쁨'은 "가끔은 슬픔이 있어야 진짜 기쁨이 뭔지 알 수 있어."라고 말한다. 이는 감정을 나누는 것이 인간관계에서 얼마나 중요한지를 보여준다. 상대의 기쁨뿐 아니라 슬픔과 아픔까지 함께 나눌 때, 비로소 진정한 관계가 형성된다.

셋째, 비언어적 표현을 의식적으로 조율할 필요가 있다. 말의 내용만큼이나 중요한 것이 말하는 사람의 표정, 목소리, 눈빛이다. "괜찮아"라는 말도 무표정하거나 냉담한 목소리로 들으면 오히려 상처가 될 수 있다. 반대로 부드러운 눈빛과 따뜻한 말투는 같은 말이라도 큰 위로가 된다. 소통은 말로만 이루어지지 않으며, 표정이나 태도는 말보다 더 빠르게 마음을 전한다.

넷째, 감정을 자주 표현하고, 중요한 메시지는 꼭 확인하는 습관이 필요하다. "말 안 해도 알겠지"라는 생각은 관계를 멀어지게 만들 수 있다. 작은 고마움이나 미안함도 말로 표현될 때, 상대는 마음을 더 열게 된다. 또한, 오해가 생길 수 있는 말은 "혹시 내 말이 불편하게 들렸을까?"처럼 되묻는 것이 좋다. 이런 확인은 절차가 아니라 상대의 마음을 정확히 이해하고 싶다는 표현이기도 하다.

다섯째, 말보다 침묵이 필요한 순간도 있다는 사실을 기억해야 한다. 모든 상황에 말을 덧붙일 필요는 없다. 힘든 마음을 꺼내지 못하는 사람 곁에서 조용히 함께 있어주는 것도 훌륭한 소통이다. 말하지 않아도 마음이 전해지는 순간, 관계는 더 깊고 성숙한 단계로 나아간다. 상황에 따라서는 침묵은 단절이 아니라 배려이며, 기다림 속에서도 충분히 마음을 나눌 수 있다.

3.3. 공감소통

모든 소통의 시작은 '마음을 여는 일'에서 비롯된다. 공감소통은 "내가 먼저 마음을 연다"는 태도를 바탕으로, 사람과 사람 사이의 마음을 연결하는 다리이자 관계의 문을 여는 열쇠이다. 세상의 모든 문에는 양쪽에 손잡이가 있다. 상대가 먼저 열어주기를 기다리기보다는 내가 먼저 문을 열고 다가가는 순간, 관계는 움직이기 시작한다. 공감소통은 말 그대로 '공감할 수 있는 소통', 혹은 '공감을 만들어내는 소통'이며, 서로의 감정을 나누고 오해를 풀며, 건강하고 지속적인 관계를 이어가기 위한 실천적 소통의 방식이다. 이런 실천적 소통의 대표적인 방법으로는 긍정 화법, 해결 화법, 대화 화법이 있다(김정희, 2022). 이 세 가지 전략은 마음을 다치지 않게 하고, 관계를 지치지 않게 이어주는 심리적 도구이기도 하다.

첫째, 긍정 화법positive talk은 긍정적인 측면에 초점을 맞추고 말하는 것으로, 말의 온도를 조절하는 힘을 갖고 있다. 긍정 화법은 상황을 무조건 좋게 포장하자는 말이 아니라 같은 사실도 어떤 언어로 전달하느냐에 따라 상대방의 반응이 전혀 달라질 수 있다는 점에 주목하는 말하기 방식이다. 직장에서 한 팀원이 회의 자료를 잘못 제출했다면, "이걸 왜 이렇게 했어요?"라고 말하는 순간, 방어적 반응이 먼저 튀어나올 가능성이 높다. 하지만 팀장이 "이번 부분은 조금 헷갈릴 수도 있었을 것 같아요. 다음엔 우리 둘이 한 번 더 점검해보면 좋겠네요."라고 말했다면 상황은 달라질 수 있다. 이 말에는 실수에 대한 지적이 아니라, 함께 개선해보자는 협력의 메시지가 담겨 있다. 팀원은 수치심보다는 신뢰감을 느끼게 되고, 실수를 줄이려는 내적 동기가 생겨난다. 이처럼 긍정 화법은 잘못을 감추거나 무조건 미화하는 방식이 아니라, 상대의 자존감을 지키면서 문제를 전달하고, 희망적인 방향으로 대화를 유도하는 표현의 기술이다. 감사와 격려의 말을 자주 건네는 사람 곁에는 사람들이 편안함을 느끼며 자연스레 모이게 된다. 말 한마디로 누군가의 하루를 밝게 바꿀 수 있다는 사실을 기억하며, 작은 긍정의 표현을 실천해보는 것이 중요하다.

둘째, 해결 화법solution talk은 해결방안에 초점을 맞춘 말하기 방식으로, 문제나 원인 때문에 생긴 감정에 머물지 않고 새로운 길을 함께 찾아보는 힘을 갖고 있다. 갈등이 생겼을 때, 감정만 반복하면 상황은 더 복잡해지기 마련이다. 서운함이나 분노가 쌓일수록 '왜 그랬는가' 원인에 집중하게 되고, 정작 '어떻게 해결할 수 있는가'는 뒷전으로 밀려나곤 한다. 이럴 때 필요한 것이 감정을 무시하지 않되, 그 너머의 방향을 함께 고민하는 해결 화법이다. 한 부부가 육아와 집안일 분담 문제로 반복적으로 갈등을 겪고 있었다. 아이를 재우고 나면 서로 말도 없이 각자 휴대폰만 보던 어느 날, 아내가 말했다. "우리는 힘들 때 서로 이야기하지 않았던 것 같아. 앞으로 하루에 10분만이라도 얘기하는 시간을 가져보는 건 어때?" 이 말에는 비난도 없고 감정의 책임을 묻는 말도 없다. 대신 '지금보다 나아지고 싶다'는 진심과 함께, 현실적으로 실천할 수 있는 구체적인 제안이 담겨 있다. 해결 화법은 이렇게 상대방을 몰아세우기보다는 함께 문제를 풀어나가고자 하는 태도로 관계를 회복시켜준다. "왜 이렇게 했냐"라는 말보다는 "앞으로 어떻게 하면 좋을까?"라는 질문이 관계를 앞으로 이끄는 동력이 된다.

셋째, 대화 화법dialogue talk은 상대에게 관심을 갖고 대화를 이어가려는 말하기 방식으로, 대화의 단절을 막고 따뜻한 연결을 이어주는 힘이 있다. 대화 화법은 가까운 사람일수록 말하지 않아도 알 것이라는 오류를 줄여줄 수 있는 말하기이다. 친할수록, 가까운 사이라고 생각할수록 설명하지 않아도 된다는 익숙함 속에서, 말은 줄고 오해는 커지는 순간들이 반복되기도 한다. 대화 화법은 말의 양이 아니라 관심의 표현과 관계의 온도를 유지하는 화법이다. 작은 인사, 일상적인 안부, 상대의 말을 기억하고 반응하는 것. 이 모든 것이 관계를 살리는 중요한 소통이다. 팀에서 한 동료가 며칠째 점심도 함께 먹지 않고 혼자 있는 모습이 반복되었다면, 그저 '요즘 피곤한가 보다' 하고 지나칠 수도 있다. 하지만 한 사람이 이렇게 말을 건넨다면 상황은 달라진다. "요즘 혼자 계시는 경우가 많네요. 무슨 일 있으세요? 같이 밥 먹어요." 이 말은 특별한 조언이나 해결책이 없어도, 상대가 '내가 관심받고 있구나', '내 감정이 보이는구나'라는 심리적 안정감을 느끼게 해준다. 그 한마디가 마음의 벽을 허무는 첫 시작이 되는 것이다.

공감소통은 대화의 꽃이다. 말을 많이 하는 것이 중요한 것이 아니라 어떻게 말하느냐가 중요하다. 긍정 화법은 말을 부드럽고 원만하게 이끌어 가도록 돕고 해결 화법은 갈등 속에서도 감정을 넘어 실질적인 방향을 찾아가게 하며, 대화 화법은 관계의 온도를 유지하며 침묵 속에서도 연결의 끈을 놓지 않게 돕는다. 공감소통은 단순한 말을 잘하는 기술이 아니라, 진심으로 사람을 생각하는 마음가짐에서 나온다. 건강하고 행복한 관계를 원한다면, 오늘부터 따뜻한 말 한마디를 건네보자. 따뜻한 말은 오래도록 상대방의 마음에 머물며, 관계를 다시 회복시키는 힘이 된다.

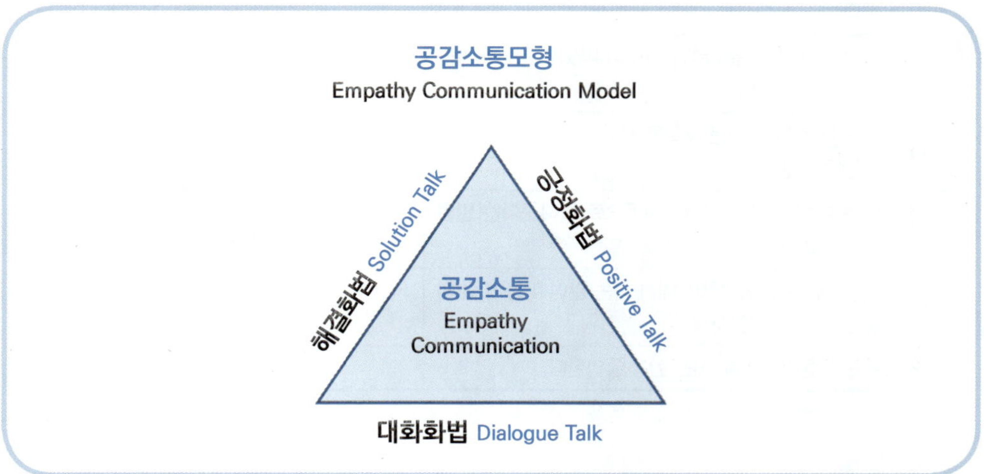

자기 진단

공감소통과 관련하여 자기진단을 해 볼까요? 공감소통은 해결적 공감소통, 공유적 공감소통 및 실천적 공감소통을 포함하여 세 가지 측면에서 살펴볼 수 있습니다. 솔직하게 자신의 공감소통 수준을 확인해 볼까요?

공감소통

No.	문항	전혀 그렇지 않다	그렇지 않다	반반이다	그렇다	매우 그렇다
01	나는 결정을 내릴 때 이것이 유용한가를 생각해 본다.	1	2	3	4	5
02	나는 일이 생기면 그 원인을 꼼꼼하게 따져 본다.	1	2	3	4	5
03	나는 일이 생기면 그 해결방안을 찾아보려고 한다.	1	2	3	4	5
04	나는 결정을 내릴 때 이것이 실행 가능한가를 생각해 본다.	1	2	3	4	5
05	나는 주위 사람들의 마음을 공감하는 것이 중요하다고 생각한다.	1	2	3	4	5
06	나는 서로의 마음을 챙겨주는 삶을 좋아한다.	1	2	3	4	5
07	나는 주위 사람들과 소통하는 것이 중요하다고 생각한다.	1	2	3	4	5
08	나는 다른 사람들로부터 마음이 따뜻한 사람이라는 말을 듣는 편이다.	1	2	3	4	5
09	나는 내가 알고 싶은 새로운 사람과 대화를 이끌어가는 것을 잘한다.	1	2	3	4	5
10	나는 다른 사람들로부터 행동으로 보여준다는 말을 듣는 편이다.	1	2	3	4	5
11	나는 내 주위 사람들이 '네가 하는 말이 마음에 잘 와 닿는다.'라고 말한다.	1	2	3	4	5
12	나는 몸을 부딪치며 사는 삶을 좋아한다.	1	2	3	4	5

자기진단	하위 요인	문항 수	문항 번호	채점 및 해석
공감소통	해결적 공감소통	4	1-4	해당 요인의 반응을 합산 후에 해당 문항 수로 나누어서 평균을 구한다.
	공유적 공감소통	4	5-8	
	실천적 공감소통	4	9-12	
전체	공감소통	12	1-12	

전국 300명을 대상으로 전문조사기관을 통해 수집된 자료(김정희 외, 2023)에 의하면, 전체 공감소통 점수는 5점 척도상에서 평균이 3.68점(표준편차=0.48)으로 중간 수준 이상이었다. 해결적 공감소통 점수는 평균이 3.91점(표준편차=0.53), 공유적 공감소통 점수는 평균이 3.84점(표준편차=0.58), 실천적 공감소통 점수는 평균이 3.29점(표준편차=0.70)으로 모두 중간 수준 이상으로 나타났다.

Chapter 12

배려

• *Consideration* •

Chapter 12

배려

세상을 바꾸고 싶다면, 누군가에게 친절을 베풀어라.

If you want to change the world, start by showing kindness to one person.

– 세계 최초로 노벨 평화상을 수상한 흑인 대통령, 넬슨 만델라(Nelson Mandela, 1918–2013) –

우리의 삶은 단순한 소비가 아니라 투자다. 우리는 우리의 인생에서 지속적으로 중요한 의미를 부여받을 만한 일들에 시간과 열정을 투자해야 한다. 그런데 우리는 별로 중요하지 않은 일에 매달려 기운을 빼면서 시간과 에너지를 소비한다. 삶은 단 한 번뿐이므로 어떻게 사느냐가 중요하다. 자기 속에 갇혀 사는 사람들은 모든 것을 그저 소비하는 데 그친다. 시간, 돈, 재능 등을 그냥 써버리기만 한다. 하지만 삶의 목적과 의미를 찾아내고 이해한 사람들은 이 모든 것을 그 특별한 목적을 위해 투자하게 된다. 그래서 늘 우리는 자문해야 한다. 내가 지금 하고 있는 일은 내 인생 전체에서 중요한 의미를 갖고 있는가? 지금 내 행동이 다른 사람의 인생에도 선한 영향을 미칠 수 있는가? 우리가 이 세상에 머무는 시간은 한정되어 있고 그 끝이 언제가 될지도 모르는 상황이기 때문에, 우리가 할 수 있는 최선은 가치 있는 일과 관계에 시간과 에너지를 투자하는 것이다. 우리는 좋은 사람들과 관계를 형성하고 새로운 성장 기회를 찾으면서 올바른 목적을 위해 시간과 돈을 투자해야 한다.

우리의 하루와 삶에 투자하는 것은 인생의 소중한 것을 알아내고 찾아내는 효과적인 방법이 될 수 있다. 2007년에 토드 홉킨스(Todd Hopkins)와 레이 힐버트(Ray Hilbert)가 쓴 『청소부 밥』은 잃어버린 소중한 것을 되찾을 때 커다란 변화를 요구하지 않는다고 말한다. '지금 당장 바뀌지 않으면 미래는 없다.' 강요하며 몰아세우는 법도 없다. 다만 일상의 작은 일들을 간결하고 담담한 이야기를 나누다 보면 어느새 새로운 길을 걷고 있는 우리 자신을 발견하게 된다고 한다. 삶의 본질은 성공이 아니라, 인생이라는 삶 자체의 축복을 만끽하는 것이 중요하다고 말한다. 왜냐하면, 아무리 성공했다 한들 재미를 잃으면 아무런 소용이 없기 때문이다. 하나 더 기억할 것은 인간관계의 본질이 경쟁이 아니라 배려라는 점이다. 누군가와 함께 좋은 관계를 이루어 서로의 삶을 즐겁고 풍요롭게 만들고, 원하는 목적을 효과적으로 달성하려면, 우리는 교감하고 협력하여야 한다. 이때 사람들에 대한 배려가 필요하다.

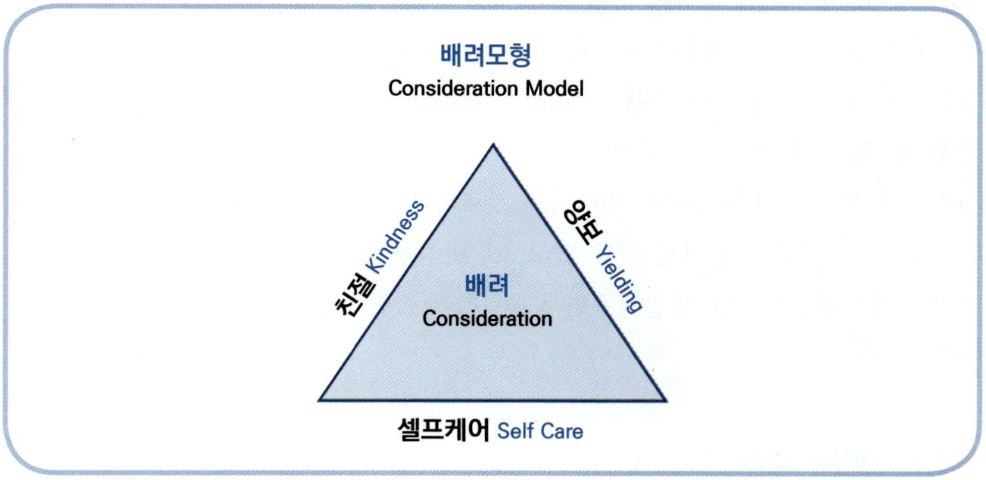

1. 배려

많은 사람은 살아가면서 배려가 중요하다고 말하지만, 배려는 결코 쉽지 않다. 나는 배려한다고 했는데, 상대방은 전혀 그렇게 생각하지 않을 수 있다. 너무 배려하다

보니 내 마음이 거의 제대로 전달되지 않기도 한다. 인간은 독립적으로 살아가는 존재가 아니라, 타인이나 넓은 세상과 연결되어 살아가는 존재이다. 우리가 세상과 맺은 수많은 연결 고리를 나누고 베풀며 배려한다면, 시간과 기력, 감정 등 삶을 유지하는 데 필요한 자원을 현명하게 활용할 수 있다. 배려는 상대의 관점을 이해하고 공감하는 데서 시작된다. "상대를 존중하는 가장 좋은 방법은 그들에게 귀 기울이고 그들의 관점을 이해하는 것이다The deepest way to show respect is to listen to someone and understand their perspective."라는 스티븐 코비(Stephen Covey)의 말을 기억하자.

1.1. 배려의 정의

배려(配慮)라는 한자는 '아내 배(配)'와 '생각할 려(慮)'가 합쳐진 말로 '도와주거나 보살펴주려고 마음을 씀'이라는 뜻이다. 배려는 누군가를 사랑스러운 아내와 같이 생각하면서 도와주고 보살펴주려는 마음이다. 그래서 배려를 말할 때 'Consideration'이라는 단어가 가장 많이 나오지만, 'Care', 'Kindness', 'Yield'와 같은 영단어가 사용된다. 배려는 서로 챙겨주면서 인간관계에서 마음을 움직이는 힘이다. 인간관계가 발전하고 질적으로 격을 높이기 위해서는 서로의 마음을 여는 것이 중요하다. 그러려면, 상대방의 마음을 읽어낼 줄도 알고, 내 마음을 제대로 전할 줄도 알아야 한다. 그리고 서로를 도와주고 보살펴주면서 솔직하게 소통하면 인간관계도 삶도 풍요롭고 따뜻해진다.

1.2. 진정한 배려

우리가 하는 배려가 효과적으로 상대에게 마음이 전달되고, 배려가 긍정적인 인간관계를 굳건히 하는 데 도움이 되며, 삶의 질을 높이기 위해서는 적어도 네 가지를 고려해야 한다.

첫째, 배려라는 말이 갖는 뉘앙스 때문에, 배려가 약자에게만 하는 것처럼 보일 수 있다. 그런데 배려는 약자든 강자든 상관없이 모든 사람에게 필요하다는 점을 기억해야 한다. 배려는 부모가 자식에게만 하는 것이 아니라 자식도 부모를 배려해야 하고, 상사가 부하에게만 배려하는 것이 아니라 부하도 상사를 배려해야 한다. 점원이 고객만 배려하는 것이 아니라 고객도 점원을 배려해야 한다. 우리는 모두 배려의 주체이자 객체임을 잊지 말아야 한다.

둘째, 배려는 내가 해주고 싶은 방식이 아니라 상대가 원하는 방식이 되어야 한다. 무작정 나의 짐작과 생각으로 상대가 원할 것 같은 것을 해주고 배려라고 생각했다면 그 행동은 배려로 받아들여지지 않을 가능성이 있다. 배려는 많이 하는 것이 능사가 아니다. 배려는 충분하게 상대방을 살피는 과정이 선행되어야 한다. 그래서 상대방에게 물어봐야 하고, 정확하게 듣고, 실천해야 한다. 아무리 우리가 좋은 마음이라고 할지라도 상대방이 원하지 않는 것이라면 불필요하거나 불편한 친절이 될 수 있다.

셋째, 배려가 '자기가 좋아서' 하는 것이 되어서는 안 된다. 배려를 하면서 상대방을 위한다고 생각하지만, '너를 위해' 속에는 '나를 위해'가 내포되어 있을 수 있다. 그러므로 배려의 '자기중심성'을 이해할 필요가 있다. 우리는 흔히 배려가 타인을 향한 것이고 타인을 위한 것이라고 생각해서 하는 것이지만, 그 모든 출발선이자 목표지점은 사실 우리 자신에게 있을 수 있다. 그래서 어떤 배려의 몸짓이든 제대로 전달되지 않거나 충분히 전달되지 않는 한계가 있을 수밖에 없다.

넷째, 배려는 '좋은 마음'을 전하는 것으로 멈춰야 한다. 배려의 결과를 통제하려 하기보다는 의도의 진심에 집중해야 한다. 배려를 배려로 받아들이는가 여부는 상대방에게 달려 있다. 우리가 해야 할 것은 배려하고 싶은 우리의 마음속 의도를 잘 전달하는 방법을 고심하는 노력이다. 행여 상대방이 배려로 받아들이지 못한다면, 배려의 진심을 전할 다른 방식을 다방면으로 고려해볼 필요가 있다.

1.3. 배려가 부족하면

인간관계 속에서 공감 능력이나 친절한 마음이 부족하면, 상대방은 배려받고 있다는 느낌을 받기가 어려워지고, 배려가 부족한 상황이 지속적으로 펼쳐지면 여러 가지로 문제가 발생할 수 있다.

첫째, 배려가 부족한 사람은 이성적인 판단을 지나치게 강조하고 감성적인 측면을 무시하는 경향이 있다. 이런 경향성은 상대방을 설득하는 데 필요한 감정적 연결고리를 약화시키고, 설득력 있는 대화를 이어가기 어렵게 만든다. 상대방의 감정이나 상황을 이해하지 못한 상태에서 설득하려고 하면, 오히려 반감을 살 가능성이 커질 수 있다.

둘째, 배려가 부족한 사람은 단기적으로는 높은 성과나 이익을 얻을 수 있을지 모르지만, 장기적으로는 주변 사람들과의 신뢰와 관계를 잃게 되어 더 큰 손해를 볼 수 있다. 특히 비즈니스나 조직 내에서 배려심 없는 행동은 그동안 쌓아온 인간관계를 훼손시켜 다른 사람들의 도움을 받거나 다른 사람들과 협력할 기회를 상실하게 만들 수 있다.

셋째, 평소 배려가 부족한 사람은 아무리 뛰어난 성과를 내더라도 주변 사람들의 지지를 얻지 못할 수 있다. 어떤 조직에서든 능력만으로는 지속적인 성공을 이루기 어렵고, 결국 주변 사람들의 신뢰와 협력을 잃게 된다. 배려 없이 자기 혼자만의 성과에 집중하는 모습은 팀원들 간의 관계를 악화시키고, 장기적으로는 조직 내에서 고립되게 만들 수 있다.

1.4. 배려심을 높이는 방법

배려하는 마음은 선천적으로 타고날 수도 있지만, 노력과 훈련을 통하여 후천적으로 높일 수 있다. 배려하는 마음과 행동을 높일 수 있는 효과적인 네 가지 방법이 있다.

첫째, 상대방의 관점에서 생각해보는 것이다. 상대방의 입장에서 생각하는 연습을 하는 것은 배려 행동을 높이는 데 효과적이다. 상대방의 입장에서 상황을 고려하고, 그 상황에서 어떤 감정을 느낄지 상상해보면 자연스럽게 공감 능력이 발달하고, 상대방에게 필요한 배려를 제공할 수 있다.

둘째, 경청하는 것이다. 상대방의 이야기를 충분히 듣고, 그들이 무엇을 말하고자 하는지 이해하려는 태도를 길러야 한다. 대화 중 상대방의 의견을 존중하고, 자신의 의견을 너무 강하게 주장하지 않는 연습을 하면서 감정적으로 민감한 주제에 대해서는 조심스럽게 다가가고, 배려심 있는 어조로 대화하는 것을 연습해야 한다.

셋째, 공감 능력을 키워야 한다. 책을 읽거나 영화, 다큐멘터리 등을 보면서 다양한 사람들의 경험과 감정을 이해하는 연습을 해야 한다. 다양한 감정과 상황에 대한 이해와 경험을 통해 배려심을 더욱 키울 수 있다.

넷째, 호의적인 태도로 소통하는 것이다. 과거에 갈등이 있었던 사람에게도 호의적으로 대하는 연습을 하는 것이 쉽지 않은 과정이지만, 배려심을 기르고 인간관계를 긍정적으로 변화시키는 중요한 방법이다. 상대방에게도 자신이 존중받고 있음을 느끼게 만들어 불필요한 갈등을 줄일 수 있는 부가적인 효과도 있다.

2. 나를 위한 배려, 셀프케어

누구나 세상을 바꾸려고 생각하지만, 누구도 자신을 바꾸려고 하지 않는다 Everyone thinks of changing the world, but no one thinks of changing themselves. 스스로를 위한 배려의 출발점은 자신에게 솔직해지는 것이다. 자신에게 솔직해지는 것은 행복의 조건이다. 우리 자신의 행복과 즐거움 그리고 성공의 조건은 모두 '배려'라는 키워드에 달려 있다.

2.1. 아스퍼거 증후군

참 묘한 세상이 되어가고 있다. 자기가 잘못해서 남들한테 피해를 주었고, 결국에는 전체가 엉망이 되었는데도 자신이 아니라 엉뚱한 데로 화살을 돌린다. 자기 잘못 때문에 패배자나 문제아가 되었는데도 그 결과에 승복할 줄 모르고, 오히려 피해자라고 주장한다. 요즘은 이런 피해자들로 가득 차 있다. 아마 이런 사람들은 아스퍼거 증후군을 앓고 있을 가능성이 높다. 아스퍼거 증후군Asperger Syndrome은 남에 대해 전혀 이해하지 못하는 일종의 장애를 말한다. 이런 장애를 가진 사람들은 자기 세계 속에만 갇혀 있다. 아스퍼거는 자폐와는 다르고, 이기적인 성격과도 다르다. 이기적인 사람들은 남의 입장을 알면서도 자기 욕심 때문에 이기적인 행동을 하지만, 아스퍼거는 아예 남의 입장을 이해하지 못해서 그런다. 그래서 아스퍼거는 대개 괴팍스럽기는 해도 자신이 남들에게 피해를 주는지도 모른다.

요즘 사람들은 아스퍼거 증후군을 앓고 있는 것 같다. 어딜 가나 그런 사람들로 넘쳐난다. 식당에서는 아이들이 소란스럽게 뛰어다녀도 부모들은 그런 애들을 방관하고, 지하철 안에서는 큰 소리로 전화통화를 하고, 교통정체 구간에서는 마구잡이로 끼어들고. 도무지 남에 대한 생각이라곤 손톱만큼도 없이 남에게 폐를 끼치는 데 조금의 주저함도 없는 사람들이 있다. 그러다가 자기 성질에 겨워 분노하고 폭발하고 좌절하기도 한다.

개인 수준의 아스퍼거와는 달리, 인간관계에서 아스퍼거 증후군을 앓는 사람처럼 행동하는 사람을 사스퍼거라고 한다(한상복, 2006). 사스퍼거Social Asperger는 자신에게 한없이 관대하고 남들에게 무자비한 사람이다. 이기적인 범주를 넘어 남에 대한 최소한의 예의조차 없다. 실수도 아니고, 몰라서도 아니다. 남의 약점을 집요하게 찾아내 공격한다. 상대방이 싫어하는 걸 알면서도 멈추지 않는다. 사소한 일이라고 생각하기도 한다. 그렇지만 그렇게 사소한 것이 바로 생활이고, 그걸 모은 것이 인생이다. 아무것도 아닌 것들이 모여 인생의 물줄기를 이루게 된다. 사소하게 생각한 잘못들 때문에 남에게 상처를 주고, 마침내 그것이 자신에게 돌아오게 된다.

2.2. 셀프케어

사람들은 스스로 자신의 신체적 · 정신적 건강을 유지하고 증진하기 위해 일상 속에서 다양한 선택과 행동을 하며, 삶의 질을 관리하고 외부의 위험 요소로부터 자신을 보호하는 데 필요한 일련의 활동을 지속하는데, 이것이 바로 셀프케어self care이다. 최근 홈케어, 홈트, 명상 어플리케이션 등 셀프케어 중심의 제품과 서비스들이 빠르게 변화하며 다양하게 출시되고 있는 것처럼, 셀프케어는 사람들의 웰빙을 증진시키는 중요한 역할을 함과 동시에 사람들의 소비행동과도 직접적으로 연결된다.

셀프케어는 특별히 새로운 개념이 아니라 본래 전문적인 의료서비스가 존재하지 않았던 인류 역사의 시작에서부터 다양한 문화권에서 인간이 스스로의 안전과 건강을 유지하기 위해 이어져 온 활동이다(Saunders, 1994). 오렘(Orem, 2001)에 의하면, 셀프케어는 자신의 건강과 행복을 유지하고 성취하기 위한 기본적인 욕구로서 내재되어 있다. 개인은 위험한 상황으로부터 자신을 보호하고 생존하고 자신의 건강을 유지하기 위해 다양한 활동을 하면서 스스로 돌봄을 수행한다. 정신분석가 하인츠 코헛(Heinz Kohut)은 건강한 신체를 유지하기 위해서 산소가 필요하듯 건강한 삶을 유지하기 위해서는 정신적 산소가 풍부해야 하는데, 이는 물리적 공기와 달리 스스로 생산해야 한다고 하였다(김정현, 2018; 장수용 외, 2025).

주어진 고정관념에 얽매이지 않고 자신만의 스타일을 가진 사람들이 늘면서 마케팅 시장에도 가치, 취향, 기분, 감정, 상황과 같은 새로운 변수를 통한 개별적 접근이 필요해지고 있다. 소비자들은 자신의 욕구를 스스로 충족하기 위한 다양한 시도들을 하고 있으며, 각자도생의 일상생활 속에서 셀프케어를 실천하는 것이 점점 더 중요한 주제로 부각되어 자연스럽게 하나의 삶의 방식으로 자리매김하고 있다. 실제로, 셀프케어가 전반적인 정신적 · 신체적 · 영적 웰빙의 향상과 관련이 있다(Christopher & Maris, 2010; Harrison & Westwood, 2009).

경제 분야에서 '케어'를 둘러싼 새로운 사회적이고 기술적인 움직임을 의미하는 '돌봄 경제'라는 말을 흔히 접할 수 있다. 이는 단순히 복지의 차원이 아니라 새로운 패러다임의 경제적 효과를 불러오는 것이다(김난도 외, 2024). 돌봄 경제는 타인을 위한 돌봄뿐 아니라 개인 스스로가 자신을 돌보는 활동까지 포함하는 것으로, 개인이 스스로의 건강을 책임지고 관리하는 것은 돌봄 경제 전체에 긍정적인 영향을 미칠 수 있다. 따라서 셀프케어는 돌봄 경제의 중요한 구성요소로 간주될 수 있으며, 돌봄의 주체를 개인 자신으로 전환시키는 것이라고 할 수 있다. 개인의 행복을 추구하는 기본 태도 중 하나가 셀프케어이고, 주변의 환경을 스스로 조율하고 삶의 균형을 유지하는 것이 셀프케어의 가장 중요한 핵심이라 할 수 있다(Pope, Vasquez, 2005; Williams, 2010).

셀프케어는 자신의 상태를 모니터링하고 삶의 질을 유지하는 데 필요한 인지와 행동 및 정서적인 면과 다양한 영역을 포괄한다(Barlow, Wright, Sheasby, Turner & Haninsworth, 2002). Myers 등(2012)은 셀프케어가 개인의 심리적 안녕과 성장을 추구하는 습관과 안전 및 건강을 유지하기 위한 다양한 예방적 활동을 의미한다고 주장하였다. 사람들이 평생을 살아가는 동안 자신의 웰빙을 향상하고 유지하기 위해 행하는 모든 활동을 포함하고, 일생을 통해 인간의 기능 발달을 통합하여 안녕을 꾀할 수 있는 인간이 가진 복합적 능력을 셀프케어로 본 것이다.

2.3. 셀프케어의 특성

셀프케어에 관한 오랜 연구와 더불어 여러 학문적 영역에서 셀프케어 개념이 사용되고 있으나, 다학제 간 합의된 보편적인 셀프케어의 개념 정의가 이루어지지 않아 다양한 정의와 관점이 공존하고 있다. 여러 학문적 영역에서 사용되는 셀프케어 개념에서 공통적으로 나타나는 네 가지 특징이 있다. 첫째, 상황과 문화적 맥락에 따른 특수성이며, 둘째, 행동하고 결정할 수 있는 능력을 포함하고, 셋째, 지식과 기술, 가치와 동기, 능률에 영향을 받고 있다는 것이다. 마지막으로 개인의 통제하에 있는 건강관리 영역을 포함한다. 다시 말해, 학문 영역별 셀프케어의 관점은 개념, 체계, 모형, 이론, 과정, 현상에서 근원적인 차이는 있지만 셀프케어의 핵심요소가 존재한다는 것이다.

최근, 선행연구에서 정의된 공통적인 요소를 심리적 구성 개념에 반영하여 셀프케어가 재정의되었다(장수용 외, 2025).

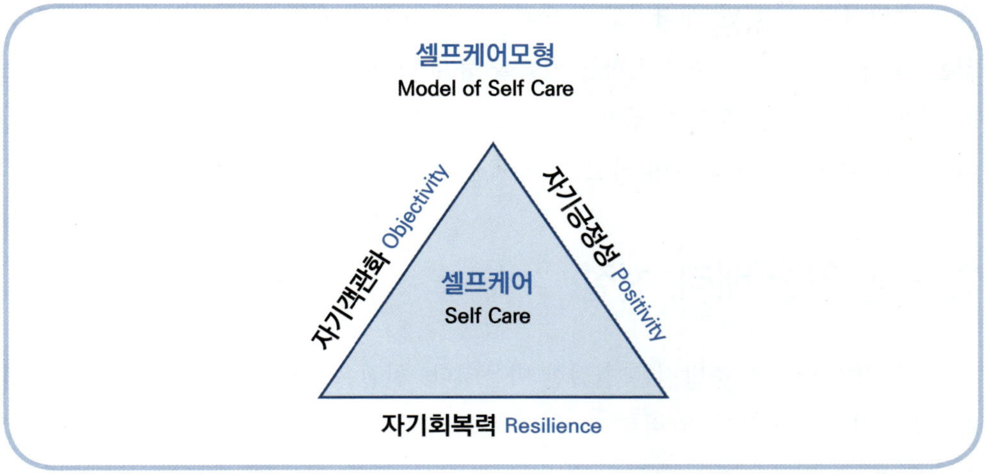

첫째, 케어의 대상이 약자나 도움이 필요한 사람들이 아니라 모든 사람들로 확장되었다. 우리는 모두 케어의 대상이 된다. 다른 누군가를 챙기기에 앞서서 자신부터 챙겨야 한다는 것이다.

둘째, 셀프케어를 삶의 전반적인 영역에서 보편적으로 적용 가능한 개념인 동시에, 개인이 추구하는 삶의 가치와 방향에 따라 개별적인 접근이 가능한 다차원적 실천 모델을 지향한다. 셀프케어의 첫 번째 요인은 '자기객관화Self Objectivity'이다. 자기객관화는 자신의 삶과 자신의 장단점을 객관적으로 바라보고, 스스로를 챙기는 쪽으로 삶의 방향성을 결정하고 영향력을 발휘하는 주체가 만드는 셀프케어이다. 셀프케어의 두 번째 요인은 '자기긍정성Self Positivity'이다. 자기긍정성은 자기 자신과 세상에 대한 긍정적인 가치를 알고 수용하는 셀프케어이다. 셀프케어의 마지막 요인은 '자기회복력Self Resilience'이다. 자기회복력은 삶의 위기 상황에서 긍정적으로 대처하고 회복할 수 있는 능력으로 자신은 물론 세상과 연결하는 셀프케어이다.

셋째, 셀프케어 역량은 개선될 수 있고 향상될 수 있다. 스스로를 잘 챙기면서 자기관리를 잘 하는 사람도 있지만, 후천적으로 셀프케어와 핵심요인들을 경험하면서 셀프케어의 역량을 높일 수도 있다. 누구나 관계 속에서 좋은 것을 주고받고 싶은 마음은 충만하다. 하지만 배려에도 연습과 기술, 노력이 필요하다. 배려하고 배려받고 싶은 내 마음을 있는 그대로 전하는 연습을 통해 다양한 배려경험을 한다면 우리 삶은 더 충만해질 것이다. 끝으로, 셀프케어는 모든 배려가 그렇듯이 생각만으로 끝나는 것이 아니라 행동으로 드러나야 하고 삶 속에서 실천되어야 하는 것이다.

3. 남을 위한 배려, 친절

남을 위한 배려의 출발점은 친절한 마음이다. 친절은 공짜로 베풀 수 있는 것이지만, 그 가치는 무한하다. 알버트 슈바이처는 친절을 귀먹은 사람도 들을 수 있고 눈먼 사람도 볼 수 있는 언어Kindness is the language which the deaf can hear and the blind can see.라고 말했다. 친절은 남을 대하는 마음과 태도가 정답고 상냥함을 뜻한다. 마음에서 우러나오는 친절은 겉으로만 꾸민 예의와는 다르다. 친절이란 상대방의 입장을 배려하는 따뜻한 마음과 행동이다. 정성스럽고 따뜻한 마음이 행동으로 표현된 것이 친절이다. 친절한 사람은 자신만의 이익을 추구하여 다른 사람에게 해를 주는 행동을 하지 않고, 남이 곤경에 처했을 때 누구보다 적극적으로 도움을 주는 사람이다.

친절이란 스스로 먼저 조건 없이 그냥 일방적으로 타인에게 베풀어도 결코 손해가 나지 않는다는 믿음이다. 누군가에게 베푸는 친절과 배려는 우리가 한데 어울려 함께 살아야 하는 사회를 더 따뜻하고 향기롭게 만드는 힘을 지니고 있다. 잠깐의 만남이어도 오래도록 잊히지 않고, 또 다시 만나보고 싶은 그런 사람은 사려 깊은 배려와 온유한 친절성을 지닌 향기롭고 따뜻한 사람이다. 오늘부터 우리 모두 친절해지기로 스스로 다짐하고 실천해보자.

3.1. 친절의 미덕

친절이란 말을 한자로 써보면, '친할 친(親)'과 '끊을 절(切)'로 이루어져 있다. 이를 세분해서 풀어보면, 밖을 나간 아들이 들어오지 않아 어머니가 나무 위에 서서 칼을 가슴에 꽂은 간절한 마음으로 바라보는 마음을 뜻한다. 나 아닌 상대방에게 진심을 담아 친절을 베풀 때 이런 애절한 마음을 담는다면 상대방이 어떤 느낌을 받을까? 친절함을 베푼 결과는 무엇보다도 내가 기쁘다는 것이다. 물론 다른 사람이 자신을 향해 미소 짓거나 똑같은 친절을 되돌려주기 때문이기도 하지만, 무엇보다도 자기만의 유익함이란 테두리에서 벗어나 남을 배려할 줄 아는 한 차원 높은 존재 방식으로 사는 자신의 모습을 보기 때문이다.

친절을 베풀 때, 사람은 자신이 관대하고 유용성 있다는 느낌을 갖게 되고, 다른 사람들과 든든하게 연결되어 있다는 소속감과 유대감을 갖게 된다. 그리고 어느 누군가의 삶에 자신이 긍정적인 영향을 준다는 사실 때문에 자신의 삶에 대한 의미가 더 새로워진다. 친절은 자긍심을 높이고 낙천적 태도를 심어준다. 또 정신건강에 불필요한 고립과 외로움, 적대감을 약화시키고 스트레스를 낮춘다. 결과적으로 위장병, 심장병, 중풍 등 여러 가지 신체 건강에도 효과가 있다고 많은 실험 결과들이 말하고 있다.

3.2. 친절의 효과

타인의 호의를 경험했다고 해서 모두가 똑같은 반응을 보이지는 않는다. 같은 상황에서도 더 감사를 잘 하는 사람이 있는 것처럼, 친절을 베풀어야 할 상황에 친절을 베푸는 사람이 있는가 하면 그렇지 않은 사람들이 있다. 친절한 사람은 공통적으로 몇 가지 특징을 지니고 있다. 첫째, 다른 사람들에 대해 지지와 격려를 아끼지 않는다. 둘째, 친절한 사람이 그렇지 않은 사람보다 더 행복하다. 셋째, 어떤 상황에서든 자신과 타인의 감정에 민감하며 이를 고려하고 존중한다. 넷째, 특별한 상황에서 자신의 기대나 욕구보다 타인의 욕구나 기대를 먼저 챙긴다. 다섯째, 자신이 할 수 있는 최선의 방법을 찾아서 다른 사람들에게 도움을 준다. 여섯째, 윤리와 도덕에 맞는 행동, 의무와 책임을 다하려 하는 마음가짐과 태도를 지니고 있다. 일곱째, 다른 사람에게 말을 할 때 상대방을 당황스럽게 하거나 상처 주는 말을 조심한다, 여덟째, 친구 또는 사랑하는 사람이 어려운 일에 처했을 때 상대방의 말을 잘 들어준다.

4. 모두를 위한 배려, 양보

우리는 살아가면서 자의든 타의든 여러 형태의 인간관계를 맺게 된다. 잠시 스쳐 지나가는 관계도 있지만, 오랫동안 유지되는 인간관계가 있다. 인간관계가 오랫동안 유지되는 지속가능성은 바로 배려의 산물이다. 친절한 마음속에 이루어지는 작은 배려가 인간관계의 접착력을 강화하고, 모두를 위한 양보는 인간관계를 더욱더 조화롭고 풍요롭게 만들며, 세상을 더 아름답고 평화롭게 만들고 사는 맛이 나게 한다.

4.1. 양보의 미덕

'박수칠 때 떠나라'라는 말처럼, 누구나 자신이 지향하던 최고의 위치나 전성기에 누릴 때 이런 기쁨과 위치를 누군가에 양보할 수 있는 마음을 갖는 것은 자기 자신뿐만 아니라 양보받는 그 누군가를 진정 행복하게 만들어준다. 더불어, 오랫동안 지속해 온 인간관계의 넓이와 깊이를 확장할 수 있으며 서로에게 감사할 기회를 제공할 수 있다.

양보(讓步)라는 한자는 '사양할 양(讓)'과 '걸음 보(步)'가 합쳐진 말로, '길, 자리, 물건 따위를 사양하여 남에게 미루어 줌'이라는 뜻으로서 예의의 근본으로 간주된다. 영어로 도로와 같은 곳에서 이루어진 양보인 경우에는 'Yield'라는 단어를, 협상 등에서 이루어지는 양보는 'Concession'이라는 단어를 사용한다. 양보는 '사양하다'와 '겸손하다'는 의미를 지니는 것으로, 권리나 이익 따위를 남에게 넘겨준다는 양도(讓渡), 임금의 자리를 물려준다는 양위(讓位), 자기에게 이로운 일을 겸손히 사절하거나 남에게 양보한다는 사양(辭讓) 등에 쓰인다. 이처럼 양보는 자신의 몫을 다른 사람들과 나누는 마음이라 할 수 있다.

맹자의 사단설(四端說)에 나오는 인의예지(仁義禮智)는 불쌍히 여기는 마음, 부끄러운 마음, 사양하는 마음, 옳고 그름을 아는 마음이 없으면 사람이 아니라고 말한다. '어질 인(仁)'에서 우러나오는 측은지심(惻隱之心), '옳을 의(義)'에서 우러나오는 수오지심(羞

惡之心), '예도 예(禮)'에서 우러나오는 사양지심(辭讓之心), '지혜 지(智)'에서 우러나오는 시비지심(是非之心) 중에서 사양지심은 배려와 특히 밀접한 관련이 있다. 사양지심은 인간의 도리를 다하며 감사하는 마음인 예의 근원을 보여주는 것으로, 남에게 양보할 줄 아는 마음을 일컫는다. 양보는 자신의 불이익이나 불편함을 감수하면서도 남에게 도움을 주는 행동으로, 서로 배려하면서 더불어 행복하게 살아가는 세상을 만드는 데 많은 도움이 된다.

양보는 법과 같이 꼭 지켜야 할 의무는 아니다. 하지만 사회의 보편적 사회규범에 따라 행하지 않을 경우에 비난을 받기도 하고, 오히려 양보하려 했다는 이유로 당사자에게 쓴소리를 듣기도 한다. 하지만 서로 양보가 없는 세상은 건강하고 행복한 세상을 만드는 데 걸림돌이 될 수 있다. 양보는 어디까지나 개인의 자유로서 존중하고 양보하지 않는다고 함부로 비난할 수 없다. 진정 모두를 배려한다면 양보가 좋은 것임은 부정할 수 없지만, 그 양보를 하도록 강요하는 일은 없어야 할 것이다.

4.2. 양보의 효과

일반적으로 배려하는 마음과 행동은 우리 삶에서 긍정적인 결과를 만들어낸다. 첫째, 양보 잘하는 사람은 상대방의 입장에서 문제를 바라보고, 필요할 때에는 자신의 이익을 양보하며, 다른 사람을 위해 기꺼이 도울 준비가 되어 있기 때문에 인간관계를 원만하게 꾸려나갈 수 있다. 둘째, 양보를 잘하는 사람은 다른 사람이 불편함을 느끼지 않도록 사전에 그들의 상황을 고려하며 행동한다. 이러한 행동은 타인에게 심리적 안정감을 주고, 함께 있는 사람들에게 편안한 분위기를 만들어준다. 셋째, 자신의 이익보다 고객을 포함하여 모두를 배려하는 양보는 신뢰관계와 긍정적인 결과를 형성하는 데 큰 도움이 된다. 특히, 고객의 지나친 요구에 민감하게 대응하기보다는 양보하고 그들이 원하는 것을 세심하게 고려한 서비스를 제공하는 것은 고객 만족customer satisfaction을 높이고, 장기적으로 고객 충성도loyalty를 강화시키며, 더 많은 매출과 수익으로 이어질 수 있다.

자기 진단

셀프케어와 관련하여 자기진단을 해 볼까요? 셀프케어는 자기객관화, 자기긍정성 및 자기회복력을 포함하여 세 가지 측면에서 살펴볼 수 있습니다. 솔직하게 자신의 셀프케어 수준을 확인해 볼까요?

셀프케어 척도(Self-Care Scale)

No.	문항	전혀 그렇지 않다	그렇지 않다	반반이다	그렇다	매우 그렇다
1	나는 내 주위 환경에 있는 많은 것을 잘 알아차리고 있다.	1	2	3	4	5
2	나는 내 자신의 감정에 대해 잘 알아차리고 있다.	1	2	3	4	5
3	나는 내 주변에서 어떤 일들이 일어나고 있는지 잘 알고 있다.	1	2	3	4	5
4	나는 내 삶에 대해 깊이 있게 생각한다.	1	2	3	4	5
5	나는 내 마음속에 품은 생각들을 잘 알고 있다.	1	2	3	4	5
6	나는 내 주변의 많은 대상들을 잘 인식하고 있다.	1	2	3	4	5
7	나는 언제나 나 자신이 어떤 사람인지를 알고자 노력한다.	1	2	3	4	5
8	나는 나의 장단점을 잘 파악하고 있다.	1	2	3	4	5
9	나는 믿을 수 있는 사람이다.	1	2	3	4	5
10	나는 다른 사람들처럼 유능하다고 생각한다.	1	2	3	4	5
11	나는 한 가지 일에 꾸준히 몰두할 수 있다.	1	2	3	4	5
12	나는 중요한 목표를 이루지 못해도 나 스스로를 가치 있는 사람이라고 느낀다.	1	2	3	4	5
13	나는 부정적인 피드백을 나를 성장시킬 수 있는 하나의 기회로 활용한다.	1	2	3	4	5
14	나는 큰 실수를 하면 내 자신이 실망스럽기는 하지만 나 자신에 대한 생각이나 믿음에는 변함이 없다.	1	2	3	4	5

No.	문항	전혀 그렇지 않다	그렇지 않다	반반 이다	그렇다	매우 그렇다
15	나는 내가 맡은 일을 잘 처리할 수 있는 능력이 있다고 믿는다.	1	2	3	4	5
16	나는 내가 다른 사람들에게 존중받고 있다고 생각한다.	1	2	3	4	5
17	나는 내가 가치 있는 사람이라고 생각한다.	1	2	3	4	5
18	나는 나 자신에게 만족한다.	1	2	3	4	5
19	나는 스트레스 상황에 직면했을 때 침착하게 생각해 본다.	1	2	3	4	5
20	나는 좋은 성품을 많이 가지고 있다.	1	2	3	4	5
21	나는 상황이 나에게 좋지 않게 돌아가더라도 그런 어려움은 모든 사람들이 겪는 인생의 한 부분이라고 생각한다.	1	2	3	4	5
22	나는 뭔가 고통스러운 일이 생기면, 그 상황에 대해 이성적으로 판단하려고 노력한다.	1	2	3	4	5
23	나는 내가 겪은 실패들이 사람이라면 누구나 겪을 수 있는 일이라고 생각한다.	1	2	3	4	5
24	나는 중요한 일에서 실패를 하게 되더라도 그 상황을 최대한 객관적으로 보려고 노력한다.	1	2	3	4	5
25	나는 주위 사람들의 마음을 공감하는 것이 중요하다고 생각한다.	1	2	3	4	5
26	나는 서로의 마음을 챙겨주는 삶을 좋아한다.	1	2	3	4	5
27	나는 주위 사람들과 소통하는 것이 중요하다고 생각한다.	1	2	3	4	5

출처: 장수용, 남승규(2025)

자기진단	하위 요인	문항 수	문항 번호	채점 및 해석
셀프케어	자기객관화 자기긍정성 자기회복력	8 12 7	1-8 9-20 21-27	해당 요인의 반응을 합산 후에 해당 문항 수로 나누어서 평균을 구한다.
전체	셀프케어	27	1-27	

전국 300명을 대상으로 전문조사기관을 통해 수집된 자료(장수용 외, 2025)에 의하면, 전체 셀프케어 점수는 5점 척도상에서 평균이 3.52점(표준편차=0.59)으로 중간 수준 이상이었다. 자기객관화 점수는 평균이 3.47점(표준편차=0.62), 자기긍정성 점수는 평균이 3.54점(표준편차=0.63), 자기회복력 점수는 평균이 3.47점(표준편차=0.69)으로 모두 중간 수준 이상으로 나타났다.

Chapter **13**

감사

• *Gratitude* •

Chapter 13

감사

세상에서 가장 지혜로운 사람은 배우는 사람이고,
세상에서 가장 행복한 사람은 감사하며 사는 사람이다.
The wisest people in the world are those who learn,
the happiest people in the world are those who live with gratitude.
– 탈무드 –

우리는 매일 많은 관계 속에서 살아가는데, 인간관계를 더욱 풍요롭게 만드는 것이 '감사'이다. 감사gratitude는 우리가 생각하는 것보다 훨씬 더 가치 있는 심리적 구성 개념이다. 감사한 마음으로 산다는 것은 자기 삶을 가치 있게 느낀다는 것을 말한다. 감사는 자신의 존재가치를 스스로 느끼고 있고, 자기 삶 자체가 행복이고 긍정적으로 살고 있다는 것을 스스로 증명하는 것이다. 타인에 대한 감사 또한 상대방의 존재 자체와 행동에 대한 인정이자 존중의 표현이다. 이런 인정과 존중은 상대방에게 자신의 가치를 확인하는 기회를 주고, 서로의 관계에 대한 결속과 안정감을 느끼게 만든다. 감사는 행복과도 밀접한 연관이 되어 있는데, 긍정심리학자 셀리그먼(Seligman, 2002)은 개인이 지니는 대표강점을 발휘하며 사는 것이 진정한 행복이라고 하였다. 그가 말한 6개의 핵심 덕목과 24개의 대표강점 중 초월transcendence이라는 덕목과 관련된 강점에 감사와 함께 감상력, 낙관성, 유머감각, 영성이 포함되어 있다. 그중에서도 감사라는 강점이 행복과 높은 상관이 있다.

감사는 나에게 주어지는 모든 것들을 당연히 여기지 않는 마음에서 출발한다. 내게 주어진 모든 것이 다 감사의 대상이 될 수 있다. 타인뿐만 아니라 자기 자신, 비인격적 대상, 자연 등이 모두 포함된다. 우리는 길가에 피어난 한 송이 꽃, 아름다운 석양과 싱그러운 바람, 따뜻한 햇살 한 줌에도 감사할 수 있다. 나를 지금 이 순간 숨 쉬며 살아갈 수 있도록 해주는 모든 것들, 나를 둘러싼 자연과 환경이 감사거리이다. 일상 중에 지나칠 수도 있었던 타인의 작은 호의에도 우리는 고마움을 느낄 수 있다.

1. 감사의 본질

감사하는 마음의 가장 근본적인 본질은 '관심'과 '기억'에 있다. 관심interst은 나 자신과 다른 사람들, 범우주적 대상을 향해 열린 마음이다. 진정한 관심은 표면적인 호기심을 넘어서 상대방의 마음과 상황에 진심으로 귀 기울이고, 그들의 입장과 관점에서 생각하면서, 상대방의 감정과 경험을 이해하려는 노력을 포함한다. 인간관계에서 관심은 마치 식물에게 주는 물과 같아서 관심 없이는 어떤 관계도 제대로 키워나갈 수 없다. 지금 상대방의 기분은 어떤지, 상황은 어떤지 물어보고 살펴보는 것은 관심이 없다면 결코 알아차릴 수 없다.

인간관계에서 기억memory은 관계의 지속성과 깊이를 결정짓는 핵심요소 중 하나이다. 생일이나 기념일 같은 특별한 날뿐만 아니라, 상대방이 좋아하고 싫어하는 음식, 취향, 고민 등을 기억한다는 것은 마음에서 우러나는 소중한 기억에 대한 감사이기도 하다. 누군가 자신에 대해 작은 것까지 기억해준다는 사실을 알 때, 우리는 자신이 소중한 존재로 느껴진다. 건강한 관계는 과거의 기억과 감정을 함께 나누고, 앞으로도 새로운 경험을 함께하면서, 새로운 기억을 쌓아간다. 좋은 기억들이 많이 쌓여갈 때 그 관계는 더 충만해지고 지속적으로 유지된다.

1.1. 감사의 정의

매년 5월을 감사의 달이라고 한다. 어버이날, 스승의 날 그리고 부부의 날까지, 감사하는 마음을 전하기에 바쁜 날들의 연속이다. 감사(感謝)는 '느낄 감(感)'과 '사례할 사(謝)'라는 한자로 구성되어 있어 "고맙게 여기는 마음" 또는 "고마움을 나타내는 인사"라는 뜻이다. 다시 말해서, 감사는 타인의 호의에 대해 고맙게 여기고 보답하고자 하는 마음이다. 감사는 단순한 예의나 사회적 관례를 넘어서는 것으로, 우리가 상대방과 맺는 관계에서 드러내는 긍정적 감정이며 사람은 홀로 존재할 수 없는 사회적 존재임을 확인시켜주는 행위이다. 하지만 사람들은 마음속으로는 누군가에게 고마워하면서도 막상 표현하는 데에는 인색하기도 하고, 가까운 관계에서는 고마움을 당연한 것으로 인식하기도 한다.

학자들마다 감사의 정의는 조금씩 다르다. 감사를 다른 사람이나 사물에 의해 얻게 되는 혜택, 혹은 자연에 의한 평온한 축복의 순간 등을 선물로 받아들이면서 고마움과 기쁨으로 반응하는 정서 상태(Emmons, 2004), 사람이나 사건, 행동, 그리고 사물의 의미와 가치를 인식하고, 그와 관련된 긍정적인 정서를 경험하는 것(Adler & Fagley, 2005)으로 정의한다. 또한, 감사를 자신이 경험한 긍정적인 결과들에서 다른 사람들이 베푼 선의를 자각하고 긍정적인 감정으로 반응하는 일반화된 경향성(McCullough et al., 2002)으로 정의하면서 감사에 대해 은혜를 베푼 사람이나 다른 사람의 복지에 기여하고자 하는 행동 경향성으로 보거나, '살맛나는 행복한 세상을 위해 부정성을 비우고 긍정성을 채우며 고마운 마음을 나누는 것'(최미심, 2025)이라고도 정의한다.

이처럼, 감사는 '고마움'이라는 단순한 정의로 시작하지만, 크게 인지적 · 정서적 · 행동적 측면 세 가지로 구성된 복합 개념이다.

첫째, 감사하는 마음은 인지적 측면을 포함하고 있다. 감사하기 위해서는 내가 어떤 좋은 일의 수혜자임을 인식할 수 있어야 한다. 어떤 긍정적인 경험에 대하여 나를 위해 누군가 선한 의도를 가지고 도움을 주었다는 것, 그리고 그 도움에 대해 보답하겠다는 것을 인식할 때 감사할 수 있다. 영어의 'thank'와 'think'의 어원이 같다는 것은 감사의 인지적인 측면을 말해준다. 실존주의 철학자 하이데거(Heidegger)는 '생각하는 것이 곧 감사하는 것이다Denken ist Danken'라고 표현하였다(Heidegger, 1954).

둘째, 감사하는 마음은 긍정정서라는 정서적 측면을 포함한다. 감사는 자신에게 주어진 긍정적인 경험의 의미와 가치를 인식했을 때, 그것이 긍정적인 정서와 연결된 느낌이다. 감사를 자주 경험하는 사람은 기쁨, 평온, 희망, 경이, 사랑 등의 긍정정서를 느낀다.

셋째, 감사하는 마음은 감사 표현이라는 행동적 측면으로 이어진다. 긍정적인 경험에 대하여 다른 사람의 공헌을 인정하면 고마운 마음으로 반응하게 되고, 뒤이어 나도 호의를 베풀고 싶은 마음이 생기고 관용의 마음이 커진다. 감사는 친사회적인 행동을 증가시키며 결과적으로 대인관계에도 긍정적인 영향을 미친다. 감사는 다른 사람의 호의나 도움을 받았을 때 생겨나는 기쁜 감정을 넘어 자신에게 이로움과 혜택을 준 대상이나 사람뿐만 아니라 자연과 사물에 대해 고마움과 소중함을 가지고 행동하려는 경향성을 포함한다.

이러한 감사의 인지적 · 정서적 · 행동적 측면을 통합하여, 감사는 삶을 대하는 태도이자 자세로써 감사성향Disposition, 감사경험Experience, 감사표현Expression이라는 세 가지 요소로 구성된다고 볼 수 있다.

첫째, 감사성향은 개인의 선천적인 경향성으로, 타고난 성향에 따라 감사할 줄 아는 감수성이 다르게 나타날 수 있음을 의미한다. 타인의 호의나 삶 속의 작은 혜택에 민감하게 반응하고 그것을 긍정적으로 해석하려는 성향으로, 감사성향이 높은 사람이 일상에서 감사할 대상을 더 잘 발견하고, 사소한 일에도 의미를 부여한다.

둘째, 감사경험은 살아가면서 후천적으로 학습되고 심화되는 감사의 체험이다. 이는 개인의 성장과정이나 환경 등에 따라 다양하게 형성되며, 같은 상황에서도 감사의 깊이나 표현 방식이 다르게 나타난다. 감사경험은 반복될수록 삶의 태도로 자리 잡아 감사성향을 강화시키는 역할도 한다.

셋째, 감사표현은 감사를 말과 행동으로 표현하고 실천하는 행동적 측면을 말한다. 감사한 마음을 언어와 행동으로 구체화하는 과정을 통해, 감사를 받는 사람뿐만 아니라 표현하는 자신도 긍정적 정서를 경험하게 된다. 이러한 감사표현은 대인관계의 질을 높이고, 친사회적 행동을 확산시키는 매개 역할을 한다.

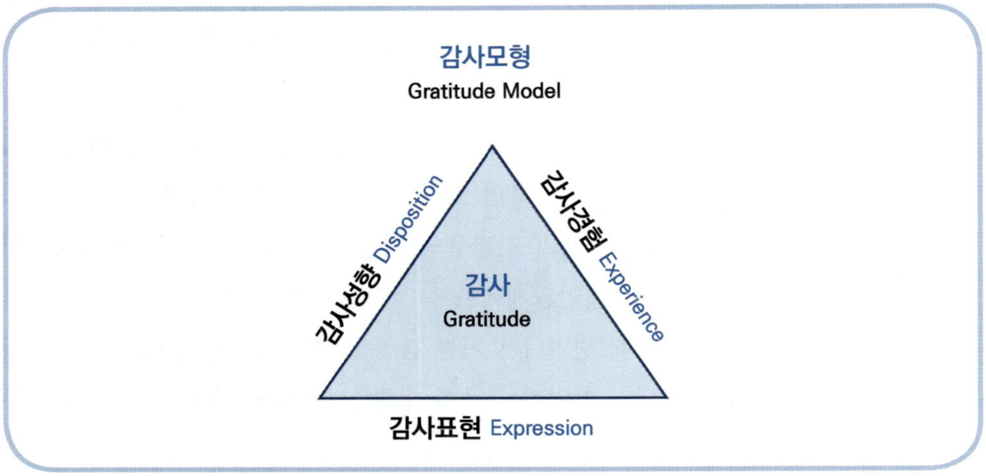

1.2. 감사의 효과

감사는 인간관계의 질을 높일 뿐만 아니라 친밀감을 증진시키고 행복의 가능성을 높여준다. 감사는 행복과 밀접한 관계를 지니는 성격적 강점으로, 선행연구들을 통해 감사의 다양한 효과가 확인되고 있다. 특히 감사는 부정적인 감정을 줄이는 효과보다 긍정적인 감정을 증진하는 효과가 더 큰 것으로 여겨진다(최미심, 2025).

에몬스와 맥컬러(Emmons & McCullough, 2003)는 연구에서 참가자들을 세 집단으로 나누어 한 집단은 감사한 일을, 두 번째 집단은 안 좋았던 일을, 세 번째 집단은 일상적인 생활사건을 기록하도록 하였다. 매일 감사한 일을 기록한 집단은 다른 집단들보다 자신의 삶에 대해 더 긍정적이고 낙관적인 평가를 하였고, 운동량이 증가하면서 전반적인 건강 상태가 개선되었다. 또한 감사일지를 작성한 참가자들이 다른 집단에 비해 타인을 도와주는 행동을 더 많이 보이고 사회적 유대감이 강화되는 등 인간관계에도 긍정적인 효과를 보여줬다.

또 다른 연구(Algoe, Gable & Maisel, 2010)에서도 감사 표현은 연인관계의 질을 강화시키고, 파트너로부터 받는 지지와 애정에 대한 인식을 증가시켰으며, 감사는 부스터 샷Booster Shot 역할을 하면서 관계 증진에 도움이 된다고 밝혔다. 스트레스 관리와 회복탄력성 증진을 위해 의도적으로 긍정 감정을 배양하는 것이 필요하고, 특히 감사 등의 긍정정서가 스트레스 상황에서 심혈관계(심박수, 혈압 등)를 더 빠르게 회복시키는 효과를 확인하였다(Tugade & Fredrickson, 2004). 앨고우(Algoe, 2012)는 감사의 '찾기-기억하기-연결하기(find-remind-bind)' 이론을 통해, 감사라는 긍정적인 감정이 우리 삶에서 가장 중요한 관계인 매일 상호작용하는 사람들과의 관계를 형성하고 유지하는 데 중요하다고 설명하였다.

감사하는 사람들은 그렇지 않은 사람들에 비해 긍정정서와 삶의 만족 수준이 높고, 우울과 스트레스 수준은 낮은 것으로 나타났다(McCullough et al., 2002). 감사는 삶의 만족도나 주관적 안녕감과도 깊은 연관이 있으며, 부정적인 상태나 부정감정을 완충하는 수단으로 작용한다(Emmons, Froh, & Rose, 2019). 높은 감사 성향은 개인의 행복감에 중요한 영향을 미치며(김희경 외, 2014), 감사하는 사람은 정신적 · 신체적으로 건강하고 높은 결단력과 열정을 보이며, 타인에 대한 배려나 친사회적 행동이 잦고, 더 잘 공감하는 경향이 있다(김경미, 김정희, 2011). 또한 감사하는 사람은 자신이 경험하는 긍정적 정서에 타인의 기여가 있음을 인지하여 덜 비난적이고, 정서를 보다 잘 조절하여 심리적인 안녕감이 높다(권윤선, 박상규, 2020). 아울러 일상에서 감사함으로써 더 행복해지며, 행복하기에 더욱 감사하는 선순환이 일어나게 된다. 중년기 여성을 대상으로 한 연구들에서도 감사와 행복감 간에 유의한 상관이 있는 것으로 확인되었다(윤성민, 신희천, 2012).

감사와 행복 간의 관계를 증명하는 연구들을 통해 감사가 행복을 촉진시키는 이유는 다음과 같다. 첫째, 감사는 자신이 세상에서 받고 있는 혜택을 선물로 인식하게 하여 행복감을 높여준다. 둘째, 일상 속에 숨어 있는 혜택에 습관화되는 것을 방지하고,

현재의 시점에서 감사할 조건들을 반복적으로 인식하게 하여 삶의 만족도를 높인다. 셋째, 나보다 더 많이 가진 사람들과의 비교로부터 주의를 돌리게 하여, 스스로의 삶에 긍정적 태도를 갖게 한다. 넷째, 감사는 부정적인 상황 속에서도 긍정적인 의미를 발견하고 적극적으로 대처할 수 있도록 도와줌으로써 행복을 증진시킨다. 끝으로, 즐겁고 긍정적인 생활 경험에 대한 회상을 촉진시키고 기억을 정교화함으로써 지속적인 행복의 기반을 마련해준다.

2. 감사의 기술

감사하는 마음이 아무리 깊고 진실해도, 그것이 상대방에게 제대로 전해지지 않는다면 관계는 생각보다 긍정적인 방향으로 진전되지 않는다. 감사함을 느끼는 것과 그것을 잘 표현하는 것은 전혀 다른 문제이기 때문이다. 마음속에는 고마움이 가득하더라도 표현할 수 있는 시기를 놓치거나, 서툰 방식으로 오히려 오해를 살 수도 있다. 에리히 프롬(Erich Seligmann Fromm, 2019)이 『사랑의 기술』에서 사랑도 훈련과 연습이 필요하다고 말한 것처럼, 인간관계에서 감사하는 것도 '기술'이 있어야 한다. 여기에서 기술은 'technique'이 아니라 'skill'을 의미한다. 기술이라는 말이 자칫 형식적이고 틀에 얽매인 것처럼 들릴 수도 있지만, 기술은 진심이 전달될 수 있도록 하는 실력art을 의미한다. 진심 없는 감사도 겉으로 보기에는 예의 바른 사람처럼 보이게 할 수 있다. 중요한 것은 감사하는 진심과 감사하는 표현 사이의 간극을 줄이는 방법을 연습하고 훈련해서 감사하는 마음을 잘 표현하고 지속적으로 좋은 인간관계를 맺어야 한다는 점이다.

사람마다 감사를 받아들이는 정도가 다르다. 누군가는 말 한마디에 감동하고, 누군가는 조용한 행동 속에서 마음을 읽기도 한다. 어떤 사람은 직접적인 표현을 좋아하고, 또 어떤 사람은 부담스러워한다. 정답은 없지만, 분명히 더 효과적인 방식이 존재한다. 감사의 기술은 바로 이 다양함을 이해하고, 상대방에게 알맞게 표현하는 커뮤니케이션 능력이 필요하다는 것이다. 감사 기술은 훈련될 수 있다. 처음에는 어색하고 낯설 수 있지만 반복을 통해 자연스러워질 수 있다. 많은 사람들이 대화법, 경청법, 설득의 기술을 배우듯이 감사 표현도 배울 수 있다. 감사 기술에 있어 핵심은 마음을 제대로 전하는 방법을 익히는 것이다. 내 마음이 상대의 마음에 닿기 위해서는 진심을 꺼내는 용기, 타인을 존중하는 방식, 일상의 순간을 귀하게 여기는 시선 등 그 모든 것이 감사의 기술이다. 감사는 마음만으로는 충분하지 않다. 올바르게 표현하고, 행동으로 실천하며, 제대로 마음을 전하는 기술을 익히는 것이 중요하다.

2.1. 감사 표현

감사하는 마음을 품는 것과 감사를 표현하는 것 사이에는 상당한 거리가 있다. 표현되지 않은 감사는 마치 전달되지 않은 편지와 같아서, 아무리 진심이 담겨 있어도 상대방에게는 전해지지 않는다. 감사 표현은 감사에 대한 단순히 예의를 지키는 차원을 넘어서, 인간관계를 더욱 깊고 의미 있게 만드는 핵심적인 소통 기술이다.

첫째, 감사 표현은 구체적이어야 한다. "고마워"라는 일반적인 인사보다는 "어제 과제하는 데 자료 찾는 것을 도와줘서 정말 고마워"처럼 구체적인 상황과 행동을 명시하는 것이 훨씬 효과적이다. 구체적인 감사는 상대방으로 하여금 자신의 어떤 행동이 의미 있었는지 정확히 알게 해주며, 그 행동의 가치를 재확인하게 만든다. 또한 감사하는 사람 자신도 무엇에 대해 감사하고 있는지 명확히 인식하게 되어 더 진정성 있는 표현이 가능해진다.

둘째, 타이밍을 놓쳐서는 안 된다. '인생은 타이밍'이라는 말처럼, 감사에 대한 적절한 시기에 감사를 표현하는 것은 자연스럽고 진솔한 느낌을 주지만, 타이밍을 놓친 감사는 뒷북처럼 느껴질 수 있고 의무적으로 보이거나 효과가 떨어질 수 있다. 감사는 가능한 한 즉각적으로 하는 것이 좋다. 물론 즉각적으로 감사를 표현한 다음, 시간이 지난 후에 다시 한번 감사를 표현하는 것은 그 일이 얼마나 깊은 인상을 남겼는지를 보여주기도 한다. "그때 도와준 일 잊지 않고 있어"라는 말은 상대방에게 더 특별한 의미를 전달할 수 있다.

셋째, 맞춤형 감사 표현을 해야 한다. 모든 사람에게 획일적인 감사를 표현하는 것은 지양해야 한다. 상대방의 성격, 취향, 관계의 특성을 고려한 맞춤형 표현이 필요하다. 어떤 사람은 공개적인 자리에서의 감사 표현을 좋아하는 반면에, 다른 사람은 조용하고 사적인 감사를 더 소중히 여긴다. 형식적이고 경직된 표현보다는 그 사람만이 선호하는 방식으로 감사를 전달할 때 더 큰 감동을 줄 수 있다. 평상시 책을 좋아하는 사람에게는 책이나 감사 편지를, 음악을 좋아하는 사람에게는 특별한 의미가 있는 곡을 선물하는 방식으로 감사를 표현할 수 있다.

넷째, 감사는 말보다는 자세이고 태도이다. 감사를 할 때 언어적 표현은 가장 직접적이고 명확하지만, 비언어적 표현도 그 못지 않게 강력한 힘을 가지고 있다. "고마워", "덕분이야" 등과 같은 짧은 문장을 통해서도 마음을 전달할 수 있는데, 중요한 것은 그 말이 진심에서 나왔다는 것을 상대가 느낄 수 있게 하는 '톤'과 '몸짓'이다. 아무리 멋진 말이라도 형식적으로 들리면 마음을 울리지 못한다. 반대로 서툴러도 진심이 담긴 말은 오래 기억된다. 진심 어린 눈빛, 따뜻한 미소, 감사의 마음이 담긴 포옹, 정성스레 준비한 선물, 예상치 못한 손편지 등, 이 모든 것은 말보다 더 강한 울림을 줄 수 있다. 특히 말로 마음을 표현하는 데 익숙하지 않은 사람이라면 비언어적 행동으로 마음을 전하는 것도 좋은 방법이다.

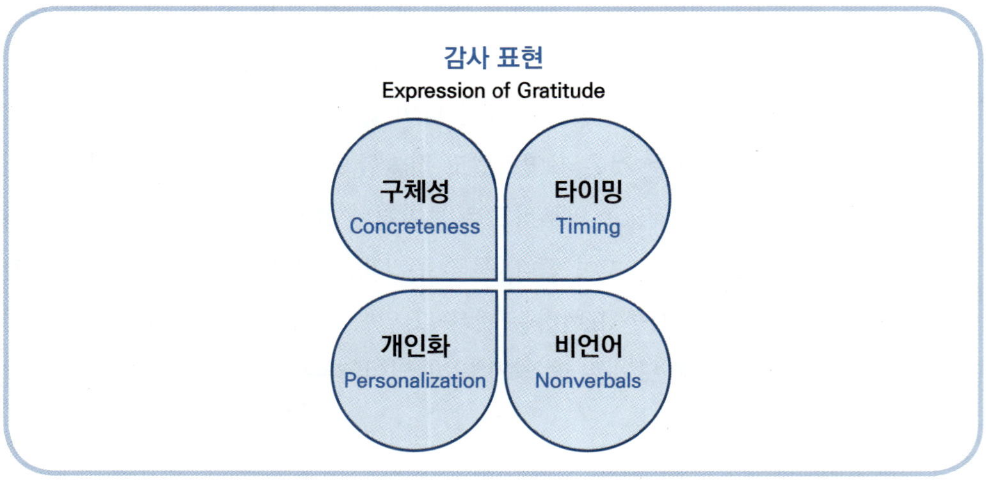

2.2. 감사 습관

감사는 일시적인 감정이 아니라 삶의 방식이라고 할 수 있다. 특별한 일이 있을 때만 잠깐 느끼는 고마움이 아니라, 매일매일의 일상 속에서 자연스럽게 스며들어 있는 삶의 자세를 넘어 습관이 되어야 한다. 늘 감사하는 습관은 단지 인간관계를 좋게 하는 것뿐만 아니라 궁극적으로는 삶 전체의 질을 높여주는 강한 힘을 발휘한다. 처음에 감사 습관은 의식적인 노력에서 시작된다. 우리의 뇌는 부정적인 것들에 더 민감하게 반응하기 때문에, 자연스럽게 불편하거나 불만족스러운 것들에 먼저 반응하게 된다. 이를 극복하고 감사할 거리를 찾아내기 위해서는 마치 근육을 단련하듯이 감사하는 마음의 근육도 꾸준한 연습이 필요하다.

첫째, 감사 습관을 기르는 가장 효과적인 방법 중 하나는 감사일기를 쓰는 것이다. 매일 잠자리에 들기 전이나 아침에 일어나서 그날 감사했던 일들을 세 가지 정도 적어보는 것부터 시작해보자. 처음에는 큰 일들만 떠올릴 수 있지만, 시간이 지나면서 점점 아주 작은 것들에서도 감사함을 발견하게 된다. 따뜻한 아침 햇살, 향긋한 커피 한 잔, 엘리베이터 열림 버튼을 누르고 기다려준 사람, 바쁜 아침 출근시간에 딱딱 맞아떨어지는 신호등까지도 감사의 대상이 될 수 있다.

둘째, 감사 습관을 기르는 다른 방법은 의도적으로 관찰하는 것이다. 의도적인 관찰을 통해서 평소에 당연하게 여겼던 것들을 새로운 시각으로 바라보는 연습이 필요하다. 엄마나 아내가 차려준 식사, 깨끗하게 정리된 사무실, 제시간에 도착한 지하철 등 일상의 모든 것들이 누군가의 노력과 배려로 이루어진 것임을 인식하는 것이다. 이러한 관찰력은 의식적으로 주변을 살펴보는 연습을 통해 점진적으로 발달할 수 있다.

셋째, 감사 습관을 기르는 또 다른 방법은 나만의 감사 루틴을 만드는 것이다. 식사 전 감사한 일 한 가지 말하기, 아침에 일어나서 어제 나에게 도움을 준 사람 떠올리기, 퇴근길에 하루 일상을 보낸 자신에게 고마움을 표현하는 한마디 해보기 등 일상 속 특정한 순간과 감사를 연결시키는 것이다. 루틴이 생기면 감사는 더 이상 생각날 때만 하는 것이 아니라 자연스럽게 습관이 된다.

넷째, 감사 습관은 꾸준히 노력해서 몸으로 익혀야 한다. 감사의 습관은 하루아침에 완성되는 것이 아니다. 힘든 일이 있거나 스트레스를 받을 때는 감사할 일을 찾기 어려워지기도 하고, 감사할 거리가 없다고 생각할 수도 있다. 그럴 때는 거창한 것부터 찾지 말고, 아주 사소하고 기본적인 것부터 감사하는 것을 연습해야 한다. 중요한 것은 자신에게 맞는 방식과 시간을 찾아서 꾸준히 지속하는 것이다. 때로는 중단되었다가 다시 시작하기를 반복할 수도 있다. 다시 시작할 수 있는 용기와 작은 변화라도 감사하고 인정하는 것이 감사 습관을 들이는 데 필요하다.

3. 감사의 실천

감사는 마음속에만 머무를 때보다 행동으로 옮겨져서 실천될 때 더 강력한 힘을 가진다. 진심 어린 고마움은 표현되어야 하고, 표현된 고마움은 실천될 때 완성된다. 감사는 그것이 작든 크든, 누군가에게 실질적인 따뜻함을 전하는 실천으로 이어져야 관계를 움직이는 에너지로 변할 수 있다. 감사의 실천은 거창할 필요가 없다. 오히려 실천은 구체적이고 작을수록 꾸준히 이어질 수 있다. 건물을 깨끗하게 청소해주시는 미화원에게 감사 인사를 건네는 것처럼 작은 것부터 실천하는 경험이 쌓여 큰 감사도 잘 표현할 수 있게 된다.

감사의 실천은 우리가 어떻게 살아가고 싶은지에 대한 마음가짐mindset이기도 하다. 단순히 좋은 사람이 되기 위해서 감사하는 것이 아니라, 스스로 더 따뜻하고 성숙한 인간이 되기 위한 마음가짐의 표현이다. 누군가의 선의를 당연하게 여기지 않고, 받은 것을 기억하며 다시 누군가에게 베풀 줄 아는 태도가 감사가 제대로 실천되는 모습이다. 특히 인간관계에서 감사의 실천은 상대방의 반응을 위한 것이 아니라 나의 순수한 의지로 이루어진다. 누군가가 나에게 잘해주었을 때 고마움을 느끼는 것은 당연하지만, 실천은 그보다 한 걸음 더 나아가 능동적으로 고마움을 표현하는 적극적인 선택이다.

가족 간이든, 친구와 연인 사이든, 혹은 직장에서의 인간관계든 감사가 실천될 때 관계는 더 단단해진다. 감사는 실천될 때 단순한 감정이 아니라 행동의 언어가 된다. 사랑도 그렇듯, 감사도 표현되어야 진짜이다. 표현된 감사는 실천되어야 진심이 보인다. 고마움을 느끼는 데 그치지 않고, 상대의 마음을 살피고, 그에 맞는 방식으로 감사함을 행동으로 보여주는 것이 인간관계를 지키는 핵심이다. 그래서 진짜 고마운 사람은 늘 한결같은 사람, 말보다는 행동으로 보여주는 사람이고, 감사를 실천으로 만들어가는 사람의 모습이다.

3.1. 가족

감사를 전하는 일에서 가장 어렵고도 잘 안 되는 존재가 바로 가족이다. 우리는 가족이라는 이유로 너무 많은 것을 당연하게 여기며 살아간다. 매일 함께 생활하다 보니 가족의 노력과 배려, 희생과 관심을 충분히 느끼지 못한 채 지나치는 경우가 많다. 하지만 가장 오랫동안 우리를 지탱해주는 가족들이야말로 가장 먼저 그리고 자주 감사의 마음을 전해야 할 대상이다.

부모에게, 형제자매에게, 배우자나 자녀에게 감사하는 일은 단순한 예의가 아니라 가족이라는 관계를 신뢰와 존중으로 다시 세우는 일이다. '당연한 것'에 대한 감사를 다시 배우는 일이기도 하다. 감사의 실천은 먼저 깨닫는 데서 시작한다. 부모님의 헌신을 되새겨보고, 배우자가 곁에서 해주는 수고를 떠올려보고, 자녀가 보내는 사소한 관심에 주목해보자. 그런 가족에 대한 감사를 깨닫게 되면 말과 행동이 뒤따르게 된다. 가족에 대한 감사는 우리 삶의 가장 깊은 뿌리에서 시작되어 일상의 모든 순간을 풍요롭게 만든다. 가족이 있다는 것만으로도 우리는 이미 충분히 축복받은 존재이며, 이러한 깨달음은 삶 전체에 대한 감사로 확장되어 나간다.

첫째, 부모에 대한 감사는 가장 기본적이면서도 가장 깊은 차원의 감사이다. 부모는 우리가 세상에 태어날 수 있게 해준 첫 번째 은인이다. 부모는 우리가 아무것도 할 수 없던 시절부터 무조건적인 사랑으로 돌봐주었다. 부모가 키우는 동안 보여준 그 모든 순간들이 사실은 엄청난 희생과 헌신의 결과이고, 성인이 되어서도 부모는 자식의 안녕을 걱정하며, 언제나 든든한 버팀목이 되어준다. 부모의 사랑은 그 어떤 조건도 달지 않는 가장 순수한 애정의 표현이다.

둘째, 자녀에 대한 감사는 특별한 의미를 갖는다. 부모에게 아이들은 무조건적인 사랑을 주는 존재인 동시에 세상 무엇과도 바꿀 수 없는 기쁨과 감동을 선사해준다. 자녀를 양육하는 동안 경험하는 울고 웃는 다양한 경험은 부모가 아니라면 결코 알 수 없는 감정이고 기억이다. 아들과 딸을 양육하는 경험은 결코 쉽지 않은 여정이지만, 개인에게는 가장 값진 삶과 관계를 만들어주고, 국가와 인류를 위한 나름대로의 의무라 할 수 있다.

셋째, 형제자매에 대한 감사도 빼놓을 수 없다. 요즘은 외동이 많기는 하지만 형제자매가 있는 경우에는 어린 시절부터 함께 자라며 수많은 추억을 공유한 공동체이다. 때로는 다투기도 하고 경쟁하기도 하지만, 그 모든 과정을 통해 우리는 타인과 어울려 사는 법을 배운다. 성인이 된 후에도 형제자매는 가장 솔직하게 조언해줄 수 있는 사람이자 연로한 부모님에 대한 케어를 함께 고민하는 사이이기도 하다.

끝으로, 가족에 대한 감사를 실천하는 구체적인 방법들도 많다. 가장 간단한 것은 매일 가족 구성원 각각에게 고마운 점을 하나씩 찾아보는 것이다. 아버지가 묵묵히 가정을 책임지는 모습, 어머니가 보여주는 세심한 배려, 배우자의 작은 관심, 자녀들의 해맑은 웃음 등을 의식적으로 인식하고 감사하는 마음을 가져보자. 또한 감사의 마음을 직접 표현하는 것도 중요하다. "고맙다", "사랑한다"는 말을 자주 하고, 가족을 위해 작은 일들을 해주며 마음을 표현해보자. 부모님께 안부 전화를 드리고, 배우자가 좋아하는 것을 준비해주고, 자녀들과 진심 어린 대화를 나누는 것들이 모두 감사를 실천하는 방법이다.

3.2. 친구와 연인

가족이 혈연으로 맺어진 관계라면, 친구와 연인은 우리가 능동적으로 선택하고 가꾸어 나가는 관계이다. 이들은 마음과 마음이 통해서 만나는 사람들이기에, 감사를 실천하는 것은 단순히 고마움을 표현하는 것을 넘어서, 인간관계의 깊이를 더하는 중요한 과정이다. 친구와 연인에 대한 감사에서 특별한 점은 서로의 성장을 돕는다는 것이다. 그들은 우리의 장점을 발견하고 격려해주며, 동시에 부족한 점을 채워나갈 수 있도록 도와준다. 그들은 우리를 있는 그대로 사랑하면서도 더 나은 사람이 될 수 있도록 해준다. 이런 관계에서 우리는 혼자서는 불가능했던 성장과 변화를 경험하게 된다.

친구는 우리 삶에서 가장 순수한 형태의 관계 중 하나이다. 친구관계는 의무나 책임보다는 순수한 즐거움과 공감이 바탕이 된다. 진정한 친구는 우리의 성공을 진심으로 축하해주고, 실패했을 때는 위로해주는 사람이다. 그들은 우리가 힘들 때 곁에 있어주고, 기쁠 때 함께 웃어준다. 특히 오랜 친구들에 대한 감사는 더욱 깊은 의미를 지닌다. 시간이 흘러 서로의 환경이 바뀌고, 각자의 길을 걷게 되어도 변함없이 연락하고 만나주는 친구들이 있다는 것은 정말 축복이다. 그들과 함께 나눈 추억들은 우리 인생의 소중한 자산이 되며, 현재의 우리를 이해하고 지지해주는 든든한 기반이 된다. 친구들이 있기에 우리는 어떤 어려움이 와도 혼자가 아니라는 확신을 가질 수 있다.

연인에 대한 감사는 또 다른 차원의 깊이를 지닌다. 연인은 우리가 가장 솔직하고 진실한 모습을 보여줄 수 있는 사람이며, 동시에 미래를 함께 그려나가는 동반자이다. 연인이 보여주는 작은 감사와 배려들은 일상을 특별하게 만든다. 바쁜 하루를 보내고 집에 돌아왔을 때 반갑게 맞아주는 모습, 좋아하는 음식을 만들어주거나 함께 나누려고 기다려주는 마음, 힘든 일이 있을 때 말없이 안아주는 따뜻함, 꿈과 목표를 응원해주고 함께 노력하는 모습들이 모두 감사의 이유가 된다. 연인과 함께 보내는 평범한 일상들, 함께 산책하며 나누는 대화, 영화를 보며 함께 웃고 우는 시간, 서로의 하루 이야기를 들어주는 것들이 소소하지만 소중한 순간들이다.

친구와 연인에게 감사를 실천할 때 몇 가지를 고려하면 더욱 풍성한 인간관계를 만들어갈 수 있다.

첫째, 친구와 연인에 대한 감사를 실천하는 방법에는 감사하는 마음을 직접 표현하는 것이 중요하다. 감사의 말과 함께 기념일이나 특별한 날을 챙겨보자. 친구의 생일을 기억하고 축하해주거나, 연인과 만난 날을 기념하는 것들은 관계에 특별함을 더해준다. 특히 상대방이 좋아하는 것을 기억하고 준비해주거나, 힘든 시기에 곁에 있어주는 것들이 진정한 감사 표현이다.

둘째, 함께하는 시간의 질을 높이는 것도 감사의 실천이다. 친구나 연인과 함께 있을 때는 온전히 그 순간에 집중하고, 스마트폰이나 다른 일에 신경 쓰지 말고 진심으로 대화하고 소통하자. 상대방의 이야기를 진심으로 들어주고, 공감해주는 것만으로도 큰 선물이 될 수 있다.

셋째, 갈등이 있을 때도 감사하는 마음을 잊지 않는 것이 중요하다. 친구나 연인과의 관계에서 의견 차이나 오해가 생기는 것은 자연스러운 일이다. 이런 순간에도 그 사람과의 관계 자체에 대한 감사를 기억한다면, 문제를 해결하는 과정에서도 서로를 존중하고 배려할 수 있다. 갈등을 통해 서로를 더 깊이 이해하게 되는 것도 감사할 일이다.

끝으로, 무엇보다 친구와 연인에 대한 감사를 실천할 때는 상대방도 불완전한 인간이라는 것을 인정하는 것이 중요하다. 그들도 실수하고 부족할 수 있지만, 그런 불완전함까지도 사랑하고 받아들이는 것이 진정한 감사이다. 완벽한 사람은 존재하지 않지만, 불완전한 우리를 받아주고 함께해주는 사람들이 있다는 것 자체가 기적이고 감사할 일이다.

3.3. 직장과 사회

우리는 하루의 대부분을 직장과 사회 속에서 많은 사람들과 교류하며 일상을 살아간다. 이런 바쁘고 치열한 일상 속에서 감사의 마음을 잊기 쉽지만, 동료의 작은 도움이나 상사의 배려, 고객과의 만남 같은 순간들은 우리가 살아가면서 직장과 사회에 감사를 실천할 일이 많다는 것을 상기시켜 준다.

첫째, 직장에 대한 감사는 무엇보다 일할 기회가 있다는 것 자체에서 시작된다. 일하고 싶어도 일하지 못하는 취준생이나 실업으로 고통받고 있는 현실을 생각해보면, 안정적인 수입을 얻을 수 있는 일자리가 있다는 것은 정말 축복이다. 직장은 단순히 돈을 버는 곳이 아니라 자신의 능력을 발휘하고 성장할 수 있는 곳이며, 사회에 기여할 수 있는 기회를 제공하는 공간이다. 매일 아침 출근할 곳이 있고, 우리를 필요로 하는 업무가 있다는 것은 우리 존재의 가치를 확인시켜주는 소중한 일이다.

둘째, 직장 동료들에 대한 감사도 중요하다. 함께 일하는 동료들은 단순한 업무 파트너를 넘어서 우리 인생의 중요한 일부가 된다. 어려운 프로젝트를 함께 완수하며 느끼는 성취감, 점심시간에 나누는 소소한 대화들, 힘든 일이 있을 때 서로 격려해주는 마음들이 모두 직장 생활을 풍요롭게 만든다. 각자 다른 전문성과 경험을 가진 동료들로부터 우리는 끊임없이 배우고 성장한다. 때로는 의견 차이로 갈등이 생기기도 하지만, 그런 과정을 통해서도 우리는 소통하는 법과 협력하는 법을 배워나간다.

셋째, 직장이 제공하는 학습과 성장의 기회에 대해서도 감사해야 한다. 새로운 기술을 배우고, 다양한 활동에 참여하며, 교육 프로그램을 통해 역량을 개발할 수 있는 환경이 제공된다는 것은 개인적 발전에 있어 매우 소중한 기회이다. 실패를 통해 배우는 경험들, 성공을 통해 얻는 자신감, 다양한 사람들과 협업하며 쌓는 인간관계 등이 모두 우리를 더 나은 사람으로 만들어준다.

넷째, 사회에 대한 감사는 더 넓은 관점에서 시작된다. 우리의 안전을 지켜주는 경찰관과 소방관, 물건을 배달해주는 택배기사들, 대중교통을 운행하는 운전기사 등 수많은 사람들의 노력이 모여서 우리의 일상이 가능하다. 각자의 자리에서 최선을 다하는 사회의 여러 구성원들에게 감사하는 마음을 가져야 한다.

끝으로, 직장과 사회에 대한 감사를 실천하는 구체적인 방법들도 있다. 먼저 동료들에게 감사의 마음을 자주 표현하자. 도움을 받았을 때 진심으로 고마워하고, 상대방의 좋은 점을 인정하고 칭찬해주는 것이 중요하다. 팀워크를 중시하고, 서로의 성공을 축하해주며, 어려울 때는 도움을 주고받는 문화를 만들어가야 한다. 사회에 대한 감사는 작은 실천들로 표현할 수 있다. 공공장소를 깨끗하게 사용하고, 교통규칙을 잘 지키며, 다른 사람들을 배려하는 마음을 가지는 것들이 모두 감사의 실천이다. 자원봉사 활동에 참여하거나, 기부를 통해 사회에 기여하는 것도 좋은 방법이다.

자기 진단

감사와 관련하여 자기진단을 해 볼까요? 감사는 감사성향, 감사경험 및 감사표현을 포함하여 세 가지 측면에서 살펴볼 수 있습니다. 솔직하게 자신의 감사 수준을 확인해 볼까요?

감사 척도(Gratitude Scale)

No.	문항	전혀 그렇지 않다	그렇지 않다	반반 이다	그렇다	매우 그렇다
1	나는 내 주변에는 고마운 사람들이 많다고 생각한다.	1	2	3	4	5
2	나는 나에게 감사할 가족과 친구들이 있어서 행복하다.	1	2	3	4	5
3	나는 지금 나의 행복이 소중한 사람들 덕분이라고 생각한다.	1	2	3	4	5
4	나는 내가 한 일에 비해 나를 더 많이 사랑해주는 사람들에게 감사한 생각이 든다.	1	2	3	4	5
5	나는 나를 도와주고 있는 사람들을 생각하면 가슴이 따뜻함을 느낀다.	1	2	3	4	5
6	지금까지 나의 삶에서 만난 사람들과 사건, 상황들에 관해 더욱더 고마움을 느낀다.	1	2	3	4	5
7	나는 다른 사람들이 나를 위해 해주었던 모든 것에 대해 고마움을 느낀다.	1	2	3	4	5
8	나는 고마운 마음에 보답하기 위하여 구체적인 행동을 한다.	1	2	3	4	5
9	나는 감사하는 마음을 행동으로 나타낸다.	1	2	3	4	5
10	나는 고마운 마음을 전하기 위해 편지나 선물 등을 한다.	1	2	3	4	5
11	나는 나쁜 일이 생겨도 더 나쁜 일이 생기지 않은 것이 다행이라고 생각한다.	1	2	3	4	5
12	나는 원했던 일이 잘되지 않았어도 감사한 것을 찾아본다.	1	2	3	4	5

No.	문항	전혀 그렇지 않다	그렇지 않다	반반 이다	그렇다	매우 그렇다
13	나는 시련과 역경이 오히려 감사하는 마음을 갖게 만든다고 생각한다.	1	2	3	4	5
14	나는 상황이 힘들어도 긍정적으로 생각하면서 감사한 마음을 갖는다.	1	2	3	4	5
15	나는 매일매일 살아 있음에 감사하는 것이 중요하다고 생각한다.	1	2	3	4	5
16	나는 살아가면서 겪었던 어려운 일들도 나에게 도움이 되었다고 생각한다.	1	2	3	4	5
17	나는 미래가 희망적일 때 감사하는 마음이 생긴다고 본다.	1	2	3	4	5
18	나는 여유로운 시간을 많이 가질수록 감사하는 마음이 생긴다고 생각한다.	1	2	3	4	5
19	나는 감사하는 마음은 믿을 수 있는 관계에서 생겨난다고 생각한다.	1	2	3	4	5
20	나는 여가경험을 많이 할수록 감사하는 마음이 커진다고 생각한다.	1	2	3	4	5
21	나는 감사하는 마음을 표현하는 것이 중요하다.	1	2	3	4	5
22	나는 좋은 일을 하는 사람들에게 감사하다고 말하는 것이 중요하다.	1	2	3	4	5
23	나는 '고맙습니다'라는 말로 감사를 표현하는 것이 중요하다.	1	2	3	4	5
24	나는 사람들에게 내가 얼마나 고마워하는지 적극적으로 표현하는 것이 중요하다.	1	2	3	4	5
25	나는 감사한 마음을 말이나 행동으로 구체적으로 표현하는 것이 중요하다.	1	2	3	4	5
26	나는 고마운 분께 감사 편지나 카드를 써서 감사한 마음을 표현하는 것이 중요하다.	1	2	3	4	5

No.	문항	전혀 그렇지 않다	그렇지 않다	반반이다	그렇다	매우 그렇다
27	나는 고마운 사람들에게 감사의 선물을 하는 것이 중요하다.	1	2	3	4	5
28	나는 고마운 사람을 위하여 감사기도를 하는 것이 중요하다.	1	2	3	4	5
29	나는 내 삶의 계획이나 목표를 세울 때 감사한 마음을 반영하는 것이 중요하다.	1	2	3	4	5
30	나는 내가 받았던 감사한 경험을 주변 사람들에게 말하는 것이 중요하다.	1	2	3	4	5

자기 진단	하위 요인	문항 수	문항 번호	채점 및 해석
감사	감사 성향 감사 경험 감사 표현	10 10 10	1-10 11-20 21-30	해당 요인의 반응을 합산 후에 해당 문항 수로 나누어서 평균을 구한다.
전체	감사	30	1-30	

전국 300명을 대상으로 전문조사기관을 통해 수집된 자료(최미심, 2025)에 의하면, 전체 감사 점수는 5점 척도상에서 평균이 3.59점(표준편차=0.58)으로 중간 수준 이상이었다. 감사성향 점수는 평균이 3.62점(표준편차=0.61), 감사경험 점수는 평균이 3.58점(표준편차=0.52), 감사표현 점수는 평균이 3.56점(표준편차=0.63)으로 모두 중간 수준 이상으로 나타났다.

Chapter 14

행복

• *Happiness* •

Chapter 14

행복

행복은 삶의 의미이고 목적이며, 인간 존재의 총체적인 목표이고 종착점이다.

Happiness is the meaning and the purpose of life, the whole aim and end of human existence.

– 그리스의 철학자, 아리스토텔레스(Aristotle) –

인간관계를 개선할 수 있는 인간관계 주사위HRD의 마지막 핵심요인은 행복이다. 행복한 사람들은 그렇지 않은 사람들보다 훨씬 더 인간관계가 즐겁고, 인간관계를 잘 한다. 우리가 보다 더 멋진 삶을 살고 싶다면 행복한 사람이 되어야 한다. 왜냐하면 행복한 사람들은 그렇지 않은 사람들과는 달리 많은 특권을 누릴 수 있기 때문인데, 이것을 행복특권happiness advantage이라 한다(Achor, 2010). 행복한 사람은 그렇지 않은 사람보다 더 건강하고 활동적인 삶을 영위하며, 더 쉽게 결정할 수 있고, 이 세상을 좀 더 안전하게 느낀다(Diener & Seligman, 2002). 또한 행복한 사람들은 친구들과 친밀한 관계를 맺고 폭넓은 대인관계를 가지며, 낙천적이고 긍정적으로 사고하고 행동하며(Argyle, 2001), 스트레스를 잘 이겨내고 자신의 직무에도 만족을 느낀다(Veenhoven, 1991). 또한 행복한 사람들은 그렇지 않은 사람들보다 더 성공하고, 경쟁력과 적응력 및 몰입 수준이 더 높다(남승규, 2017). 덜 행복한 사람들과 비교할 때 행복한 사람들은 더 사교적이고 활기차고, 보다 관대하고 협조적이며 다른 사람들로부터 더 호감을 산다. 그에 따라 행복한 사람이 결혼생활을 지속해나가고 원만한 교우관계와 풍부한 사회적 지원을 확보할 가능성이 더 높다는 사실 역시 당연하다. 나아가 행복한 사람은 사고가 더 유연하고 독창적이며 직장에서도 보다 생산적이다. 행복한 사람은 더 나은 리더이자 협상가이며 돈도 더 많이 번다. 행복한 사람은 역경이 닥쳤을 때 더 쉽게 회복하며 면역체계도 강하여 신체적으로 더 건강하다. 행복한 사람은 심지어 수명도 더 길다(남승규, 2021).

1. 행복

우리의 삶 속에서 행복은 우리가 자주 보고 듣는 것 중의 하나이다. 행복이란 말은 어떤 사람의 성격을 묘사할 때에도 "그는 행복한 사람이야"처럼 쓰이고, 궁극적인 인생의 목표를 말할 때에도 "난 그저 행복하기만 바라"처럼 쓰이며, 심지어 단순히 수락의 뜻을 표시할 때에도 "행복한 마음으로, 기꺼이"처럼 쓰인다. 이처럼 우리는 행복이란 말을 우리의 일상생활 속에서 늘 사용하고 있지만, 행복이 무엇이냐고 물으면 답하기가 결코 쉽지 않다.

1.1. 행복의 정의

행복에 대한 물음은 철학의 탄생과 함께 시작되었다. 많은 위대한 철학자들이 오랜 세월에 걸쳐 행복에 대한 물음의 성격을 해명하고, 가능하면 그 의미와 방법에 대한 답변까지 제시하려고 노력해왔지만 오늘날까지도 여전히 물음이 계속되고 있다. 행복에 대한 정의는 학자마다 다르지만, 한 가지 분명한 것은 사람들이 평생 끊임없이 행복 추구를 한다는 점이다(김정희, 2022; 남윤주, 2020; 남승규, 2021). 실제로, 미국, 그리스, 한국, 아르헨티나, 바레인 등 여러 나라 사람들에게 인생에서 가장 원하는 것이 무엇이냐는 질문에 한목소리로 행복을 첫째로 꼽았다(Diener, 2000). 비록 사람이면 누구나 행복에 이르기를 소망하지만, 누구도 자신이 진정으로 무엇을 소망하고 의욕적으로 추구하는지 명확하고 일관되게 말할 수가 없다. 그 원인인즉, 행복의 개념에 속하는 모든 요소들은 모두가 주관적이고 경험적이기 때문이다(Kant, 2014).

표에 제시된 것처럼, 행복의 정의는 다양하다. 80억 명이 사는 지구상에 행복에 대한 정의는 80억 개가 가능할 수 있지만, 행복은 감정이면서 가치이며 경험이다. 감정으로서 행복은 즐겁고 편안한 마음의 상태이고, 가치로서 행복은 누구나 추구하는 꿈이고 목표이며, 경험으로서의 행복은 우리의 삶에서 체험하는 것이다.

행복을 제대로 이해하기 위해서는 감정으로서의 행복과 가치로서의 행복 그리고 경험으로서의 행복을 구분할 필요가 있다. 행복은 단순히 기쁨과 슬픔처럼 하나의 감정일 뿐만 아니라, 우리가 추구하는 가치로서 기능하며, 누구나 경험하는 심리적 체험이기 때문이다. 예를 들어 어린 학생들에게 방학이, 대학생들에게 휴강이, 직장인에게 휴일이 행복일 수 있다. 이때의 행복은 “I'm happy”와 같은 감정이다. 우리가 소중하게 생각하는 가치가 아니라 그냥 감성적인 마음이 즐거운 것이다. 휴일을 가족과 함께 시간을 보내면서 누리는 행복은 감정이면서 가치이고 경험이다. 가정의 안녕이나 마음의 평화는 이성적인 마음이 중시하는 소중한 가치 중의 하나이고 우리를 가슴 뿌듯하게 만드는 경험이다. 행복한 삶을 위하여 자신의 꿈과 희망을 위하여 혹은 의미를 찾아서 자신의 삶의 방식과 태도를 선택하는 경우에 고려하는 행복은 감정이 아니라 가치이다. 이처럼, 오늘날 회자되는 행복은 단순한 행복한 감정이 아니라는 것을 기억해야 한다. 행복의 실체를 제대로 이해하려면 사람들이 느끼는 감정뿐만 아니라 행복과 관련하여 사람들이 취하는 가치와 경험을 함께 고려해야 한다.

행복에 대한 정의

학자		정의
고대	소크라테스	진정한 행복은 자기성찰을 통해 성취될 수 있다. 자기성찰을 통해 인간 삶의 핵심적인 요소를 인식하고 그것을 실천하며 사는 것이 행복한 삶이다.
	아리스토텔레스	행복한 삶이란 일시적인 욕망 충족보다는 도덕적 완성이나 인격적 덕성을 구현한 삶의 상태, 유대모니아다.
중세	기독교	진정한 행복은 세속적인 쾌락과 반대되는 것으로서 육체의 사망 이후 천국에서 부활할 때까지 미루어진 것이다.
근대	개인주의	행복은 개인적 독특성과 창의성을 갖추는 것이다.
	이성주의	행복은 이성에 의해서 스스로 옳고 그름과 궁극적으로 가치 있는 것을 판단할 수 있는 것이다.
	민주주의	모든 인간은 평등하게 창조되었으며 생명, 자유, 행복을 추구하는 권리는 절대로 침해될 수 없는 것으로서 창조주로부터 부여받았다.
	공리주의	최대 다수의 최대 행복
20세기	Freud	행복에 대해 소극적이고 비관적인 관점을 취하여 행복이란 내면적 갈등을 최소화하는 것이다.
	Jung	행복한 삶이란 자기원형(self archetype)에 따라서 진정한 자기가 되어가는 것이며, 이를 실천하는 능동적인 과정이 개성화이다.
	Maslow(1954)	행복한 삶이란 자신과 타인을 있는 그대로 수용하면서 타인과 인간적인 유대를 형성하되 자율성과 독립성을 추구하면서 자신의 일에 애정을 지니고 몰입하며 창의적인 활동을 통해 자기실현을 이루는 것이다.
	Rogers(1957)	행복한 삶이란 자신의 모든 잠재력을 발현시켜 유능한 존재가 되려는 성향 즉 자기실현성향을 충분히 발휘하는 것이다.
	Jahoda(1958)	행복이란 긍정적인 정신건강을 유지하는 것이다.
	Murray(1983)	행복이란 인간의 성격 특성과 강점을 발휘하는 것이다.
	Gardner(1983)	행복이란 인간이 지니는 다양한 능력인 다중지능을 계발하는 것이다.
	Sternberg(1986)	행복이란 천재성과 재능을 맘껏 발휘하는 것이다.
21세기	Seligman & Csikszentmihalyi(2000)	행복을 인간의 강점과 덕목에 대한 학문이며 우리 안에 있는 최선의 가능성을 이끌어 내는 것이다.
	Diener(2000)	행복은 각 개인이 주관적 웰빙을 누리는 것이다.
	Ryan & Deci (2001)	행복은 최고의 감정적 기능과 경험과 함께 사회적 존재로서 느끼는 것이다.

학자		정의
21세기	Seligman(2002)	행복이란 즐겁고 의미 있게 살면서 대표강점을 활용하는 것이다.
	Diener, Oishi & Lucas(2003)	행복은 좋은 삶과 좋은 사회의 핵심적인 요소이다.
	권석만(2008)	행복이란 즐겁고 의미 있게 살면서 자신의 대표강점을 찾아내고 계발하여 일상생활에 활용하는 것이다.
	서인국(2014)	행복은 생존을 위한 것이고 모든 일상의 노력은 삶의 최종 이유인 행복을 달성하기 위한 과정이다.
	남승규(2014)	행복은 누구와 무엇을 어떤 하는가에 의해서 결정되는데, 가장 중요한 것은 어떤 마음인가이다. 왜냐하면, 행복은 마음의 힘을 가꾸고 키우는 것이기 때문이다.
	남승규(2017)	행복은 미래의 목표가 아니라 현재의 선택이다.
	남승규(2021)	행복은 선택이다. 적어도 행복과 행복한 삶을 위한 관점, 마인드셋, 그리고 라이프스타일을 선택해야 한다.

1.2. 감정으로서의 행복

감정으로서의 행복은 행복의 쾌락주의적 관점으로, 그 핵심은 쾌락 추구이다. 우리는 살아가면서 행복한 감정이 넘치는 순간들을 많이 경험하게 된다. 우리의 마음이 행복한 감정을 느끼면 우리 몸에서도 행복호르몬이 넘쳐난다. 깔깔거리며 즐거울 때 엔돌핀endorphine이, 여유로운 시간 속에 평안함을 느낄 때 세로토닌serotonin이, 좋아하는 사람들과 함께 하면서 친근감을 느낄 때 옥시토신oxytocin이, 열심히 노력한 시간들이 결실을 맺어서 성취감을 느낄 때 도파민dopamine이 자연스럽게 분비되면서 우리의 몸과 마음을 행복하게 만들어준다.

행복연구의 이론적 토대를 제공하는 긍정심리학 분야에서는 행복이란 말보다 긍정정서positive emotion라는 용어를 더 많이 사용한다. 정서의 기본적 기능은 현재의 상황 또는 미래에 겪게 될 상황에 대응하는 현재의 대처 방식이 얼마나 적절한지를 알려주는 것이다(Morris, 1999). 대부분의 기본 정서는 타고나는 것이며, 이처럼 타고나는 것들은 대부분 적응에 필요한 진화적 기능을 지니고 있다. 데이비드 버스(David Buss,

2000)와 같은 현대의 진화심리학자들은 긍정정서가 인간의 진화, 적응, 생존에 절대적으로 필요하다고 본다. 긍정정서의 대표적인 연구자인 바바라 프레드릭슨(Barbara Fredrickson, 2009)에 의하면, 행복을 경험하려면 긍정정서와 부정정서의 비율이 3:1이 되어야 한다. 긍정성positivity을 유지하는 것이 무엇보다도 중요한데, 긍정성은 기쁨joy, 감사gratitude, 평온serenity, 흥미interest, 희망hope, 자부심pride, 재미amusement, 영감inspiration, 경외심awe, 사랑love의 열 가지 형태로 나타난다.

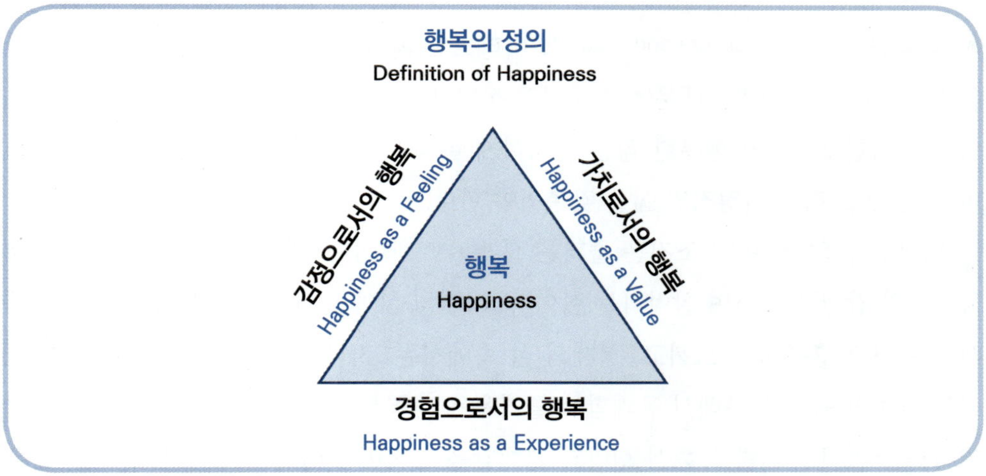

1.3. 가치로서의 행복

가치로서의 행복은 자기실현적 관점에서 행복을 보는 것으로 그 핵심은 성장 추구이다. 행복은 21세기의 핵심가치이다. 이미 오래 전에 심리학자인 로키치(Rokeach, 1970)는 사람들이 추구하는 18가지 목적가치terminal value 중의 하나로 행복을 제안하였다. 사람들은 저마다 자신이 추구하는 가치를 지니고 있는데, 대부분이 공통적으로 갖고 있는 가치가 바로 행복이다. 사람들은 자신의 삶을 끊임없이 개선하기 위해 노력하는 존재이고, 많은 사람들이 인생의 여러 난관과 역경을 극복하고 성공적인 삶을 성취한다. 사람들은 누구나 행복하기를 원한다. 편안하고 즐거우며 만족스러운 삶을 추구한다. 또한 사람들은 자신의 잠재능력을 계발하고 발휘함으로써 성장하려는 욕구를 지닌다. 사람들이 진정한 행복이라는 가치를 누리기 위해서는 다양한 목표와 욕구들이 균형 있고 조화롭게 충족되어야 한다.

1.4. 경험으로서의 행복

행복은 우리가 살아가면서 누리는 경험이다. 하버드 대학교의 인기강좌 〈행복학〉에서 탈 벤-사하르(Tal Ben-Shahar, 2007)는 행복을 '쾌락과 의미의 전반적 경험the overall experience of pleasure and meaning'이라고 정의하였다. 행복은 사람마다 각기 다른 관점에서 볼 수 있기 때문에 절대적인 정의가 존재할 수 없지만, 많은 사람들이 동의하는 경험으로서의 행복한 삶은 분명하게 존재한다. 행복한 삶은 즐거운 삶과, 의미 있는 삶 그리고 열정적인 삶을 갖추어야 한다.

행복한 삶의 첫 번째 조건은 즐거운 삶pleasant life이다. 과거, 현재, 미래에 대해서 긍정적인 감정을 느끼며 살아가는 삶이다. 과거의 삶에 대해서는 수용과 감사를 통해서 만족감과 흡족함을 느끼고, 현재의 삶 속에서는 '지금 이 순간'의 체험에 대한 적극적 참여와 몰입을 통해서 유쾌함과 즐거움을 경험하며, 미래의 삶에 대해서는 도전의식과 낙관적 기대를 통해서 희망과 기대감을 느끼며 살아가는 삶이다. 즐거운 삶은 긍정정서를 최대화하고 부정정서를 최소화하는 삶으로서 행복에 대한 쾌락주의적 입장을 반영하는 것이라고 할 수 있다.

두 번째 측면은 적극적인 삶engaged life이다. 매일의 삶에서 자신이 추구하는 활동에 열정적으로 참여하고 몰입함으로써 자신의 성격적 강점과 잠재력을 최대한 발휘하며 자기실현을 이루어나가는 삶이다. 이러한 강점들 중에서 개인의 독특성을 가장 잘 보여주는 것들을 대표강점signature strengths이라고 지칭하면서, 진정한 행복authentic happiness은 이러한 대표강점을 찾아내고 계발하여 일, 사랑, 자녀양육, 여가활동과 같은 일생생활에서 잘 활용하는 가운데 발견되는 것이라고 주장한다. 과학으로서의 긍정심리학은 모든 사람이 삶의 궁극적 목표로서 반드시 행복을 중시해야 한다거나 특정한 성품을 갖추어야 한다거나 어떤 가치가 최선이라고 주장하지 않는다. 그보다는 특정한 성품과 가치관을 지녔을 때 나타나는 삶의 결과를 탐구한다. 긍정심리학은 인간의 삶을 행복하고 풍요롭게 만드는 긍정적 성품과 강점을 이해하고 함양하는 일에 깊은 관심을 지닌다.

세 번째 측면은 의미 있는 삶meaningful life이다. 우리의 삶과 행위로부터 소중한 의미를 발견하고 부여할 수 있는 삶을 말한다. 삶의 의미는 자신보다 더 큰 것과의 관계 속에서 발견될 수 있다. 자신만을 위한 이기적인 삶보다는 자신보다 더 커다란 어떤 것을 위하여 공헌하고 있다는 인식으로부터 도출될 수 있다. 긍정심리학은 개인과 사회의 밀접한 관계를 중시한다. 개인은 타인과 사회를 위해 봉사하고 기여할 때 더 큰 행복을 경험할 수 있을 뿐만 아니라 사회적 환경의 개선을 통해서 자신의 행복이 증진될 수 있음을 강조한다.

셀리그먼(Seligman, 2004)은 자신의 책 『마틴 셀리그먼의 긍정심리학』에서 다음과 같이 결론을 짓고 있다. "행복한 삶은 일상생활에서 자신의 대표강점을 날마다 발휘하여 행복을 만들어가는 것이다. 의미 있는 삶은 행복한 삶에 한 가지가 더해진다. 대표강점을 발휘하되, 지식과 능력과 선을 촉진시키는 데 활용하는 것이다. 그렇게 하

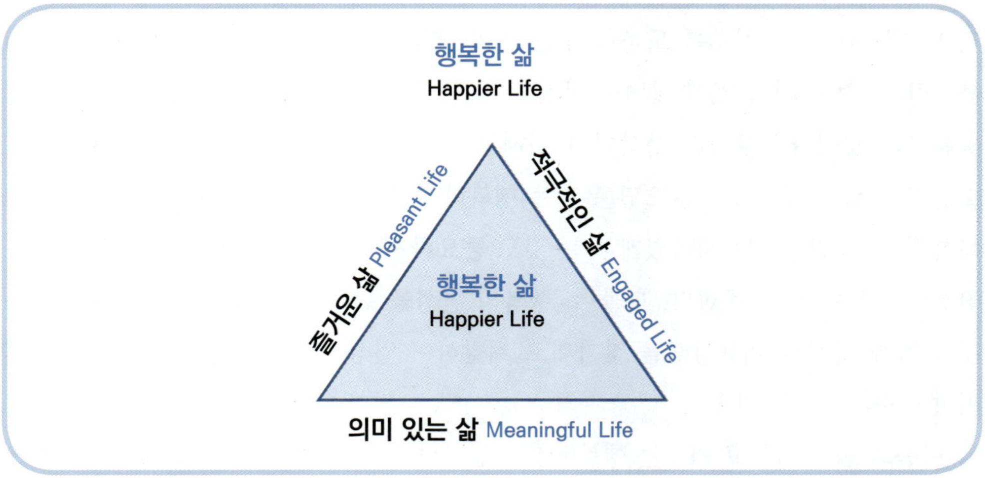

면 참으로 의미 있는 삶이 될 것이며, 신을 자기 삶의 궁극적인 목표로 삼는다면 숭고한 삶이 될 것이다(p. 377)."

1.5. 행복코칭

자신에게 잘 맞는 행복 공식과 행복 프로그램을 찾고 실천해야 한다. 보다 더 행복해지려는 노력은 반드시 자신의 가치, 흥미, 욕구에 맞아야 한다. 자신에게 가장 효과가 있을 만한 활동이 무엇인지 알고 나면 목표에 절반 이상 다가간 셈이다. 노력하지 않아도 운 좋게 원하는 것을 얻을 수 있다. 하지만 그렇게 거두는 성공은 오래 전에 잊어버린 새해의 결심만큼이나 수명이 짧다. 중요한 어떤 일을 성취하려면 확실히 많은 노력이 요구된다. 지속적으로 더 행복한 상태를 유지하기 위해서는 어떤 영구적인 변화를 일으켜야 하는데, 그러려면 매일의 삶 속에서 꾸준히 노력하고 실행해야 한다는 뜻이다. 행복을 추구하려면 노력이 필요하지만, '행복해지려는 노력'이야말로 우리가 이제껏 해온 일들 중에서 가장 큰 보상을 돌려주는 일이 될 것이다.

행복코칭The Coaching for Happiness은 각 개인이 보다 더 행복해지고, 사람들이 다른 사람들과 함께 행복한 삶을 살아가며, 행복한 세상을 만들어 갈 수 있도록 올바른 판단과 선택을 할 수 있게 도움을 주는 것이다. 우리는 더 행복해질 수 있다. 사람들이 더 행복해질 수 있도록 도움을 주는 것이 행복코칭이다. 긍정심리학 분야에서 행복이란 '즐겁고 의미 있게 살면서 자신의 대표강점을 찾아내고 계발하여 일상생활에 활용하는 것이다.' 우리가 행복하기 위해서는 우선적으로 즐겁고 재미있어야 한다. 즐겁지 않으면 재미있지 않으면 우리는 행복하지 않다. 그리고 의미 있어야 한다. 행복하게 살기 위해서는 재미있게 사는 것도 중요하지만, 그것에 의미가 없다면 그것은 진정한 행복이 되지 못한다. 더불어, 행복의 완성을 위해서는 즐겁고 의미 있게 사는 것과 함께 자신의 대표강점을 찾아내고 계발하여 일상생활에 활용하는 것이 포함되어야 한다.

마음의 힘을 가꾸고 키우는 행복코칭은 간단하게 5S로 정리할 수 있다. 행복코칭은 마음의 크기size를 보다 넓고 크게 만들고, 마음의 모양shape를 따뜻하고 부드럽게 만들며, 마음의 색깔style을 밝고 희망차게 만들 뿐만 아니라, 마음의 속도speed를 보다 여유롭고 자유롭게 만들고, 마음의 쓰기spending를 넉넉하고 풍요롭게 만들어준다.

행복코칭은 행복과 행복한 삶을 위한 선택을 하도록 돕는 것이다. 우리의 사랑도 선택이고, 우리의 인생도 선택이듯이, 행복도 선택이다. 행복을 진정으로 원한다면, 행복한 삶을 살겠다는 관점perspective과 마인드셋mindset 그리고 라이프스타일lifestyle을 선택하면 된다. 우리의 시간과 에너지 그리고 돈을 행복과 행복한 삶을 위하여 사용하여야 한다. 긍정심리학에서 가정하는 것처럼, 즐거운 삶을 살기로 선택하여 즐길 줄 알아야 하고, 의미 있는 삶을 살기로 선택하여 다른 사람들과 더불어 살아야 하며, 적극적인 삶을 살기로 선택하여 열정적으로 살아야 한다.

2. 행복의 디딤돌

모든 사람에게 효과가 있는 단 한 가지 기적의 다이어트법이 있을 수 없듯이, 행복에 이르는 유일한 비결이라는 것은 없다. 전략이 가장 가치가 있을지는 각자 판단해야 한다. 가장 적합한 활동을 발견해서 더 행복한 사람이 되기 위한 어렵고도 보람 있는 과정을 시작해야 한다. 치료의 이치를 잘 이해하는 환자들이 치료에 협조하고 혜택을 볼 가능성이 더 높다는 사실은 의료 분야에서뿐만 아니라 여기에서도 동일한 논리가 적용된다.

행복해지기 위한 첫 단계는 행복을 높이고 싶다는 우리의 갈망이 헛된 희망사항이 아니라는 사실을 깨닫는 데서 시작한다. 더 행복해지겠다는 것은 지극히 중요한 목표이며 누구나 이 목표를 추구할 권리와 거기에 이를 수 있는 수단을 가지고 있다. 행복은 기약 없이 기다려야 하는 행운이 아니고, 직접 움직여서 찾아 나서야만 발견할 수 있는 것도 아니다. 행복은 발견해야 하는 것이라는 생각이 너무 널리 퍼져 있다. '행복의 추구pursuit of happiness'라는 익숙한 표현에도 행복이 쫓아가거나 찾아내야 할 대상이라는 뉘앙스가 담겨 있다. 그러나 행복의 추구보다는 행복의 창조creation 또는 건설construction이라는 표현이 적절하다고 생각한다. 왜냐하면 연구 결과들은 우리 스스로 행복을 만들어낼 힘을 가지고 있다는 사실을 보여주기 때문이다.

행복이 증진되는 유익한 효과를 지속시키려면 좀 더 장기적인 프로그램에 착수해야 한다. 처음 시작할 때는 우리가 배워야 할 새로운 행동과 실천사항들이 아직 몸에 배지 않아 힘들 것이다. 그러나 평생에 걸쳐 행복을 일구고 유지하려는 장기계획을 실천하면 시간이 지날수록 행복의 전략이 습관으로 자리 잡고 굳어지면서 노력이 점점 덜 필요해질 것이다. 그러나 한 가지 중요한 점이 있다. 그 효과를 실제로 만들어낼 수 있는 능력은 오직 자신만이 가지고 있으므로 행복해지고 싶다면 스스로 행복해지겠다고 결심해야 한다는 사실이다.

우리의 직관에 가장 어긋나는 발견은 삶의 환경이나 조건의 차이가 행복의 수준을 단 10% 정도밖에 좌우하지 못한다는 점이다(Diener, Suh, Lucas, & Smith, 1999). 부유한가 가난한가, 건강한가 건강하지 못한가, 아름다운가 수수한가, 결혼했는가 이혼했는가와 같은 환경적인 여건이 행복에 미치는 영향력은 10%에 불과하다. 삶의 환경이 행복의 열쇠가 되지 못한다는 사실을 인정하고 받아들이는 순간 우리는 스스로 행복을 추구할 수 있는 큰 힘을 얻게 된다. 행복을 결정하는 나머지 40%는 바로 우리가 취하는 행동이다. 그렇기 때문에 행복해지는 길은 유전적인 성향을 바꾸는 것(사실 이건 불가능하다)이나 부, 외적인 매력, 뛰어난 학벌을 추구하는 것과 같은 환경을 변화시키는 것(이는 대부분 비현실적이다)에 있는 것이 아니라, 우리가 스스로 행하는 일상의 행동에 달려 있다. 행복한 삶을 위하여 우리에게 주어진 기회는 우리의 의지와 노력에 의하여 향상시킬 수 있는 40%의 가능성이다. 우리가 어떤 생각을 하고 어떤 행동을 하느냐에 따라 행복 수준이 높아지거나 낮아질 수 있다.

3. 행복의 걸림돌

행복을 얻는 데 가장 큰 걸림돌이 되는 것 중 하나는 우리를 행복하게 만들어 줄 것이라고 여겨지는 대부분의 내용이 실은 틀렸다는 점이다. 행복의 근원이라고 짐작되는 많은 것들이 너무나 직관적이고 상식적으로 보여서 대부분의 사람들, 심지어 행복 연구자들까지 그릇된 신화에 휘둘리기 십상이다.

3.1. 행복은 찾아야 하는 것이 아니라 우리 안에 있다.

첫 번째 통념: 행복은 '찾아야' 하는 것이다.

행복은 우리의 손이 미칠 수 없는 저기 어딘가 낙원 같은 장소에 있어서 우리가 찾아야만 하는 것이라는 생각이 첫 번째 통념이다. 이러한 통념에 따르면 우리도 그곳에 도달할 수 있지만 조건이 잘 맞아야 한다는 단서가 붙는다. 오늘 행복하지 않다면, 스스로 주도권을 쥐고 행동을 취하지 않는 한 내일도 행복하지 못할 것이다. 행복의 40%가 의도적인 활동에 따라서 결정된다는 것을 이해한다면, 자신을 더 행복한 사람으로 바꾸기 위해 스스로 의도적인 전략을 실행해야 한다. 행복은 저 멀리 어딘가에 있어서 우리가 찾아야 할 대상이 아니다. 행복은 우리 안에 있기 때문이다. 진부하고 뻔한 소리로 들릴지도 모르지만 행복은 무엇보다도 마음 상태이며 지각하는 방식이고 우리가 살고 있는 세상과 자신에게 접근하는 방식이다. 그렇기 때문에 내일, 모레, 그리고 남은 삶 동안 행복해지고 싶다면 지금 우리의 마음 상태를 변화시키고 그 변화를 유지하겠다고 결단해야 한다.

3.2. 행복은 환경의 변화가 아니라 내 안의 변화에서 나온다.

두 번째 통념: 행복은 환경을 변화시켜야 얻을 수 있다.

또 하나의 커다란 오류는 우리 삶의 어떤 환경이 바뀌기만 하면 행복해질 것이라는 생각이다. 이것은 '만약 ~하면 행복해질 것이다' 또는 '~할 때 행복해질 것이다'라는 사고방식이다. 그리고 삶 속에서 진정한 행복을 체험했던 때를 기억하기는 하지만 행복했던 바로 그 여건을 절대로 재현할 수 없을 것이라고 생각하는 사람들이 가지고 있는 논리이기도 하다. 그러나 환경이 아무리 긍정적으로 변하더라도 우리의 행복에는 별로 큰 영향을 미치지 못한다. 더 행복해지고자 하는 열망에 깃들어 있는 가장 큰 아이러니는 삶의 환경이 변화되면 행복이 찾아올 것이라는 희망에 호도되어 너무나 많은 사람들이 상황을 변화시키는 일에만 집중한다는 점이다. 그러나 어떤 변화든 잠시 동안만 조금 더 행복해질 뿐이다. 삶의 환경을 바꿈으로써 행복해지려는 시도는 효과가 없다.

3.3. 행복은 타고나는 것이 아니라 창조되는 것이다.

세 번째 통념: 행복을 타고 났거나 그렇지 못했거나 둘 중 하나다.

우리는 행복하게 태어나거나 불행하게 태어난다는 통념이 사람들의 생각을 온통 지배한다. 많은 사람들, 특히 그다지 행복하지 못한 사람들은 자신의 불행이 유전적이며 자신이 할 수 있는 일이 별로 없다고 믿는다. 그러나 점점 더 많은 연구들이 유전적 구조를 극복할 수 있다는 사실을 설득력 있게 보여준다.

유전적으로 결정되는 행복한 또는 불행한 기질이 다른 사람들 간의 차이의 절반을 차지한다. 우울증에 걸리기 쉬운 유전적인 기질을 타고날 수 있다. 자신이 훨씬 더 행복해지기를 바라는 사람들은 자신에게 좀 덜 가혹하게 굴어야 한다. 우리는 어느 정도는 미리 준비된 패를 가지고 있기 때문이다. 행복의 유전적 설정값이 50%를 차지한다는 사실은 확실할까? 이에 대한 강력한 증거는 쌍둥이 연구에서 나왔다. 쌍둥이들은 유전적인 요소 중 특정 부분을 공유하기 때문에 쌍둥이 연구는 행복유전자에 대하여 많은 것을 알려줄 수 있다. 일란성 쌍둥이는 유전자의 100%를 공유하며 일란성 쌍둥이는 보통 형제자매처럼 50%를 공유한다. 따라서 행복 수준 면에서 쌍둥이들의 비슷한 정도를 측정함으로써 그들의 행복이 유전적인 요인에 어느 정도나 근거하는지 추론할 수 있다.

새로운 인간관계나 교통사고와 같이 중요한 삶의 변화가 행복 수준을 끌어 올리거나 내릴 수 있지만, 시간이 흐르면 그 수준이 유전적으로 미리 결정돼 있는 원래의 행복기준점으로 되돌아가는 경향이 있다. 이런 행복기준점은 바꿀 수 없다. 그렇지만 행복기준점을 바꿀 수 없다는 것이 우리의 행복 수준을 바꿀 수 없다는 뜻은 아니다. 유전자는 우리 삶의 체험이나 행동을 완벽하게 결정하지는 않는다. 유전자회로는 경험과 행동에 따라서 큰 영향을 받을 수 있다. 우리가 하는 일들, 우리의 의도적인 활동을 통해서 행복을 증진시킬 여지는 얼마든지 있다. 씨앗이 자라려면 특정한 토양이 필요한 것과 마찬가지로, 유전자가 완전하게 발현되려면 적당한 조건을 갖춰야 한다. 유전자가 발현되거나 발현되지 않으려면 특정한 조건 또는 특정한 행동이 필요하다. 이 말은 유전적인 성향이 어떻든 그 성향의 발현 여부를 우리가 통제할 수 있다는 뜻이다.

마지막으로, 한 번 더 강조한다. 행복은 선택이다. 행복한 인간관계도 선택이다. 좋은 시간과 좋은 공간 속에서 좋은 사람과 함께하는 선택으로 하루하루가 진정 행복하길 바란다.

자기진단

행복과 관련하여 자기진단을 해 볼까요? 행복은 심신건강, 인간관계, 긍정실천 및 긍정경험을 포함하여 네 가지 측면에서 살펴볼 수 있습니다. 솔직하게 자신의 행복 수준을 확인해 볼까요?

개인행복 척도(Personal Happiness Scale)

No.	문항	전혀 그렇지 않다	그렇지 않다	반반이다	그렇다	매우 그렇다
1	나는 정신적으로 건강하다.	1	2	3	4	5
2	나는 신체적인 건강을 잘 유지하고 있다.	1	2	3	4	5
3	나는 정서적으로 안정되어 있다.	1	2	3	4	5
4	나는 현재의 내 삶에 만족한다.	1	2	3	4	5
5	나는 인간관계가 좋은 편이다.	1	2	3	4	5
6	나는 사람들과 소통할 때 잘 공감하는 편이다.	1	2	3	4	5
7	나는 내가 행복한 사람이라고 생각한다.	1	2	3	4	5
8	나는 다른 사람들에게 사랑을 주기도 하고 받기도 한다.	1	2	3	4	5
9	나는 내게 일어나는 일을 스스로 통제할 수 있다.	1	2	3	4	5
10	나는 살면서 기분 좋은 감정을 자주 경험하는 편이다.	1	2	3	4	5
11	나는 긍정적인 감정을 많이 경험하는 편이다.	1	2	3	4	5
12	나는 낙관적인 사람이다.	1	2	3	4	5
13	나는 세상이 소중하고 아름다운 곳이라 생각한다.	1	2	3	4	5
14	나는 내 삶의 순간순간을 즐기려고 한다.	1	2	3	4	5
15	나는 자아존중감이 높은 편이다.	1	2	3	4	5
16	나는 소중하게 생각하는 삶의 의미가 있다.	1	2	3	4	5
17	나는 시련과 역경을 이겨낼 수 있는 힘이 있다.	1	2	3	4	5
18	나는 나 자신을 무엇보다도 신뢰한다.	1	2	3	4	5
19	나는 앞으로 더 잘 될 거라는 희망을 갖고 있다.	1	2	3	4	5

No.	문항	전혀 그렇지 않다	그렇지 않다	반반 이다	그렇다	매우 그렇다
20	나는 나 자신을 잘 알고 있다.	1	2	3	4	5
21	나는 활발하고 적극적으로 생활하는 외향적인 사람이다.	1	2	3	4	5
22	다른 사람들은 나를 행복한 사람이라고 말한다.	1	2	3	4	5
23	나는 정상에 서보는 절정경험을 해본 적이 있다.	1	2	3	4	5
24	나는 원하는 바를 계획하고 실천한 성취 경험이 있다.	1	2	3	4	5
25	나는 여유롭고 자유로운 여가 경험을 즐긴다.	1	2	3	4	5
26	나는 하는 일에 흠뻑 빠져드는 몰입경험을 해봤다.	1	2	3	4	5
27	나는 사람들에게 내세울 만한 나만의 대표강점이 있다.	1	2	3	4	5
28	나는 감사하는 삶을 살아가고 있다.	1	2	3	4	5
29	나는 가슴이 따듯해지는 연애경험이 있다.	1	2	3	4	5

자기진단	하위 요인	문항 수	문항 번호	채점 및 해석
개인행복	심신건강	4	1-4	해당 요인의 반응을 합산 후에 해당 문항 수로 나누어서 평균을 구한다.
	인간관계	4	5-8	
	긍정실천	14	9-22	
	긍정경험	7	23-29	
전체	개인행복	29	1-29	

전국 300명을 대상으로 전문조사기관을 통해 수집된 자료(남윤주, 남승규, 2022)에 의하면, 전체 행복 점수는 5점 척도상에서 평균이 3.51점(표준편차=0.67)으로 중간 수준 이상이었다. 심신건강 점수는 평균이 3.50점(표준편차=0.80), 인간관계 점수는 평균이 3.46점(표준편차=0.78), 긍정실천 점수는 평균이 3.58점(표준편차=0.66), 긍정경험 점수는 평균이 3.49점(표준편차=0.72)으로 모두 중간 수준 이상으로 나타났다.

참고문헌

강유정, 장기덕, 신연희, 최성열 (2023). **인간관계론**. 서울: 창지사.

권석만 (2017). **젊은이를 위한 인간관계의 심리학(3판)**. 서울: 학지사.

권윤선, 박상규 (2020). 감사성향이 중년여성의 행복에 미치는 영향: 삶의 의미의 매개효과. **한국심리학회지: 건강, 25**(4), 797-808.

그레첸 루빈(2010). **무조건 행복할 것**. 경기: 21세기북스. 전행선(역).

기시미 이치로 (2015). **아들러에게 사랑을 묻다**. 서울: 한스미디어. 전경아(역).

김광수 (2002). 인터넷 중독과 청소년 소외의 관계. **교육심리연구, 16**(1), 5-12.

김경미, 김정희 (2011). 감사경험에 관한 질적연구-근거이론을 적용하여. **한국심리학회지: 상담 및 심리치료, 23**(3), 739-759.

김달 (2020). **사랑한다고 상처를 허락하지 말 것**. 서울: 비에이블.

김명희 (2023). **자기이해 모형에 기초한 척도 개발 및 프로그램 효과검증**. 대전대학교 대학원 박사학위논문.

김수 (2024). **조직행동론**. 경기: 북퍼브.

김애순 (2010). **청소년기 갈등과 자기이해**. 서울: 시그마프레스.

김양호 (2002). **성공하는 직장인의 매너와 화법**. 서울: 예문당.

김양희, 문영소, 박정윤 (2003). 미혼남녀의 결혼에 대한 연구. **중앙대학교 생활과학논문집, 17**, 53-72.

김원경 (2019). **대인관계심리학**. 경기: 피앤씨미디어.

김원형, 남승규, 이재창 (2006). **新 산업심리학**. 서울: 학지사.

김은희 (2021). **행복코칭을 위한 회복탄력성 프로그램 개발 및 효과검증**. 대전대학교 대학원 박사학위논문.

김정희 (2023). **공감소통 모형에 기초한 척도 개발 및 프로그램 효과검증**. 대전대학교 대학원 박사학위논문.

김정희, 남윤주, 남승규 (2022). 공감소통 척도개발 및 타당화. 소비자분야통합학술대회 발표논문집, 16.

김정희, 남윤주, 남승규 (2023). PSD 커뮤니케이션이 공감소통과 행복에 미치는 영향. 소비자분야통합학술대회 발표논문집, 79.

김정희, 남윤주, 장수용, 남경민, 남승규 (2023). 공감소통프로그램이 신뢰와 정신건강에 미치는 영향. 소비자분야통합학술대회 발표논문집, 61.

김지은, 김진숙, 연미희, 이인수 (2023). **대인관계와 의사소통**. 서울: 창지사.

김항중, 남승규 (2014). 공감커뮤니케이션모형. **광고학연구, 25**(7), 139-160.

김현 (2024). **바운더리**. 서울: 푸른숲.

김효창, 김경숙, 이인숙 (2021). **인간관계의 심리학**. 서울: 마인드포럼.

김희경, 심현옥, 문숙남, 이정민 (2014). 감사증진프로그램이 생도들의 감사성향, 행복감, 학교생활 적응에 미치는 영향. **군진간호연구, 32**(2), 69-81.

남승규 (2014). **행복심리학**. 경기: 양서원.

남승규 (2017). **긍정심리학**. 경기: 양서원.

남승규 (2021a). 행복선택이론. 한국소비자학회 연차학술대회 발표논문집, 239-243.

남승규 (2021b). **행복학개론**. 경기: 양서원.

남윤주 (2020). **고객행복을 위한 신뢰 기반 고객접점관리**. 대전대학교 대학원 박사학위논문.

남윤주, 김은희, 남승규 (2017). 공감 커뮤니케이션 모형과 관여. 한국광고학회 춘계학술대회 발표논문집, 250-254.

남윤주, 김은희, 남승규 (2018). 일-삶-균형과 낙관성이 신뢰와 행복에 미치는 영향. 소비자분야통합학술대회 발표논문집, 110.

남윤주, 남승규 (2022). 세대별 소비자행복: MZ세대를 중심으로. **한국심리학회지: 소비자광고, 23**(2), 129-152.

노안영, 강영신 (2003). **성격심리학**. 서울: 학지사.

도리스 메르틴 (2020). **아비투스** 경기: 다산북스. 배명자(역).

랠프 월도 에머슨 (2015). **자기신뢰**. 서울: 창해. 전미영(역).

레이첼 보츠먼 (2019). **신뢰이동.** 서울: 흐름출판. 문희경(역).

로먼 크르즈나릭 (2018). **공감하는 능력.** 서울: 길벗. 김병화(역).

로버트 A. 이먼스 (2008). **Thanks! 마음을 여는 감사의 발견**. 서울: 위즈덤하우스. 이창희(역).

류시화 (1998). **지금 알고 있는 걸 그때도 알았더라면**. 경기: 열림원.

매튜 켈리 (2006). **친밀함**. 서울: 해피니언. 신혜경(역).

문형두 (2016). **해달별시**. 경기: 부크크.

박성희 (2009). **공감**. 서울: 학지사.

박준 (2011). **소셜 미디어가 여는 새로운 정책 환경**. 서울: 삼성경제연구소.

박희봉 (2022). **신뢰의 진화**. 경기: 상상나무.

보웬, M. (2005). **보웬의 가족치료이론**. 서울: 학지사. 남순현, 전영주, 황영훈(역).

사이먼 배런코언 (2013). **공감제로**. 서울: 사이언스북스. 홍승효(역).

사이토 이사무 (2011). **자기발견 심리학**. 서울: 지식여행. 윤성규(역).

서은국 (2024). **행복의 기원**. 경기: 21세기북스.

세계행복보고서 (2025). https://worldhappiness.report/ed/2025/.

손재석 (2019). **인간관계 심리학**. 경기: 정민사.

쑤쉬안후이 (2024). **내 삶을 지키는 바운더리**. 서울: 시옷책방. 김진환(역).

스테픈 W. 리틀존, 캐런 A. 포스 (2007). **커뮤니케이션 이론**. 서울: 커뮤니케이션북스. 김홍규, 황주연(역).

스티븐 M. R. 코비 (2009). **신뢰의 속도**. 경기: 김영사. 김경섭, 정병창(역).

심은정, 조인효 (2018). **20대를 위한 심리학**. 서울: 시그마프레스.

안희란 (2023). **인간관계의 이해**. 광주: 동광기획.

엄경아, 오민재 (2012). **직장예절과 직무관리**. 서울: 백산출판사.

에드워드 홀 (2013). **숨겨진 차원**. 경기: 한길사. 최효선(역).

에리히 프롬 (2019). **사랑의 기술**. 서울: 문예출판사. 황문수(역).

에릭 M. 우슬러너 (2013). **신뢰의 힘**. 서울: 오늘의 책. 박수철(역).

엘리자베스 퀴블러 로스 (2018). **죽음과 죽어감**. 서울: 청미. 이진(역).

오성환, 금미숙 (2011). **직장예절: 스마트워크 시대의 셀프리더십 가이드**. 서울: 형설출판사.

원호택, 박현순 (1999). **인간관계와 적응.** 서울: 서울대학교출판부.

유경철 (2024). **일, 관계, 갈등이 술술 풀리는 완벽한 소통법.** 서울: 천그루숲.

유영주, 김순옥, 김경신 (2022). **가족관계학**. 경기: 교문사.

윤성민, 신희천 (2012). 한국 수도권 중년여성들의 성격적 강점과 행복과의 관계. **한국심리학회지: 상담 및 심리치료, 24**(1), 27-49.

윤성식 (2018). **워라벨(Work and life balance): 슬기로운 회사생활**. 서울: K-books.

윤은영 (2021). **의미앎이 해결 프로그램 개발 및 효과검증**. 대전대학교 대학원 박사학위논문.

윤은영, 남승규 (2019). 행복과 공감이 삶의 의미와 만족에 미치는 영향. 한국소비자광고심리학회 춘계학술대회 발표논문집, 99-102.

윤홍균 (2020). **사랑수업**. 경기: 심플라이프.

이광자 (2002). **현대 사회심리학**. 서울: 아세아문화사.

이명재 (2004). **인간관계론 강의**. 서울: 동림사.

이미옥 (2006). **공감의 심리학**. 서울: 에코리브르.

이서우 (2024). **코칭 마인드셋 모형에 기반을 둔 척도 개발 및 프로그램 효과검증**. 대전대학교 대학원 박사학위논문.

이성식, 전신현 (2009). **사이버공간의 사회심리학**. 서울: 집문당.

이영분, 김유순, 신영화, 전혜성, 최선령 (2020). **사례로 배우는 가족상담**. 서울: 학지사.

이위환, 김용주 (2009). **현대사회와 인간관계론**. 경기: 공동체.

이정우, 김명자, 계선자 (2001). **현대 결혼과 가족문화**. 서울: 숙명여자대학교출판부.

이종목 (2020). **직무스트레스의 이해와 관리전략**. 광주: 전남대학교출판부.

이지원 (2024). **반려동물경험과 상실 위로 프로그램 효과검증**. 대전대학교 대학원 박사학위논문.

이지원, 남윤주, 이서우, 남승규 (2023). 반려동물경험이 욕구, 신뢰 및 행복에 미치는 영향. 한국소비자학회 춘계학술대회 발표논문집, 65-70.

이태연 (2021). **인간관계의 심리학**. 서울: 신정.

이훈구 (2000). **심리학자가 들여다 본 인간시장**. 서울: 법문사.

장미성 (2022). 아리스토텔레스의 우정론: 『니코마코스 윤리학』 8,9권을 중심으로. **인간.환경.미래, 28**, 65-92.

장수용, 남윤주, 김정희, 최서연, 남승규 (2025). 셀프케어와 개인행복이 플로로싱에 미치는 영향. 한국소비자광고심리학회 춘계학술대회 발표논문집, 86-92.

정민영, 정지영, 황경미 (2025). 교수-학습 상황에서 사용되는 공감적 의사소통 전략에 대한 다중 사례연구. **학습자중심교과교육연구, 25**(7), 297-411.

정태연 (2022). **대인관계와 의사소통의 심리학**. 서울: 학지사.

제프리 S. 네비드, 스펜서 A. 래써스 (2016). **심리학과 삶의 도전(12판).** 서울: 시그마프레스.오경자, 강성록, 김현수, 양재원, 이주은(역).

존 가트맨, 낸 실버 (2002). **행복한 부부 이혼하는 부부**. 경기: 문학사상. 임주현(역).

존 더글라스 (2014). **신뢰가 실력이다**. 경기: 함께북스. 최유리(역).

주디스 올로프 (2025). **포지티브 에너지 파워**. 서울: 나비스쿨. 김현정(역).

최광신 (2022). **인간관계론**. 대전: 시아북.

최명선, 송현정 (2012). **형제자매 갈등 대처하기**. 경기: 아담북스.

최미심 (2025). **감사모형에 기초한 척도 개발 및 프로그램 효과검증**. 대전대학교 대학원 박사학위논문.

최미심, 남윤주, 남승규 (2022). 신뢰와 불안이 여행상품 선택과 행복에 미치는 영향. 소비자분야통합학술대회 발표논문집, 67.

최서연, 장수용, 김정희, 남윤주, 남승규 (2025). 셀프케어가 삶의 만족도와 행복에 미치는 영향. 한국소비자광고심리학회 춘계학술대회 발표논문집, 27-32.

최성애, 조벽, 존 가트맨 (2020). **내 아이를 위한 감정코칭**. 서울: 해냄출판사.

최애경 (2006). **성공적인 커리어를 위한 인간관계의 이해와 실천**. 서울: 청람.

최윤정 (2025). **나와 친해지는 연습**. 서울: 현대지성.

최정희 (2022). **희망 DM 프로그램 개발 및 효과검증**. 대전대학교 대학원 박사학위논문.

칼 팔레머 (2015). **이 모든 걸 처음부터 알았더라면**. 서울: 토네이도미디어그룹. 김수미(역).

캐슬린 M. 갤빈, 버나드 J. 브롬멜 (1995). **가족관계와 의사소통 : 응집성과 변화**. 서울: 도서출판 하우. 노영주, 서동인, 원효종(역).

통계청 (2017). 시도/이혼사유별 이혼.

한규석 (2025). **사회심리학의 이해 5판**. 서울: 학지사.

한상복 (2006). 마음을 움직이는 힘 **배려**. 서울: 위즈덤하우스.

한수정, 우소연 (2020). (성공적인 삶을 위한) **셀프 비즈니스 매너와 커뮤니케이션**. 경기: 백산출판사.

한수정 (2022). **성공적인 직장생활을 위한 비즈니스 매너**. 서울: 디에스비엘.

홍경자 (2007). **대인관계의 심리학: 친밀한 관계 형성의 기술**. 서울: 학지사.

Adler, M. G., & Fagley, N. S. (2005). Appreciation: Individual differences in finding value and meaning as a unique predictor of subjective well-being. ***Journal of personality,*** 73(1), 79-114.

Algoe, S. B. (2012). Find, remind, and bind: The functions of gratitude in everyday relationships. ***Social and Personality Psychology Compass***, 6(6), 455–469.

Algoe, S. B., Gable, S. L., & Maisel, N. C. (2010). It's the little things: Everyday gratitude as a booster shot for romantic relationships. ***Personal Relationships***, 17(2), 217–233.

Altman, I., & Taylor, D. A. (1973). ***Social Penetration: The Development of Interpersonal Relationships***. New York: Holt.

Alternate title used in the UK: Baron-Cohen, S. (2011). ***Zero degrees of empathy: A new theory of human cruelty***. New York: Penguin Books.

Argyle, M. (2001). ***The psychology of happiness*** (2nd ed.). East Sussex, England: Routledge.

Baron-Cohen, S. (2011). ***The science of evil: On empathy and the origins of cruelty***. New York: Basic Books.

Baumeister, R. F., & Leary, M. R. (1995). ***The need to belong***: New York: Desire for interpersonal.

Ben-Shahar, T. (2007). ***Happier***. New York: McGraw-Hill.

Ben-Shahar, T. (2011). ***Being Happy***. New York: McGraw-Hill.

Bowen, M. (1978). ***Family Therapy in Clinical Practice***. New York: Jason Aronson.

Brehm, S. S. (1992). ***Intimate relationships.*** New York: Mcgraw-Hill.

Bronfenbrenner, U. (1979). ***The Ecology of Human Development. Cambridge***, MA: Harvard University Press.

Burleson, B. R. (2003). The Experience and Effects of Emotional Support: What the Study of Supportive Communication Should Teach Us About the Nature of Interpersonal Communication. ***Communication Monographs***, 70(3), 253–273.

Cowan, P. A., & Cowan, C. P. (2000). ***When Partners Become Parents: The Big Life Change for Couples. Mahwah***, NJ : Lawrence Erlbaum Associates.

Csikszentmihalyi, M. (1990). ***Flow: The psychology of optimal experience.*** New York: Harper & Row.

Csikszentmihalyi, M. (1997). ***Finding Flow: The psychology of engagement with everyday life.*** New York: Basic Books.

Decety, J., & Jackson, P. L. (2004). The functional architecture of human empathy. ***Behavioral and Cognitive Neuroscience Reviews***, 3(2), 71–100.

DeSteno, D. (2015). ***The Truth About Trust: How It Determines Success in Life, Love, Learning, and More***. New York: Plume.

Diener, E. (2000). Subjective well-being: The science of happiness and a proposal for a national index. ***American Psychologist,*** 55(1), 34-43.

Diener, E., & Lucas, R. E. (2000). Explaining differences in social levels of happiness: Relative standards, need fulfilment, culture, and evaluation theory. ***Journal of Happiness Studies,*** 1, 41-78.

Diener, E., & Lucas, R. (1999). Personality and subjective well-being. In D. Kahneman, E. Diener, & N, Schwarz (Eds.), ***Well-being: The foundation of hedonic psychology*** (pp. 213-229). New York: Russell Sage Foundation.

Diener, E., & Seligman, M. E. P. (2002). Very happy people. ***Psychological Science,*** 13, 81-84.

Diener, E., Suh, E. M., Lucas, R. E., & Smith, H. L. (1999). Subjective Well-Being: Three Decades of Progress. ***Psychological Bulletin***, 125, 276-302.

Duck, S. (2007). ***Human Relationships***. New York: Sage Publications.

Dunn, J., & Kendrick, C. (1982). ***Siblings: Love, Envy, and Understanding. Cambridge***, MA: Harvard University Press.

Emmons, R. A. (2004). Gratitude. In C. Peterson, & M E. P. Seligman (Eds.), ***Character Strengths and Virtues: A Handbook and Classification*** (pp. 553-568). New York: Oxford University Press.

Emmons, R. A., Froh, J., & Rose, R. (2019). Gratitude. In M. W. Gallagher & S. J. Lopez (Eds.), ***Positive psychological assessment: A handbook of models and measures*** (2nd ed., pp. 317–332). American Psychological Association.

Emmons, R. A., & McCullough, M. E. (2003). Counting blessings versus burdens: An experimental investigation of gratitude and subjective well-being in daily life. ***Journal of Personality and Social Psychology,*** 84(2), 377–389.

Fredrickson, B. L. (2001). The role of positive emotions in positive psychology: The broaden-and-build theory of positive emotions. ***Journal of American Psychological Association,*** 54, 218-226.

Fredrickson, B. L., & Branigan, C. A. (2005). Positive emotions broaden the scope of attention and thought-action repertories. ***Cognition and Emotion***, 19, 313-332.

Fredrickson, B. L., Mancuso, R. A., Branigan, C. A., & Tugade, M. M. (2000). The undoing effect of positive emotions. ***MoTIVATION and Emotion***, 24, 237-258.

Fredrickson, B., & Levenson, R. (1998). Positive emotions speed recovery from the cardiovascular sequelae of negative emotions. ***Cognition and Emotion,*** 12, 191-220.

Gerdes, K. E., Segal, E. A., & Lietz, C. A. (2010). Conceptualising and measuring empathy. ***British Journal of Social Work***, 40(7), 2326–2343.

Gifford, R. (2007). ***Environmental psychology: Principles and practice***(4th ed.). New York :

Optimal Books.

Gottman, J. M. (1999). ***The Seven Principles for Making Marriage Work***. New York : Crown Publishing.

Goleman, D. (2006). ***Social Intelligence: The New Science of Human Relationships***. New York : Bantam Books.

Hargie, O. (2011). ***Skilled Interpersonal Communication: Research, Theory and Practice***. New York : Routledge.

Heidegger, M. (1954). ***Was heisst Denken?*** Tübingen: Max Niemeyer Verlag.

Heimer, C. A. (2001). ***Solving the Problem of Trust***. In K. S. Cook (Ed.), Trust in Society (pp. 40-88). New York: Russell Sage Foundation.

Higgins, E. T. (1987). Self-discrepancy: A theory relating self and affect. ***Psychological Review,*** 94, 319-340.

Isen, A. M. (2001). An influence of positive affect on decision making in complex situations: Theoretical issues with practical implications. ***Journal of Consumer Psychology,*** 11, 75-85.

Kahneman, D. (2011). ***Thinking, fast and slow***. Farrar, New York : Straus and Giroux.

Kahneman, D., Krueger, A. B., Schkade, D., Schwarz, N., & Stone, A. A. (2004). A survey method for characterizing daily life experience: The Day Reconstruction Method(DRM). ***Science,*** 306, 1776-1780.

Kahneman, D., Krueger, A. B., Schkade, D., Schwarz, N., & Stone, A. A. (2006). Would you be happier if you were richer? A focusing illusion. ***Science,*** 312, 1908-1910.

Keyes, C. & Waterman, M. (2003). Dimensions of well-being and mental health in adulthood. In M. Bornstein, L. Davidson, C. Keyes, & K. Moore(Eds.), ***Well-being: Positive development across the life course***, (pp. 477-497). Hilsdale, NJ: Erlbaum.

Keyes, C. L. M. (2005). Mental illness and/or mental health? Investigating axioms of the complete state model of health. ***Journal of Consulting and Clinical Psychology***, 73, 539-548.

Keyes, C. L. M., & Lopez, S. J. (2002). Toward a science of mental health: Positive directions in diagnosis and intervention. In C. R. Syner, & S. J. Lopez (Eds.), ***Handbook of positive psychology*** (pp. 45-59). New York: Oxford University Press.

Knapp, M. L., & Daly, J. A. (2011). T***he SAGE Handbook of Interpersonal Communication***. New York : SAG.

Layard, R. (2005). ***Happiness: Lessons from a new science***. New York: The Penguin Press.

Lyubomirsky, S. King, L. A., & Diener, E. (2005). The benefits of frequent positive affect: Does happiness lead to success? Psychological Bulletin, 131, 803-855.

Lyubomirsky, S. (2001). Why are som people happier than others? The role of cognitive and motivational processes in well-being. ***American Psychologist.*** 54, 239-249.

Lyubomirsky, S. (2008). ***The how of happiness***. New York: The Penguin Press.

Lyubomirsky, S. (2013). ***The myths of happiness.*** New York: The Penguin Press.

Lyubomirsky, S., Ross, L. (1997). Hedonic consequences of social comparison: A contrast of happy and unhappy people. ***Journal of personality and Social Psychology,*** 73, 1141-1157.

Lyubomirsky, S., Sheldon, K. M., & Schkade, D. (2005). Pursuing happiness: The architecture of sustainable change. ***Review of General Psychology,*** 9, 111-131.

McCullough, M. E., Emmons, R. A., & Tsang, J. A. (2002). The grateful disposition: A Conceptual and empirical topography, ***Journal of Personality and Social Psychology,*** 82(1), 112-127.

Mehrabian, A. (1971). ***Silent Messages***. New York: Wadsworth.

Milgram, S. (1967). The Small World Problem. ***Psychology Today***, 1(1), 61-67.

Minuchin, S. (1974). ***Families and Family Therapy. Cambridge***, MA : Harvard University Press.

Myers, D. G. (2000). The funds, friends, and faith of happy people. ***American Psychologist***, 55(1), 56–67.

Olson, D. H., & DeFrain, J. (2006). ***Marriage and the Family: Diversity and Strengths***. New York: McGraw-Hill.

Peterson, C. (1999). Personal control and well-being. In D. Kahneman, E. Diener, & N. Schwartz(Eds.), ***Well-being: The foundation of hedonic psychology*** (pp. 288-301). New York: Russell Sage Foundation.

Peterson, C. (2006). ***A primer in positive psychology.*** New York: Oxford University Press.

Pink, D. H. (2009). ***Drive: The surprising truth about what motivates us***. New York: Riverhead Books.

Rifkin, J. (2009). ***The Empathic Civilization: The Race to Global Consciousness in a World in Crisis***. New York : Tarcher/Penguin.

Rizzolatti, G., Fadiga, L., Gallese, V., & Fogassi, L. (1996). Premotor cortex and the recognition of motor actions. ***Cognitive Brain Research***, 3(2), 131–141

Robbins, S. P., & Judge, T. A. (2023). ***Organizational behavior(19th ed)***. Boston: Pearson.

Rogers, C. R. (1951). ***Client-Centered Therapy***. Boston : Houghton Mifflin.

Rogers, C. R. (1957). The necessary and sufficient conditions of therapeutic personality change. ***Journal of Consulting Psychology,*** 21, 95–103.

Rokeach, M. (1973). ***The nature of human values.*** New York: Free Press.

Rokeach, M. (1979). ***Understanding human values: Individual and social***. New York: Free Press.

Seligman, M. E. P. (2002). ***Authentic happiness***. New York: Free Press.

Seligman, M. E. P. (2011). ***Flourish: A visionary new understanding of happiness and well-being***. New York: Free Press.

Sheldon, K. M. & Lyubomirsky, S. (2004). Achieving sustainable new happiness: Prospects, practices, and prescriptions. In A. Linley & A. Joseph (Eds.), ***Positive psychology in practice***. John Wiley & Sons.

Snyder, C. R., Lopez, S. J., & Pedrotti, J. T. (2011). ***Positive psychology: The scientific and practical explorations of human strengths***(2nd ed.). Sage Publications, Inc.

Snyder, C. R., Rand, K. L., & Sigmon, D. R. (2002). Hope theory: A Member of the positive psychology family. In C. R. Snyder, & S. J. Lopez(Eds.), ***Handbook of positive psychology*** (pp. 257-276). Oxford, England: Oxford University Press.

Sternberg, R. J. (1986). A triangular theory of love. ***Psychological Review***, 93(2), 119–135.

Sternberg, R. J. & Barnes, M. L. (1988). ***The psychology of love***. New Haven: Yale University Press.

Sternberg, R. J., & Hojjat, M. (1997). ***Satisfaction in close relationships***. New York: Guilford Press.

Tugade, M. M., & Fredrickson, B. L. (2004). Resilient individuals use positive emotions to bounce back from negative emotional experiences. ***Journal of Personality and Social Psychology,*** 86(2), 320-333.

Turner, N., Barling, J., & Zacharatos, A. (2002). Positive psychology at work. In C. R. Snyder, & S. J. Lopez(Eds.), ***Handbook of positive psychology*** (pp. 715-728). Oxford, England: Oxford University Press.

Udry, R. (1971). ***The Social Context of Marriage.*** New York: Lippincott.

Watzlawick, P., Beavin, J. H., & Jackson, D. D. (1967). ***Pragmatics of Human Communication.*** New York: Norton.

Williams, P. & Jackson T. (2014). ***Gratitude and Trust.*** New York: Penguin Group.

Willis, J., & Todorov, A. (2006). First impressions: Making up your mind after a 100-ms exposure to a face. ***Psychological Science***, 17(7), 592–598.

색인

ㅎ

번호

저자 소개

○●● **남승규**(南承奎) sknam@dju.ac.kr
심리학 박사
대전대학교 경영대학 산업광고심리학과 교수

●○● **남윤주**(南沇周) yunju21@dju.ac.kr
심리학 박사
대전대학교 교양대학 객원교수

●●○ **김정희**(金貞姬) kimjh@dju.ac.kr
심리학 박사
대전대학교 교육대학원 외래교수

그리고 해달별 인간관계

1판 1쇄 인쇄 2025년 9월 10일
1판 1쇄 발행 2025년 9월 15일

지 은 이 | 남승규 남윤주 김정희
발 행 인 | 박철용
발 행 처 | 양서원
주　　소 | 경기도 파주시 직지길 522 파주출판도시
전　　화 | 031-955-8000(代)
팩　　스 | 031-955-8005
홈페이지 | www.yswpub.co.kr
이 메 일 | yswgroup@naver.com
출판등록 | 1987년 11월 24일 제406-2003-037호

ISBN 978-89-994-1595-1

정가 22,000원